기억과 장소

마음으로 돌아보는 평화여행

더 생각 인문학 시리즈 17
스스로 생각하고 만드는 내 삶을 위한 실천
인문학의 존재 이유는 나를 둘러싼 세상에 질문을 던지고 내 삶과 존재하는 모든 삶의 의미를 확인하며 더 깊이 이해하는 데 있습니다. '더 생각 인문학 시리즈'는 일상의 삶에 중심을 두고 자발적인 개인을 성장시키며 사람의 가치를 고민하고 가치 있는 삶의 조건을 생각하는 기회로 다가가고자 합니다.

마음으로 돌아보는 평화여행
기억과 장소

초판 1쇄 발행 2021년 06월 10일

지은이. 통일인문학연구단
발행. 김태영

ISBN
978-89-6529-279-1 (03910)
15,000원

발행처. 도서출판 씽크스마트
서울특별시 마포구 토정로 222(신수동)
한국출판콘텐츠센터 401호
전화. 02-323-5609 · 070-8836-8837
팩스. 02-337-5608
메일. kty0651@hanmail.net

도서출판 사이다
사람의 가치를 맑히며 서로가 서로의
삶을 세워주는 세상을 만드는 데 필요한
사람과 사람을 이어주는 다리의 줄임말이며
씽크스마트의 임프린트입니다.

씽크스마트 · 더 큰 세상으로 통하는 길
도서출판 사이다 · 사람과 사람을 이어주는 다리

* 2019년 대한민국 교육부와 한국연구재단의 지원을 받아 제작되었습니다.
(NRF-2019S1A6A3A01102841)

* 본문 중 별도의 출처 표기가 되어있지 않은 사진들의 경우
저자가 해당 기관 및 당사자의 동의하에 촬영한 사진임을 밝힙니다.

* 본문 중 〈용정〉과 〈조선대학교〉의 경우 재중조선족과 재일조선인의 '우리 말' 글쓰기 방식을
최대한 존중하여 표기하였음을 밝힙니다.

기억과 장소

마음으로 돌아보는 평화여행

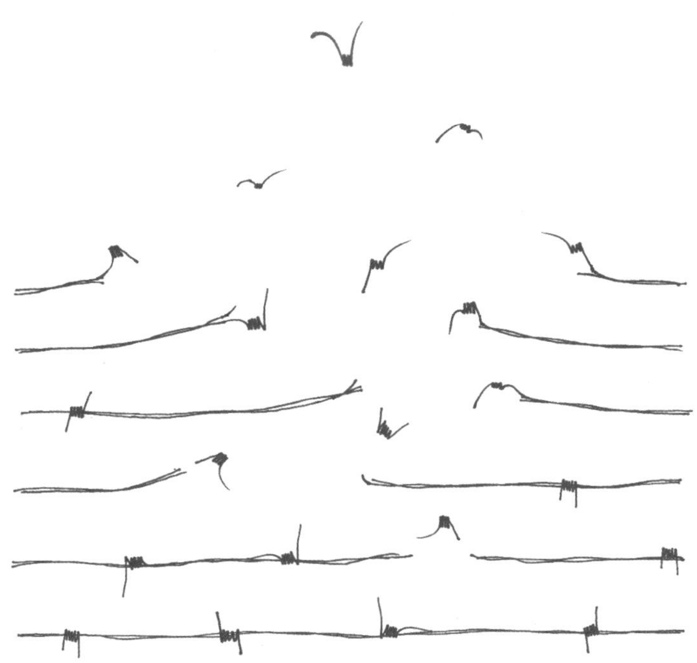

머리말

‘기억과 장소’: 코리안의 역사적 트라우마와 공간의 의미

시간, 공간, 주체의 결합으로서 ‘역사’, 그리고 한반도

역사철학이라는 철학의 하위 분과에서는 일반적으로 시간, 공간, 주체의 결합을 역사철학의 출발로 인식한다. 이 말은 곧 ‘지금’이라는 ‘시간’과 ‘이곳’이라는 ‘공간’, 그리고 ‘우리’라는 ‘주체’가 모일 때 그것은 하나의 ‘역사’가 된다는 의미이다. 하지만 여기에는 더욱 중요한 점이 전제되어 있다. 즉 시간이든 공간이든, 또는 그 시기의 그곳에 살아가는 인간이든 이것들 각자는 개별적으로 탐구될 수 없으며 언제나 역사라는 범주 아래의 깊은 연관관계 속에서만 탐구될 수 있다는 점이다. 이와 같은 역사철학적 관점은 현재 우리가 살아가는 이곳 한반도를

김성민
건국대학교 통일인문학연구단장

이해하는 데에서 특히나 중요한 시사점을 전해준다.

우선 한반도에서 '지금'이라는 시간은 어떻게 이야기될 수 있을까. 한반도의 근현대사를 전체적으로 조망할 때 두드러지는 가장 큰 특징은 아마도 70여 년이 훌쩍 넘어서는 '분단의 시간'일 것이다. 1948년 남북 각각에 정부가 수립된 이후 본격화된 한반도의 분단은 어느덧 70여 년이나 흘렀다. 이제 우리나라 인구의 대다수는 한반도가 분단된 이후에 태어나 성장해온 이들이 차지하게 되었다. 분단 이전과 이후를 함께 경험한 이들이 역사 속에서 사라진 까닭에 지금의 분단은 단순히 과거의 사건에 불과한 채로 기억되고 있으며 '그저 익숙한' 또는 '간접적으로 체험되는' 현재적 조건으로서만 전해질 뿐이다. 다른 것들을 제외하고 70여 년이라는 역사적 시간만을 놓고 보면 그러하다.

하지만 동시에 중요한 것은 분단 70년이라는 시간이 단선적으로 흐르는 '역사적 시간'만을 단순 의미하는 것이 아니라는 점이다. 한반도의 분단은 70여 년이라는 시간을 압축하고 있는 '분단의 시간'을 한 축으로 하면서, 동시에 이 시간들이 특정 공간 속에서 압축되는 '공간화된 시간'을 중첩하고 있다. 이를테면 코리안들의 식민과 이산이라는 경험, 전쟁과 분단이라는 사건, 그리고 독재정권 시기의 국가폭력이라는 체험은 모두 한반도라는 공간과 결부되어 진행되었으며 결과적으로 이를 통해 한반도의 시공간적 존재양식이 새롭게 구성되었다. 분단 70여 년은 바로 이렇게 시간과 공간의 새로운 결합으로서 생성되었다. 이러한 맥락에 따를 때 한반도 분단은 단순히 하나의 역사적 시간으로서만 파악할 수 없으며 공간화된 시간 역시 우리들의 접근에 포함될 필요가 있다.

따라서 한반도의 시간과 공간을 독자적으로 다뤄서는 안 되며 반드시 이 둘의 결합을 통해 사유될 필요성이 우리들에게 주어진다. 그런데 시간과 공간의 결합 이외에도 주체의 결합 역시 한반도를 이해하는 데에 있어서 중요하다. 시간과 공간의 존재방식은 개인화되고 특수화된 의미를 지니는 동시에 보편적이고 객관적인 의미를 지닌다. 이것은 시공간의 가능성은 그것 그 자체로서 확보될 수 없으며 언제나 그것을 특수화하고 보편화하는, 또는 상대화하고 절대화하는 주체들을 통해서만 추구될 수 있다는 것이다. 그 반대도 마찬가지이다. 우리 주체들은 언제나 특정한 시간과 공간 속에서 살아가고 있으며 우리들을 이해하기 위해서는 이러한 시공간에 대한 성찰이 필수적이다. 생활문화, 가치지향 등 인간의 삶은 분명 '공간' 내지 '장소'라는 물리적 기반 위에서 영위된다.

시간, 공간, 주체의 결합으로서 '역사'가 갖는 진정한 의미가 바로 여기에 있다. 그런데 한반도의 역사를 가장 극명하게 보여주는 대표적인 사례가 바로 한반도의 '분단체제'이다. 오랫동안 유지되어 오는 한반도의 분단을 흔히 '분단체제'라고 규정한다. '체제'라는 규정의 핵심에는 분단을 유지하고 강화시키는 분단질서의 자체적인 재생산 기제를 통해 그러한 체제가 시간이 지남에도 불구하고 '현재의 오늘날에도', '이 한반도라는 공간 속에서', '살아가는 한반도 주민들'에게 강고하게 유지되고 있다는 사실이 놓여 있다. 물론 분단의 일관된 질서가 끊임없이 재생산되고 70여 년이라는 시간이 넘도록 유지될 수 있었던 핵심적 이유는 '적대성'이라는 사회심리적 기제가 작동해왔기 때문이다. 결국 한반도 분단은 정치경제와 같은 제도적인 차원을 넘어 구성원들의 사회문화·심리·가치지향 전반을 포섭하는 문제가 된다. 중요한 것은 이를 위해 한반도의 시공간 전체가 특정한 의도에 따라 만들어졌다는 것이다. 특히나 여기서 공간은 시간과 주체를 상호매개하면서 적대성으로 대표되는 분단체제의 이데올로기들을 확대재생산하는 핵심적인 역할을 수행했다.

바로 이러한 접근법이 '공간학'의 중요한 특성 중 하나였다. 1980년대 이후 전 세계적으로 부상한 공간학은 대체로 '사회–공간 변증법'을 주축으로 전개되었다. 즉 공간적 현상은 사회적 과정에 의해 구성되고, 다시금 공간적 현상은 다시 사회적 과정을 재구성하게 된다는 인식이 그것이다. 이러한 관점은 한반도 분단 지속과 공간 형성이 맺는 상관성을 가장 극명히 이해하게 해준다. 즉 한반도 분단의 지속은 분명 특정 공간의 생산과 재생산의 과정과 일치했다. 더불어 그러한 공간은 분단체제의 유지라는 특정 목표의 달성과 그 과정의 효율성을 높이기 위해 활용되었다. 정리하자면 매우 포괄적으로 한반도 분단체제의 형성은 한반도 구성원들을 둘러싼 사회·물리·환경적 공간이 시간의 흐름 속에서 분단에 알맞게 재구조화되는 역사적 과정이라고 정의할 수 있다.

한반도의 공간, 거기에 축적된 코리안의 '역사적 트라우마'

위에서 말한 '분단체제'라는 개념을 통해 분명해졌듯이 한반도의 공간은 시간, 주체의 결합과 함께 역사라는 큰 틀에서 접근할 필요가 있다. 하지만 그렇다고 하더라도 한반도의 공간은 오직 분단이라는 사건 내지 경험을 통해서만 접근될 수 없다. 이는 한반도를 이해하는 또 다른 단편화일 수도 있기 때문이다. 물론 분단이라는 사건이 갖는 결정력과 파급력이 가장 큰 것임은 물론이다. 그러나 지금, 우리들에게 주어진 한반도에는 분단 이전의 다양한 역사적 경험과 사건의 축적을 통해 만들어진 공간들 역시 분명하게 존재하고 있다. 한반도의 역사를 돌아볼 때 그러한 성격은 보다 분명해진다.

한반도의 근현대사는 그야말로 수난의 역사였다. 근대적 독립국가를 꿈꾸던 대한제국은 조선이라는 국호를 바꾼 지 얼마 되지 않아 제국 일본의 식민지가 되면서 국권을 상실했다. 그 후 해방이 될 때까지 35년 동안 한반도의 구성원들은 인적, 물적 자원뿐만 아니라 신체와 생각, 감정과 정서 자체를 강탈당하면서 수난의 역사를 살아야 했다. 한반도의 역사적 비극은 여기서 그친 것이 아니었다. 잠시였던 해방의 기쁨은 곧 '하나의 민족은 두 개의 국가'라는 슬픔으로 급속하게 전환되었고, 남과 북은 결국 서로에게 총부리를 겨누는 전쟁까지도 경험하게 되었다. 그러나 한반도의 전쟁은 씻을 수 없는 민족적 상처만을 남긴 채 승자도 패자도 없이 중단되었고, 현재까지 70여 년이 넘는 한반도의 분단으로 고착화되었다. 바로 이런 점에서 근대와 함께 한반도에서 발생한 일련의 수난사는 과거 한 시점에서 발생하고 끝난 것이 아니라 현재 진행형으로 지속되고 있는 역사 자체라고 할 수 있다.

하지만 더 큰 문제는 바로 이러한 한반도의 역사가 한반도 구성원들에게 오늘날까지도 재생산되고 있는 '심리적 상처'를 남기게 된 트라우마적 사건이라는 점이었다. 특정한 역사적 시기에 발생한 사건 혹은 그러한 경험을 공유한 집단이 갖는 트라우마인 '역사적 트라우마'가 바로 이렇게 생겨났다. 보통 트라우마(trauma)는 한 개인이 생명을 위협하는 극단적 사건을 경험한 이후 겪게 되는 심리적 장애를 의미하지만, '역사적 트라우마'는 이러한 개인적 차원의 트라우마가 아니라 특정한 집단이 공유하고 있는 집단적 트라우마를 의미한다. 그런데 몇몇 사람이 아니라 특정 집단의 사람들 대부분이 트라우마를 공유할 수 있으려면 특정 집단의 집단적 리비도가 좌절-억압되는 경험이 동반되어야 한다. 즉 역사적 트라우마는 집단적 리비도가 좌절되면서 구조적으로 형성된 집단적인 트라우마이다.

이런 점에서 코리안의 역사적 트라우마는 식민-이

산-분단(전쟁, 국가폭력) 등의 역사적 과정 속에서 코리안의 특정 욕망이 좌절되어 발생하게 된 집단적 트라우마로 정의할 수 있다. 구체적으로 말해 한민족의 집단적 욕망을 좌절시킨 '식민 트라우마'는 일제강점에 의한 식민화 및 근대적 국가형성의 좌절과 연계되어 있다. 동시에 '이산 트라우마'는 일제의 제국주의적 약탈정책과 식민화 정책에 의해 다른 나라로 이주할 수밖에 없었던 코리안의 심리적 상처인 셈이다. 또한 '분단 트라우마'는 '8·15' 이후 통일국가가 아닌, 남과 북이라는 두 개의 분단국가로 귀결되면서 겪을 수밖에 없었던 이들의 심리적 상처를 의미한다. 따라서 이러한 트라우마는 한반도 남과 북뿐만 아니라 동아시아 각국에 흩어진 코리안 디아스포라에게도 동시에 보여지는 증세이기도 하다. 그런데 이러한 트라우마들은 개별적으로 생성되어 존재하는 것이 아니라 서로 착종되어 새로운 위상학적 배치를 만들어 내거나 강도(intensity)의 새로운 배열을 생성시키기도 한다. 여기서 드러나는 더욱 중요한 사실은 역사적으로 박해를 받은 특정 집단들은 이른바 역사적 트라우마라는 '정신적 외상'을 가지게 되며, 그것은 그러한 사건을 경험하지 못했던 후세대들에게도 전승된다는 점이다.

앞서 말한 공간에 대한 중요성을 여기서 환기한다면 이제 다음과 같은 정리가 가능하다. 한반도의 역사적 트라우마는 그러한 트라우마를 내재한 한반도의 공간들을 형성했으며, 그러한 공간들을 통해 코리안의 역사적 트라우마가 세대를 넘어 전승되는 계기로서 작동하고 있다는 것이다. 이를테면 서울의 '서대문형무소'와 천안의 '독립기념관'은 일제강점기의 고통의 역사를 보여주고 있으며 식민의 트라우마적 사건을 재경험하게 해주는 공간이 된다. 따라서 우리가 잘 몰랐던 한반도의 다수의 공간은 역사적 트라우마의 의미체계, 그것의 전승과 재생산 매커니즘을 포착해낼 수 있는 하나의 '텍스트'라고 할 수 있다. 이때 그 텍스트는 코리안에게 주어진 역사적 아픔과 상처를 확인해주는 증거이자, 더 나아가서는 그러한 역사적 상처의 치유를 가능하게 해주는 물적 토대이자 출발점으로 기능한다.

하지만 오늘날까지 코리안의 역사적 트라우마와 관련하여 공간이나 장소에 대한 고찰은 특정 주제화되지 못했으며, 관련된 전문적인 논의 역시 활발히 전개되지 못했다. 중요한 것은 한반도의 식민과 이산, 전쟁과 분단, 그리고 가장 최근의 국가폭력 등 코리안의 역사적 트라우마 분석에 공간이라는 접근이 활발하면서도 본격적으로 시도되어야 한다는 점이다. 그러나 공간에 대한 탐색은 단순한 해석만으로 그 치유의 가능성까지 모색할 수 없다. 예컨대, 분명 DMZ와 접경지역은 분단의 의미체계와 함께 분단체제의 재생산 메커니즘을 포착해 낼 수 있는 하나의 '텍스트'이다. 이곳에서는 상대에 대한 적대심, 서로에 대한 배제와 차별의 증폭, 오랜 기간 유지되어 온 다른 사회에 대한 공포심 등이 의도적으로 장려됨으로써 분단을 보다 강고하게 만들고 있다. 분단체제가 그 자신을 존립시키기 위한 필수적인 물적 토대로서 특정 공간을 필연적으로 전제하듯, 한반도의 구성원들은 그러한 분단체제가 우리들에게 강제하는 지리적, 의미론적 공간 속에서 큰 자각 없이 살아갈 뿐이다. 여기서의 공간에 대한 우리들의 재현과 경험은 고스란히 그것을 지배하는 특정 논리, 이념과 가치의 재생산이라는 관점에서만 수행될 우려가 가장 크다. 따라서 공간을 경험하는 것은 새로운 사유를 전제로 할 필요가 있다.

단적으로 한반도는 아주 다양한 이유에서 이른바 '죽은 공간'의 확대가 가장 극적으로 전개되었고, 그러한 분리가 현재까지 가장 활발히, 그리고 가장 적대적으로 유지되고 있는 지역이다. 급격한 자본주의와 그것에 기반한 반생태주의, 분단국가주의와 반공주의, 반북주의 등은 그러한 공간을 철저하게 지배함으로써 그 공간의 생명력을 상실하게 하는 주된 이데올로기들이다. 하지만 보다 근원적으로는 앞서 말했던 식민과 이산, 분단과 전쟁의 기억들을 담고 재현하는 공간들이 그러한 트라우마적 사건에 국한되면서 그 장소가 가지는 개방성과 창조성이 훼손되고 있는 것이 가장 큰 이유라고 할 수 있다. 한반도라는 공간의 형성에 개입한 역사적 사건들의 파급력과 규정성이 매우 크기 때문이다.

따라서 중요한 것은 분단체제의 공간성을 사유한다는 것이 분단체제 강화와 결부된 다층의 양식들, 다시 말해 권력 주체·문화적 양식·관념과 가치체계·행위와 실천 등을 분석하고 의문을 제기하는 방식으로 수행되어야 한다는 점이다. 다른 무엇보다 코리안의 역사적 트라우마를 치유하기 위한 공간의 탐색과 경험이 바로 이러한 방식으로 추진될 필요가 있다. 새로운 공간을 우리들에게 가져오기 위한 실천에 앞서 필요한 것은, 그러한 한반도의 트라우마적 사건이 새겨진 여러 공간들에 대한 비판적이고 자유로운 재인식이다. 또한 그와 같은 비판적 인식 속에서 이 공간에 필요한 새로운 의미체계와 가치지향을 확인하는 일이다.

아픔과 상처가 스며든 공간들, 그것들을 '다시 읽는다'는 것의 의미

우리가 공간을 만들고 그렇게 만들어진 공간이 다시금 우리에게 영향을 끼친다는 생각은 진리에 가깝다. 결론적으로 말하자면 한반도의 다양한 공간들은 코리안의 역사적 트라우마를 치유할 수 있는 주체들의 실천의 장이자 다양한 치유적 맥락을 매개하고 공존하여 실행할 수 있는 실체적 공간이 될 수 있다. 물론 공간 생산은 권력관계의 대칭성 속에서 강하게 규정되지만, 그 개방성 역시 가지고 있다는 점에 주목해야 한다. 공간에 주목한 거의 모든 이론들이 공유했던 테제는 '공간이 사회적으로 생산된다고 가정하면 우리는 그 공간을 변화시킬 수도 있다'는 인식이었다. 특정 공간을 둘러싼 대안적 관념과 상징은 언제나 조용히, 그리고 묵묵히 전개된다. 이를 통해 기존의 공간들은 새로운 인식, 사유, 그리고 실천의 가능성을 담지한 공간으로 탈바꿈한다. '공간을 다시 읽는다'는 것은 바로 이러한 과정과 그 결과를 의미한다. 특히나 우리들에게 요구되었던 공간과 장소에 대한 기존의 일반적인 태도 자체를 비판적으로 성찰하면서, 변화 가능성을 가깝게 당겨올 수 있기 위해선 다음과 같은 공간 사유와 실천이 필요하다.

그것은 일종의 '대안적 공간 사유'라고 할 수 있다. 그것은 공간을 강하게 규정했던 경계와 질서화를 뒤흔들고, 희미하게 만들며, 더 나아가서는 해체할 수 있는 어떤 독해방식일 수 있다. 이미 미셸 푸코는 공간에 대한 새로운 읽기 방식이 주는 어떤 전복적 가능성에 주목한 바 있다. 푸코는 공간에 대한 새로운 인지적, 실천적 개념화로서 '헤테로토피아(Heterotopia)'를 주장했다. 헤테로토피아는 가령 거대한 첨단도시에 있는 무덤, 판자촌과 같이 양립 불가능한 이질적인 공간들이 실제의 한 장소에 겹쳐 있는 원리를 말한다. 푸코에 의하면 이러한 이질적인 원리들이 서로 겹쳐 있는 인식을 지속적으로 구축함으로써 특정 공간과 그 공간을 지배하는 원리에 대한 이의제기를 할 수 있다. 이때 푸코는 그것이 일종의 '반(反)공간(contre-espace)'이라고 규정하면서 그 공간이 갖는 위반과 저항의 성격을 분명하게 드러내고 있다. 중요한 것은 헤테로토피아가 이질적인 것들의 중첩성을 말하는 것이기도 하지만 경계들(limites)을 설정하는 문화와 사회에 대한 위반과 저항을 통해 변화를 만들어 낼 수 있는 고유한 힘으로 작동할 수 있다는 점이다. 그래서 헤테로토피아는 이른바 '경계에 대한 경험'으로 소개되기도 한다. 그것은 마치 아이들의 놀이와 같다.

아이들은 놀이를 통해 어른들의 사회가 만든 고정된 의미와 틀에서 벗어나 자신들 주위의 공간을 자유롭게 재구성한다. 그리고 놀이와 함께 자신들의 주위 공간에 고정되지 않는 다양한 이미지와 논리들을 삽입한다. 하나의 공간이지만 그곳에 단지 다양성만을 도입하는 것이 아니라 산종적으로 시간과 공간을 끊임없이 분유하고 새로운 이미지들을 배치한다. 이것은 두 세계의 모순된 공존을 극적으로 증명하는 방식이기도 하다. 이러한 점에 비추어 보자면 한반도의 공간을 '다시 읽는다'는 것은 이른바 헤테로토피아를 곳곳에 기입하는 것이다. 구체적으로 그것은 기존의 방식과 이데올로기 아래 고착되어왔던, 그래서 코리안의 역사적 트라우마를 재현하고 반복하게 만들었던 고정된 공간들에 공간에 이질적인 풍경을 기입함으로써 우리의 공간을 달리 배치하고 변형하는 것이다. 그리고 그럼으로써 공간은 새로운 해석가능성에 기반한 생명력을 획득하게 된다.

한반도의 역사적 트라우마의 치유는 바로 이렇게 '공간성의 회복'이라는 핵심적 원리로부터 시작될 필요가 있다. 한반도의 다양한 공간들, 나아가 한반도 주위의 코리안과 관련된 다양한 공간들에서는 앞서 말한 트라우마적 사건들, 그 사건이 남긴 후유증과 장애들, 그리고 그러한 상처를 극복하고자 하는 긍정적 욕망들이 '동시에' 담겨 있다. 물론 그러한 공간들이 역사적 트라우마들을 증폭시키는 방식으로 형상화되거나 의미화되는 경우도 적지 않았다. 특히나 분단과 전쟁을 소재로 한 한반도의 여러 공간들은 그와 관련된 다양한 소재들과 융합하면서 상대방에 대해 적대감, 적대적인 우월성과 대결적인 배타성을 광범위하게 확산시키기도 했다. 하지만 그에 대한 반작용 역시 함께 이루어졌다. '자유와 평화', '아픔에 대한 치유와 고통에 대한 공감', '소외된 자들의 역사적 연대와 정의의 실현'과 같은 대안적 가치들을 내재한 공간들 역시 무수하게 생산되었다. 중요한 것은 그 공간을 둘러싼 우리들의 해석이었을 뿐이다.

공간이라는 것은 그것과 결부되어 '체험'이라는 독특

성을 갖는다는 점에서 가장 큰 장점이 있다. 만약 공간에 대한 새로운 인식과 사유가 시작되고 그것으로부터 기초한 기존 공간을 둘러싼 또 다른 체험이 반복된다면, 곧 인간의 삶을 다양하게 변화시킬 수 있는 수행적 힘을 갖게 될 것이다. 즉 공간에 대한 체험은 사람들을 움직이게 할 수 있는 일종의 '수행성'을 가지고 있다. 반복되는 이야기지만 한반도의 공간에는 역사 속에서 사람들의 충돌이 남긴 아픔과 구조적 폭력에 의한 상처들, 그리고 상처들을 나누고 극복해왔던 이야기들뿐만 아니라 서로의 충돌이 낳았던 역사적 교훈과 새로운 가치와 이념들에 대한 강조에 관한 이야기들이 존재한다. 따라서 이들 각 공간 속에 숨 쉬고 있는 새로운 의미들을 찾아내어 맥락화하고 표현하는 것은 그 자체로 하나의 체험일 수 있다. 이것이 바로 '코리안의 역사적 트라우마를 공간과 함께 이해한다'는 것의 의미이다.

역사적 트라우마는 정상화를 목적으로 하는 '치료'와는 달리, 생명력의 회복이라는 관점에서 '치유(healing)'가 필요하다. 이것은 적대성과 분열에 기초한 집단적 삶의 구조를 '우애'와 '상생'의 사회적 구조로 탈바꿈시키는 과정이기도 하다. 이때 트라우마에 대한 치유의 시작은 트라우마를 불러온 경험의 실체적 진실을 직시하고 그러한 진실을 자유롭게 말하는 것으로부터 출발한다. 우리를 둘러싼 채 우리의 트라우마를 고착시켜 오거나 또는 무비판적으로 지나치게 만들었던 여러 공간을 새롭게 인식하고 사유함으로써 그 새로운 체험의 가능성을 보여주는 것은 그래서 '치유'의 시작일 수 있다. 예를 들어, 철원의 노동당사는 그곳에서 벌어진 전쟁의 흔적과 학살의 경험을 개별적으로 드러내지만, 앙상하게 남은 건물 외벽과 그 외벽의 포탄 흔적이 보여주듯 극심한 좌우대립과 상호 간의 희생을 추모하면서 '평화'에 대한 우리들의 희망을 상기하는 장소가 되기도 한다. 이처럼 치유는 민족의 아픔과 상처에 대한 기억을 객관적으로 복원하고 애도하면서 마침내는 공감하는 일련의 과정들이 전제되어야만 한다. 그것은 곧 식민, 이산, 분단과 전쟁의 상처와 그 계속됨이 한반도의 공간들 속에서 어떻게 형상화되었는지를 객관적이지만 동시에 심층적으로 직시하는 것이다. 그리고 거기에 그 극복의 가능성을 찾아서 세세히 기입하는 것이다.

'기억과 장소'의 목적이 바로 여기에 있다.

차례

3장 분단과 전쟁, 극한의 폭력과 억압된 기억들

4장 국가폭력, 저항의 공간과 민주주의 · 인권

5장 역사적 트라우마, 치유로 기억하기

기억과 장소

마음으로 돌아보는 평화여행

1

서대문형무소역사관 사형장 가는 길 전시

식민,

역사를 기억하는 방식들

서울 효창공원

군산 근대문화유산거리

서울 서대문형무소역사관

서울 전쟁과여성인권박물관

〈효창공원〉,
기억들의 갈등 공간

이병수
건국대학교 통일인문학연구단 및 대학원 통일인문학과 교수

같은 공간, 상이한 기억들

서울 용산구 효창동에 있는 효창공원은 특이한 공간이다. 생활 체육 등 여가생활 공간인가 하면 순국선열들을 참배하는 묘역이기도 하고, 반공결의를 다지는 공간이기도 하기 때문이다. 효창공원에는 삼의사(三義士)와 임시정부 요인들의 묘역, 반공투사위령탑, 원효대사 동상, 육영수 여사 경로송덕비, 그리고 어린이 놀이터, 테니스장, 생태연못, 효창운동장 등이 주요 시설로 자리하고 있다. 효창공원은 한마디로 묘역과 공원시설, 반공과 충효 기념물 그리고 운동장 등 성격이 판이한 기념물과 시

설이 혼재하고 있는 공간이다. 이를 두고 '여러 기억이 다양한 방식으로 조화롭게 공존하는 공간'이라고 말할 수 있을까? 그보다는 같은 공간 속에 서로 갈등하는 상이한 기억들이 혼란스럽고 부자연스럽게 뒤섞여 있는 공간이라고 해야 옳을 듯하다.

효창공원이 이처럼 혼란스런 정체성을 보이고 있는 것은 20세기 우리 역사의 전개 과정과 떼놓을 수 없다. 효창공원은 20세기 한국 역사의 굴곡과 사회·정치적 변화가 고스란히 드러나는 공간이다. 효창묘에서 효창원(1870년)으로, 효창원에서 효창공원(1940년)으로, 효창공원에서 서울 효창공원(2011년)으로 바뀐 이름의 변화과정은 곧 정체성의 변화과정과 대략적으로 일치한다. 일제강점기에는 조선시대 왕족의 묘역에서 공원으로, 해방 직후에는 공원에서 독립운동가 묘역으로, 그리고 그 이후에는 잡다한 시설물들이 혼재된 복합 공원으로 정체성이 변화해왔다. 효창공원의 변화과정에는 당대 권력층의 정치성이 강하게 개입되었고 이는 공원의 물리적 형태에 직접적인 영향을 끼쳤다. 일제강점기, 해방, 독재시기 등 역사적 상황의 변화와 더불어 권력층의 개입에 따라 효창공원의 물리적 형태와 장소의 의미는 계속해서 추가되고 변화해왔다. 일제강점기 조선총독부는 원래는 효창묘였던 이곳의 장소적 상징성을 제거하기 위해 공원을 조성했다. 해방 직후에는 일제의 흔적을 지워내고 항일정신을 기리기 위해 선열들의 묘를 안장했다. 이승만 정부와 박정희 정부 시기에는 독립운동가들이 묻혀 있는 효창공원에 대한 정체성 변화 시도가 끊이지 않아 효창운동장, 원효대사 동상, 북한반공투사위령탑 등이 세워졌다. 1987년 민주화 이후 효창공원의 독립운동가 묘역이 다시 그 역사적 의미를 부여받기 시작했다. 이와 같은 20세기 역사의 굴곡과 더불어 효창공원은 상이한 기억과 의미들이 갈등하면서 혼재하게 된 특이성을 지니게 된 것이다.

공원화를 통한 효창원의 격하

효창공원의 역사적 연원은 조선시대 효창묘에서 시작된다. 효창묘는 1796년 정조의 맏아들 문효 세자와 생모인 의빈 성씨가 같은 해 죽어 조성한 무덤이다. 당시 정조는 사랑하는 사람들이 잇달아 사망해 이들의 묘소를 도성 밖 가장 가까운 곳에 두고 싶어 했다. 그리하여 한양도성 밖 십리 내에 있는 소나무 숲이 우거지고 한강이 보이는 언덕에 묘소를 조성하고 '효성스럽고 번성하다'라는 뜻의 '효창(孝昌)'이라는 이름을 붙였다. 그리고 효창묘는 정조 다음의 왕인 순조 때 숙의 박씨, 영온 옹주의 묘가 차례로 들어서면서 왕실 묘역으로 확고하게 자리 잡았다. 고종 때인 1870년에는 효창원으로 격상되었다.

효창공원 입구 전경

그러나 왕실묘역이던 효창원은 청일전쟁과 러일전쟁을 겪으면서 훼손되기 시작했다. 1894년 청일전쟁 때 조선을 침략한 일본군이 효창원 앞 소나무 숲 내에 야영지를 만들어 주둔하였고, 1906년 러일전쟁 때 일본군은 효창원 남쪽 영역에 유곽과 철도 관사를 만들어 왕실묘역을 잠식하였다. 그러나 본격적인 효창원 훼손은 일제강점기에 이루어졌다. 1921년 효창원 소나무 숲을 파헤쳐 경성 최초의 골프장을 만들었고, 1924년 효창원 일부를 공원용지로 책정해 일반인의 유람지로 사용했다. 1930년대에는 놀이시설이 들어서고 벚나무, 플라타너스 등의 외래 식물들이 심어져 유원지로 조성되었다. 조선총독부는 1940년 효창원을 법적 공원으로 지정하고, 드디어는 1944년 이곳 묘들을 강제로 경기도 고양시 서삼릉으로 이장하기에 이르렀다. 이장 과정에서 효창원의 규모는 1/3로 축소됐고 또 도로로 인해 단절되면서 고립된 공원 형태가 되었다. 이처럼 총독부는 조선시대 왕실묘역인 효창원의 의미를 점차적으로 퇴색시켜가면서 '공원화'를 완료했다.

일제강점기, 공원으로 전락한 가슴 아픈 비운의 사

적지는 효창원뿐만이 아니다. 농업을 중시한 조선에서 토지의 신과 곡식의 신에게 제사를 올리던 유서 깊은 사직단은 1922년 공원으로 조성되었다. 우리나라의 사직을 끊고 우리 민족을 업신여기기 위하여 사직단의 격을 낮추고 공원으로 삼은 것이다. 을미사변 때 순국한 충신과 열사들을 제사하기 위해 1900년 설치된, '충(忠)을 장려한다'는 뜻의 장충단 역시 일본식 공원이 조성되었다. 민족정신을 말살하려는 의도가 분명했다. 1940년 공원법 제정으로 효창원이 효창공원으로, 사직단이 사직공원으로, 장충단이 장충단공원으로 이름이 바뀌었다. 이처럼 조선총독부는 조선 왕실과 관련된 역사적으로 의미가 있는 장소들을 공원으로 만들어 사람들의 구경거리로 삼았다. 경복궁 전각들을 헐어낸 뒤 박람회장으로 삼거나 창경궁을 창경원으로 바꾼 것과 같은 맥락이었다.

항일운동의 상징으로 재탄생한 효창공원

해방 이후 미군정 시기가 되면서 일제에 의해 훼손된 효창공원의 정체성은 극적으로 역전된다. 비운의 사적지를 애국선열 묘역으로 바꿔 놓은 사람은 백범 김구金九(1876~1949)였다. 해방 후 귀국한 김구가 맨 처음 한 일은 조국의 독립을 위해 싸우다 이국땅에서 순국한 독립투사들의 유해를 봉환해오는 일이었다. 윤봉길尹奉吉(1908~1932), 이봉창李奉昌(1900~1931), 백정기白貞基(1986~1934) 의사의 유해를 찾아 고국으로 모셔오고 곧이어 안중근安重根(1879~1910) 의사의 유해까지 찾을 생각으로 효창공원에 '사의사 묘역'을 만들었다.

> "나는 즉시로 일본에 체류하고 있던 박렬(朴烈) 동지에게 부탁하여 조국 광복에 몸을 바쳐 무도한 왜적에게 각각 학살을 당한 윤봉길 · 이봉창 · 백정기 3열사의 유골을 환국시키게 하고 국내에서 장례 준비를 진행하였다. …장례에 임하여 봉장위원회(奉葬委員會) 책임자들이 장지를 널리 구하였으나 여의치 못하여, 결국 내가 직접 잡아놓은 용산 효창원 안에 매장하였다."(『백범일지』, 돌베개, 2002, 412~414쪽)

1946년 윤봉길 · 이봉창 · 백정기, 삼의사의 묘가 만들어진 것을 시작으로 2년이 지나 이동녕李東寧(1869~1940), 차리석車利錫(1881~1945), 조성환曺成煥(1875~1948)이 안장되면서 임정요인 묘역이 조성되는 상황이 뒤따랐고, 1949년에는 유언에 따라 김구의 유해도 안장되었다. 이러한 과정을 거쳐 해

삼의사 묘와 안중근 묘

방 이후 4년 남짓(1946~1949)한 기간에 효창공원은 자연스럽게 순국애국열사의 추모공간으로 탈바꿈하기에 이르렀다. 효창공원이 이처럼 항일운동의 상징성을 획득한 것은 김구의 공로였다. 국립묘지라는 제도나 관념이 없던 시절, 일제에 의해 훼손된 사적지를 독립운동가 묘역으로 역전시킨 김구의 안목이 작용한 것이었다. 그 결과 독립운동가의 묘가 효창공원에 안장되면서 효창공원은 새로운 장소적 의미를 획득하였다. 이제 효창공원은 애국선열을 모신 엄숙한 추모공간으로 재탄생했고 항일정신의 상징이 되었다.

그러나 항일운동의 상징성은 임시정부 관련자들만을 중심으로 한 것이었다. 즉 효창공원에는 독립운동가 가운데서도 김구를 중심으로 의열투쟁을 한 이들과 임시정부를 대표하는 이들이 주로 묻혀 있다. 삼의사 묘를 안장한 1946년 7월의 정세는 김구가 반탁운동과 임시정부 봉대운동을 결합하여 추진하는 과정에서 임정세력이 분열되어 임시정부의 위상과 법통성이 약화되어가던 시기

임정요인 조성환, 이동녕, 차리석 묘와 백범김구기념관

였다. 이 시기 임시정부의 봉대를 주장하던 김구는 임시정부의 법통성을 상징적으로 보여줄 공간이 필요했고, 이를 위해 효창공원의 삼의사 묘를 조성했던 측면도 있다. 그러나 이러한 측면에도 불구하고 김구의 선택은 민주화 시기 이후 효창공원을 항일독립운동의 성지로 만들려는 숱한 노력들의 역사적 뿌리가 되었다.

다시 훼손당한 효창공원

그러나 효창공원이 항일운동의 상징으로 재탄생한 지 얼마 되지 않아 일제강점기에 못지않게 공간 훼손이 급속하게 진행되었다. 일본이 효창원을 훼손하고 효창공원을 만들었다면, 해방 이후 정부는 효창운동장과 갖가지 시설물들로 효창공원에 대한 정체성 변화를 시도하였다. 효창공원 공간 훼손의 시발점이 된 것은 효창운동장의 건설계획이었다. 이승만李承晩(1875~1965) 정부는 독립운동가 묘를 이장하려는 시도와 함께 효창운동장을 건설하려 했다. 1956년 독립운동가들의 묘소를 옮기고 10만 명 정도를 수용할 수 있는 큰 운동장을 짓는다는 계획을 세워 공사를 강행했던 것이다. 그러나 공사 과정 중에 효창공원선열보존회는 물론 국회까지 나서 여야 만장일치로 공사 중지 건의안이 통과되자 공사가 중지되기에 이르렀다. 이승만 정부가 묘소 이장을 다시 들고 나온 것은 공사 중지 3년만인 1959년이었다. 제2회 아시아 축구대회 개최를 이유로 이제는 일반 운동장이 아닌 축구 경기장을 세우겠다는 것이었다. 선열보존회 등 여러 단체들이 강경하게 맞섰으나 우여곡절 끝에 독립운동가 묘소를 그대로 둔 채 축구장을 짓는 것으로 타협이 이루어졌고, 마침내 1960년 효창운동장이 들어서게 되었다. 상도동, 우이동 등 다른 지역도 물망에 올랐으나 굳이 효창공원 선열 묘소에 집착한 이유는 김구와 이승만의 정치적 라이벌 관계를 떠나 설명될 수 없다.(〈경향신문〉 1960년 6월 11일자에 수록된 특집연재물 "혁명전후(1) '효창공원' ; 선열 묘소 밀어버린 독재정부, 이장(移葬)은 이승만 특명") 효창공원의 김구 묘소에 해마다 참배자가 늘어가자 이를 못마땅하게 여긴 이승만 정부의 불순한 의도가 효창운동장 건설로 나타난 것이다.

박정희朴正熙(1917~1979) 정부 또한 예외는 아니었다. 박정희 정부가 들어선 이후에 벌어진 효창공원 일대의 공간 훼손 사례는 항일의 상징을 한사코 지우려 했다는 점에서 이승만 정부를 뛰어넘었다. 특히 박정희 정부는 북한반공투사 위령탑 등 독립운동가 묘역과는 전혀 어울리지 않는 생뚱맞은 기념물들을 잇달아 세웠다. 박정희 군사정부는 1962년 골프연습장 조성을 위해 묘소 이장을 통보하였는데 유족과 여러 단체들의 이장 반대 청원 등으로 취소되었다. 그러나 스케이트장(1962년)과 테니스장(1966년)이 만들어졌고 어린이 놀이터(1969년)가 조성되었다. 나아가 1969년 국군과 유엔군이 인민군을 평양에서 물리친 날을 기념하여 세운 북한반공투사 위령탑, 맥락이 결여된 원효대사 동상이 뜬금없이 건립되었다. 1972년 육영수陸英修(1925~1974) 여사가 효를 생각한다는 명목으로 대한노인회관 건립을 지원하였고, 대한노인회는 그 보답으로 회관 옆에 육영수 여사 경로송덕비를 세웠다. 요컨대 박정희 정부 시기 효창공원은 당시 강조하던 반공과 충효사상을 부각시키기 위한 공간으로 활용되었다. 이처럼 서로 다른 의미를 지닌 다양한 건축물이 혼란스럽게 난립하면서 효창공원은 그 어떤 의미도 찾기 어려운 정체성 불명의 상태가 되어 그 역사적 가치가 퇴색되고 말았다. 그 결과 1972년 효창공원은 다목적 근린공원으로 개발하기 위해 폐쇄가 결정되고 10년이 지난 후인 1982년 유료로 개방되기에 이르렀다.

민주화 이후 점화된 효창공원 성역화 운동의 굴곡

그러나 1987년 민주화 이후 이른바 '효창공원의 성역화' 움직임이 활발하게 일어났다. 그것은 선열묘역을 중심으로 한 독립운동의 성지로 효창공원의 정체성을 회복하려는 노력이자 독재정권이 이질적인 시설들을 세워서 훼손한 효창공원의 역사적 의미를 복원하려는 움직임이었다. 1989년, 효창공원은 문화재 사적 제330호로 지정되었고, 1990년 이미 안장된 독립운동가 7위를 합동 사당으로 다시 모신 의열사와 공원 정문인 창렬문이 건립되었다. 임시정부의 법통을 유달리 강조한 김영삼金泳三(1927~2015) 정부는 1995년 이봉창 의사의 동상을 세웠다. 김구 묘를 국립 서울현충원으로 이장하려고 하였으나 유족회와 기념사업회가 반대하여 실행되지 못하였다. 현직 대통령으로 처음 효창공원을 참배한 사람은 김대중金大中(1924~2009) 전 대통령이었고, 모금운동을 전개하여 2002년 김구기념관을 개관하였다. 사적 기념물의 추가적 건립을 넘어서 효창공원을 국가 차원의 독립공원으로 만드는 사업은 2005년 노무현盧武鉉(1946~2009) 정부에서 처음 시작되었다. 독립공원화 사업은 효창공원을 애국선열 추모의 장, 독립역사 교육의 장으로 만들기 위해 선열 묘역과 백범김구기념관 등은 성역화해 보존하고, 이러한 정체성에 맞지 않는 시설물은 이전한다는 내용이었다. 그러나 효창운동장을 철거한다는 소식은 축구계의 반발을 불러일으켰고, 효창운동장 대체 축구장 선정 실패로 독립공원화 사업은 거론된 지 1년 만에 중단되었다.

이후에도 효창공원을 국립공원으로 격상시켜 국가가 관리주체가 되어야 한다는 지적은 끊이지 않았다. 2007년과 2013년 국회에서 효창공원 국립묘지 승격 추진 법안이 발의되었으나 인근 주민들과 용산구는 이용 불편과 재산권 침해 등을 이유로 반대하면서 모두 무산되었다. 그동안 효창공원에 이질적인 상징물과 시설물이 난립한 것은 국가권력이 시민들의 요구를 무시한 채 정치적 목적을 위해 임의로 세웠기 때문이었다. 따라서 문제는 국가권력의 횡포였다. 그러나 민주화 이후 새롭게 등장한 문제는 독립운동가후손단체와 체육계, 주민 간 입장 차이로 인한 것이었다. 특히 주민들이 국립묘지화 법안에 반발한 것은 국립묘지가 되면 공원 이용 시간에 제한을 받게 되고, 주변 집값이 하락한다는 이유였다.

의열사

2019년 3·1 운동과 임시정부 수립 100주년을 맞아 서울시가 2024년까지 '효창 독립 100년 공원'을 조성하겠다는 구상을 발표했다. 그 구상안은 "일상 속에서 독립운동의 정신을 기억하고 추모하는 열린 공간"을 방향으로 설정하였다. 이번 효창공원 구상(안)은 확정된 계획이 아닌 향후 구체적인 논의를 위한 밑그림이다. 최종 계획안은 공론화 과정을 거쳐 마련된다. 현재 효창공원의 이름, 슬로건, 작품 공모전 등이 진행되고 있는 중이다.

'독립'과 '통일'이 공존하는 공간

김구에 의해 새로운 정체성이 확립된 이후 효창공원의 역사는 항일운동의 장소적 상징성을 부각시키기보다는 그것을 제거하고 항일정신과 무관한 시설물들을 건립하는 과정이었다. 그에 따라 여러 이해집단이 효창공원 공간을 점유하였고, 같은 장소 속에서 상이한 기억들이 갈등을 거듭해왔다. 민주화 이후 효창공원의 정체성을 회복하려는 움직임들이 진행되었지만 관련 이해단체들과 지역 주민들의 반발로 번번이 무산되었다. 현재 서울시의 구상은 '효창 독립 100년 공원'이란 제목에서 볼 수 있듯이 '항일독립의 정신'에 강조점이 놓여 있다. 이러한 구상에서 어떻게 여러 집단의 이해관계와 주민들의 요구를 녹여낼지는 여전히 불투명하다. 무엇보다 항일독립의 역사성을 어떻게 해석해야 할지도 커다란 과제다.

효창공원은 '독립운동의 성지'라는 상징적인 면에서 국립묘지인 서울 현충원과는 결이 다르다. 하지만 독립에 초점을 두더라도 어떤 역사적 의미를 지닌 곳으로 만들 것인가의 문제는 일제강점기 독립운동가들과 임시정부에 대한 역사적 평가와 밀접히 관련되어 있다. 만약 효창공원을 '임시정부 기념 독립공원'으로 할 것인가? 그렇다면 임시정부에서 활동한 사회주의 및 무정부주의 계열의 독립운동가도 포함되어야 하며, 박은식, 이상룡 등이 안장된 서울 현충원의 '임정 묘역'을 효창공원으로 이장하는 문제도 고민되어야 할 것이다. 그렇지 않고 효창공원이 명실공히 독립운동의 정신적인 표상이 되려면, 임시정부 관련자 7인의 추모공간으로 그칠 일은 아니다. 7인을 넘어 수많은 독립운동가들이 효창원에 함께 추모대상이 되어야 할 것이다.

효창공원이 항일독립을 위해 희생한 이들이 추구한 독립 정신을 기억하는 장소가 되려면 마땅히 일제의 식민통치에 맞서 독립을 위해 헌신했던 모든 독립운동가들을 대상으로 해야 한다. 일제강점기, 독립운동 과정에서 희생된 사람은 최소 15만 명 이상으로 추산되지만 90% 이상의 희생자들을 정부가 찾지 못하고 있다고 한다. 중국, 러시아 등 해외에서 총칼로, 고문으로 죽어간 숱한 독립투사들 묘소가 확인되지 않거나 훼손되어 있는 상황이다. 독립을 위해 목숨을 바친 분들의 묘지를 한곳에 모으고, 흔적이 없으면 김구가 안중근 의사 가묘를 만들었듯이 예우해야 할 것이다. 그렇게 오래된 역사가 아니다. 어떤 이들에게는 할아버지 세대의 역사고 대부분에게는 증조할아버지 세대의 역사다.

더 나아가 효창공원이 과거의 기억을 바탕으로 새로운 미래를 상상하고 기획하는 장소가 되려면 항일독립의 정신과 통일의 시대정신이 공존해야 한다. 독립운동가들 가운데는 독립운동의 목적을 달성하지 못했다며 서훈을 자발적으로 거부한 이들도 있다. 독립운동가들의 공통된 소망은 조선의 독립과 근대국가 건설이었다. 그러나 그들이 소망하였던 독립은 남북의 분단으로 미완성으로 남았다. 효창공원은 항일독립의 정신을 기억하는 동시에 이를 바탕으로 통일을 상상하고 기획하는 공간이 되어야 할 것이다.

근대문화유산을 '기념'하는 〈군산〉에서 마주하는 '기억의 공간'

이의진
건국대학교 통일인문학연구단 HK연구원

군산은 요즘 말 그대로 '핫'한 여행지이다. 철로 바로 옆에 집들이 들어선 경암동 철길마을, 영화 〈8월의 크리스마스〉의 초원사진관, 1945년에 개업한 이성당 빵집, 짬뽕거리를 비롯한 유명 짬뽕집 등은 언제나 사람들로 북적거린다. 그중에서도 군산 원도심에 자리한 근대문화유산거리는 일제시대의 건축물을 '볼' 수 있다고 하여 인기를 끌고 있다.

채만식은 1937~38년에 걸쳐 조선일보에 연재한 『탁류』에서 "이렇게 에두르고 휘돌아 멀리 흘러온 물이, 마침내 황해 바다에다가 깨어진 꿈이고 무엇이고 탁류째 얼러 좌르르 쏟아져 버리면서 강은 다하고, 강이 다하는 남쪽 언덕으로 대처(大處) 하나가 올라앉았다. 이것이 군산이라는 항구요."라고 하여 군산의 당시 모습을 묘사하였다.

금강과 서해가 둘러싼 듯한 군산은 호남평야를 품고 있어 예로부터 풍부한 쌀 생산지이자 집산지였다. 일제는 군산에서 나는 쌀을 수탈하기 위하여 군산항을 개항하였고, 당시 한반도의 곡류 수출량의 1/4이 이곳 군산항을 통해 빠져나갔다고 하니 실로 일제의 수탈을 대표하는 항구라고 하지 않을 수 없다. 또한 일제는 한반도에 부족한 공업 제품을 들여오는 용도로도 군산항을 활용하여 그 일대에는 일본의 무역회사와 상업시설, 금융기관 등이 대거 등장하였다. 그야말로 '대처(大處)'였다.

근대문화유산거리에
'유산'은 없었다

군산으로 들어가는 길목인 동백대교를 지나 원도심에 들어서면 근대문화유산거리라고 불리는 곳에 당도한다. 대처는 온데간데없고 낮고 오래된 건물들만이 빽빽하게 세워져 있다. 군산항에 놓인 부잔교(浮棧橋), 보통의 어촌 마을에서 보기 힘든 격자형으로 구획 지어진 안쪽 도로와 이제는 다니지 않는 기찻길을 보며 어렴풋이 예전의 번성기를 상상해 볼 뿐이다.

군산시가 제작한 '군산으로 떠나는 시간여행' 지도를 펼쳐 보면, 일제가 만든 건축물들을 중심으로 등록문화재 '몇몇'을 소개하고 있다. 몇몇이라고 하는 건 등록된 모든 문화재를 싣지 않음도 의미하지만 '기념'하고 싶은 것만을 추려 등록문화재로 지정했다는 의미도 포함한다. 문화재청은 지정문화재 제도를 보완하고자 근대문화유산 중에서 보존과 활용을 위한 가치가 커 특별한 조치가 필요한 문화재를 등록문화재로 등록할 수 있는 제도를 2001년에 도입하였다.

현재 군산에는 동국사 대웅전(국가등록문화재 제64호), 신흥동 일본식 가옥(국가등록문화재 제183호), 군산 내항 부잔교(국가등록문화재 제719-1호), 구 제일사료주식회사 공장(국가등록문화재 제719-4호), 구 남조선전기주식회사(국가등록문화재 제724호) 등 23개의 등록문화재가 있다.

1922년에 완공한 구 조선은행 군산지점(국가등록문화재 제374호)과 1914년에 세운 구 일본 제18은행 군산지점(국가등록문화재 제372호)은 현재 근대건축관과 근대미술관으로 불리며 '볼거리'를 제공하고 있다. 이 두 은행은 해방 후 다양한 이력을 만들어왔다. 조선은행은 한국은행, 한일은행 군산지점으로 은

6기 중 현재 3기만 남아 있는 군산 내항의 뜬다리 중 2기의 모습

행의 역할을 이어가다가 1981년에 민간 소유가 되면서 예식장, 나이트클럽, 노래방으로 사용되었다. 일본 제18은행도 마찬가지이다. 대한통운주식회사 지점으로 사용된 후 한때 창고로 활용되다가 최근엔 중고품 판매장으로 운영되었다고 한다. 하지만 현재 '말끔히' 복원한 모습으로는 굴곡진 세월 속에서 방치한 시간이 전혀 느껴지지 않는다. 안내판을 통해 일제강점기 당시 식민지의 금융기관으로서의 역사만 단조롭게 설명하거나 일제 수탈사와 근대 건축물을 전시하고 있을 뿐이다.

구 일본 제18은행과 군산근대역사박물관 사이에 나란히 있는 미즈커피와 장미갤러리라는 일제 건축물도 근대문화유산거리를 조성하면서 새로운 관광코스로 '승격'되었다. 박물관에 일부러 조성해 놓은 듯한 새것 느낌의 건축물과 일대의 거리는 근대문화유산거리라는 이름에 걸맞지 않은 느낌이다. 이유가 있었다. 원래 군산근대역사박물관 자리에 있었던 미즈커피는 미즈상사라는 무역회사 건물이었고, 박물관이 2011년에 들어서면서 현재의

왼쪽은 일본 제18은행, 오른쪽은 구 조선은행 군산시점 옆면이다

위치로 옮겨져 개축했던 것이다. 장미갤러리 역시 일제강점기 당시의 용도나 기능은 확인할 수 없는 건축물로, 1945년 해방 이후에 음식점 등으로 사용되다가 2013년에 복원하여 갤러리로 활용되고 있다.

장미갤러리와 미즈커피 사이에 보이는 지붕이 일본 제18은행이다

군산근대역사박물관에서 해망로(본정통)를 건너 중앙로 쪽으로 조금 들어가면 일제가 쌀의 가격과 배급을 통제하기 위해 설립한 관공서인 구 조선식량영단 군산출장소가 모퉁이에 세워져 있다. 이 건축물 역시 일제의 쌀 수탈의 역사를 증명하는 건축물로서 가치를 평가받아 국가등록문화재 제600호로 지정되었다. 군산시는 해방 후 여러 관공서로 사용되던 이 건물을 리모델링하여 쌀 수탈사 전시관으로 활용할 계획이라고 한다.

수탈의 기지 군산의 아픈 역사를 강조하여 무엇을 여행객들에게 전달하고 싶었던 것일까. 현재 이 건물은 주변의 다른 건축물들에게 위화감을 조성할 만한 깔끔한 외벽과 누가 보아도 드라마에 나오는 세트장에 있을 법한 건물의 형태를 띠고 있어 큰 도로가에 줄지어 서 있던 은행, 카페, 갤러리와 같이 하나의 '문화상품'으로 둔갑한 인상을 지울 수 없었다.

그나마 옛 모습을 그대로 간직하고 있는 구 군산세

관은 현재 사용하고 있는 군산세관 옆에서 근대문화유산의 역할을 하고 있는 듯하다. 대한제국이 1908년에 8만 6,000원의 거금을 들이고 당시 받아들인 '혼합식 유럽 스타일'로 완공한 구 군산세관은 '역사바로세우기운동' 당시 일제 건축물들이 사라졌어도 유일하게 살아남은 공공기관 문화유산이다. 군산은 전북, 충남 일대의 곡창지대의 쌀을 값싼 가격에 가져오기에 최적의 공간이었고, 일제의 공산품을 헐값에 대량으로 판매할 수 있다는 점에서 일본 상인들에겐 더없이 좋은 조건을 갖춘 무역항이었다. 이것이 일제가 군산세관 세우기에 공을 들인 이유이다. 이제는 신축 건물들 사이에서 아담한 건축물이 되어 버렸지만, 수탈의 역사를 머금고 있는 구 군산세관은 대한제국, 일제강점기를 거쳐 대한민국까지의 100여 년의 시간을 담담하게 말해주고 있다.

호남관세박물관으로 사용되고 있는 구 군산세관 본관(국가지정문화재 사적 제545호)

선택과 배제의 논리에서 지워진 '유곽(遊廓) 거리'

구 남조선전기주식회사, 군산 구 조선운송주식회사 사택(국가등록문화재 제725호), 히로쓰 가옥으로 불렸던 신흥동 일본식 가옥 등이 있는 이곳 일대가 영화동, 금동, 월명동, 신흥동이다. 군산항에서 가까워 부유한 일본인의 전용 거류지가 되었고, 원주민인 조선인들은 바로 옆 동네인 개복동의 산비탈로 반강제로 이주당하여 움집과 토막집을 짓고 살았다. 그 시절 조선에 '작은 일본'을 만들고자 했던 야심찬 욕망은 이제 걷어지고, 새 주인과 함께 새로운 삶을 사는 일본식 가옥 몇 채가 그 역사를 증거하고 있었다.

하지만 지도에 표시조차 하지 않는 지워진 공간이 있다. 군산시가 지정한 〈근대관광 10선〉에 초원사진관이 선정된 것만큼 의아스럽진 않으나 수탈당한 역사만을 강조하고 근대도시로서 '눈부시던' 모습만을 담으려는 건 아닌가 하는 씁쓸함이 올라왔다. 군산은 항구도시로서 유동인구가 많았고 도로, 철도 등 교통이 발달해 유흥과 소비문화시설이 확산될 수 있었다. 이는 곧 도시의 근대성을 나타내주는 주요한 특징으로, 일제의 식민지화 과정에서 일본의 유곽(遊廓)이 조선으로 들어오면서부터 유흥문화는 시작되었다. 한반도에 유곽이 설치된 것은

1876년에 일본과 맺은 강화도 조약 이후이다. 일본인 거류민들이 많이 사는 서울, 인천, 부산, 평양, 원산, 마산 등을 중심으로 지어졌으며 1905년에는 공창제를 도입하면서 군산에도 유곽이 설치되었다. 한일강제병합 이후에는 한반도 전역에 유곽이 지어졌다.

현재의 명산시장 일대인 신흥동 산수정(山手町)은 일본인들을 상대로 한 고급 유곽 밀집 지역이었다. 1930년대에는 크고 작은 유곽 20개가 들어섰고, 주변으로 꽃장수, 채소 장수, 당고 장수들의 노점이 생겨났다. 점차 사람들의 발길이 늘어나면서 신흥동 일대는 호남 최대의 유곽 지역이 되었다. 하지만 해방 이후, 1945년 12월에 조직된 조선부녀총동맹의 공창제 폐지 운동이 일어났고 이에 자극받은 미군정은 공창제도 폐지방안을 통과시켰다. 1948년 2월 공창은 공식적으로 사라졌다. 일본인이 떠난 유곽은 방치되고 갈 곳 잃은 유곽의 조선 여성들은 명산동과 조금 떨어진 개복동으로 옮겨가 사창으로 전업하게 되었다. 자연히 유곽거리 일대에는 시장이 형성되었고 '유과꼬 시장', '명산동 시장'으로 불리다가 현재의 명산시장으로 자리 잡았다.

전통시장 현대화 사업으로 명산시장 역시 아케이드가 조성되었고, 입구에는 명산시장 국수거리라는 '명랑한' 글씨가 손님들을 맞이하고 있었다. 그 명랑함이 정확하게 마주하고 있는 공간에는 일제시대 조선인들이 모여

조선인들이 모여 살았을 곳으로 추측되는, 명산시장 공영주차장에서 보이는 언덕배기. 근대문화유산거리와 꽤 큰 대조를 보인다

살았다고 하는 언덕배기 집들이 있다. 현재 그 집들은 폐가가 되어 마른 흙색의 잡초와 함께 생명력을 잃은 채 방치되어 있었다. 일본인들에게 어쩔 수 없이 자리를 내주고 옮겨갔다는 개복동도 꼭 이런 모습이었지 싶다. 국숫집 하나 보이는 국수거리를 들어가도 유곽의 흔적은 잘 보이지 않았다. 중간 지점에 나 있는 골목길의 우물터 두 곳을 소개하는 글에서 짤막하게 작은 글씨로 '일제강점기 시절 유곽의 거리 우물터 골목으로 부유한 일본인이 많이 살았던 곳입니다…'라고 적혀 있을 뿐이다.

군산시가 만든 지도에는 '보아야 할' 근대문화유산을 색깔별로 표시하고 군산근대역사박물관을 시작점으로 하여 도보로 걸리는 시간을 구역별로 '친절하게' 안내하며 관광을 유도하고 있다. 하지만 지도에는 유곽거리가 표시되어 있지 않아 애초에 여행객들은 이곳으로 찾아오지도 않는다. 군산에서 영원히 살 것처럼 유흥을 즐기며, 여성의 인권을 유린한 일본인들과 친일파들의 사교의 공간인 이곳은 과거의 과오를 반복하지 않기 위한 장소로, 즉 '꼭 기억해야 할 장소'로 선택받지 못했던 것이다. 수탈당한 역사만을 강조하고자 하는 선택과 배제의

옛 유곽건물을 리모델링한 자리에 방앗간이 들어섰다

일제강점기 우물터 뒤로 명산시장이 보인다

논리를 가지는 군산의 근대문화유산 사업은 위계화 구도 속에서 진행 중이었다.

신흥동 유곽이 흔적과 자취를 감추는 동안 개복동은 정부의 '특정 지역' 지정 등과 같은 일종의 성매매 '공인' 정책으로 크게 번성해 문란하고 열악한 골목으로 전락하게 되었다. 2002년 1월 개복동 성매매 집결지에 대형 참사인 화재 사건이 일어나자 성매매 여성의 보호에 대한 여론이 커지기 시작했고, 2004년 정부는 성매매 특별법을 제정하였다. 대대적인 성매매 단속이 이루어져 신흥동이 사라졌듯이 개복동의 골목도 역사 속으로 사라졌다. 화재가 났던 장소는 여성들의 죽음을 애도하는 공간으로서 벽화가 그려졌으며 이후 저마다의 꿈을 가지고 모여든 예술인들의 공간인 시민예술촌으로 거듭나고 있다.

참회와 성찰의 공간에서 상상하는 평화의 미래

동국사(東國寺)는 유유자적한 산속이 아닌 유곽거리였던 명산시장과 마주 보는 곳, 즉 도심 속에 위치해 있다. 이는 일본의 사전촌락(寺前村落) 방식을 군산에 그대로 적용한 것으로, 일본에서는 교통의 요지나 큰 절, 신사 부근에 유녀와 유곽이 있었다고 한다. 국내에 남아 있는 유일한 일본식 사찰인 동국사에 들어서기 위해 나지막한 언덕길을 오르면 돌기둥에 錦江寺(금강사)라는 옛 사찰 이름이 새겨져 있다. 1876년 부산 개항과 함께 조선에는 일본의 각종 불교 종파가 들어오게 된다. 일본의 불교는 조선 불교인들을 유인하여 사상적으로 순화시키고, 조선에 관한 정보를 수집하여 정부에 제보하는 등 일제의 식민지 사업에 적극적이었다. 군산에서는 일본 불교 종파들 중 거대 종단인 조동종(曹洞宗)이 활발한 포교 활동을 했는데, 이 종단에서 조선에 다섯 번째로 세운 것이 바로 금강사다. 일제강점기에 전국적으로 500여 개의 일본 사찰과 포교소가 세워

옛 사찰 이름인 錦江寺가 음각으로 새겨져 있다

타일 77개로 만든 소녀상 앞의 검은 연못은 대한해협을 상징한다

졌었고, 현재는 동국사를 제외하고 모두 철거되었다.

입구에서 앞마당을 들어서면 보이는 동국사 대웅전은 지붕 폭이 유난히 넓어서인지 시선을 압도한다. 대웅전 뒤에서 동국사 전체를 감싸면서 보호하고 있는 듯한 키가 큰 대나무는 경내에 자연을 도입하는 일본의 방식을 여실히 보여주는 듯하다. 하지만 내 눈이 좇는 것은 따로 있었다. 참사문비와 평화의 소녀상.

『조선 침략 참회기』(2013)를 쓴 조동종 소속의 승려인 이치노헤 쇼코(一戶彰晃)는 2011년 11월 조동종 승려들과 함께 조선 침략을 참회하는 의미로 동지회(東支會)를 만들었다. 동지회는 이곳 동국사로 방문단을 인솔해 와 일제강점기 당시 희생자들을 추모하는 위령제를 올리고, 태평양전쟁 때 희생된 조선인들과 홋카이도로 강제징용된 조선인 노동자들을 위로하고 추모했다. 2012년 9월에는 식민지 정책에 가담한 그들의 만행과 과오를 사죄하고 참회하는 의미에서 동국사에 한국어와 일본어로 된 참사문(참회와 사죄의 글)비를 제막했다. 1992년에 발표하였지만 잘 알려지지 않았던 참회의 마음이 20년의 시간이 흐른 후에서야 이곳에 와닿아서일까. 작은 글씨체로 그들의 과오를 구체적으로 밝히며 절절하게 참회하고 있는 참사문비를 읽고 있노라면 양국 간에 해결하지 못하고 있는 식민지배의 문제에 한 줄기의 빛이 서리는 것만 같다.

> 우리는 과거 해외 포교의 역사 속에서 범했던 중대한 과실을 솔직하게 고백하면서 아시아인들에게 진심으로 사죄하며 참회하고자 한다. 그러나 이는 과거 해외 포교에 종사했던 사람들만의 책임은 아니다. 일본의 해외 침략에 박수갈채를 보내고 그것을 정당화했던 종문 전체가 책임을 져야 할 문제인 것이다. … 특히 한반도에서 일본은 명성황후 시해라는 폭거를 범했으며 조선을 종속시키려 했고 결국 한국을 강점함으로써 하나의 국가와 민족을 말살해 버렸는데, 우리 종문은 그 첨병이 되어 한민족의 일본 동화를 획책하고 황민화 정책을 추진하는 담당자가 되었다. … 우리는 맹세한다. 두 번 다시 잘못을 범하지 않겠다고.

이는 한 종교의 종교인들의 식민지 정책 가담에 대한 반성을 넘어서서 일본 제국주의 전체에 대한 반성을 의미한다고 할 수 있다. 군산의 유일한 소녀상인 이곳 소녀상은 일제의 만행을 참회하고 성찰하는 참사문비 앞에 꼿꼿이 서서 먼 곳을, 또한 미래를 바라보고 있다.

동국사는 식민지의 아픈 기억, 전쟁의 역사, 성찰과 참회의 마음, 애도와 추모가 아로새겨져 있는 공간이다.

역사를 품은 장소는 시간과 공간, 국적과 민족을 초월하여 연대와 공감을 하는 공간으로 거듭나고 있으며, 우리는 여기에서 한반도뿐만 아니라 동아시아인 모두의 미래, 평화의 미래를 상상해 볼 수 있을 것이다.

한국어와 일본어로 된 참사문(참회와 사죄의 글)비

〈서대문형무소역사관〉,

‘해방’되지 못한 담장 안의 역사들

박솔지
건국대학교 통일인문학연구단 HK연구원

현저동 101번지의
붉은 담장

서울 서대문구 현저동 101번지 일대는 조선 후기부터 북쪽으로 향하는 가장 큰 길이 난 곳이었다. 그만큼 이 일대를 지나는 사람과 물자 이동이 많기도 했다. 도심 중심부와 아주 가까운 이곳은 지금도 밤낮으로 대로변을 오가는 차량이 많은 곳이다. 그런데 막상 이곳에 오면 어쩐지 서울의 조금 외진 곳에 있다는 감상이 든다. 그건 높은 빌딩들보다 먼저 시선에 들어오는 것이 인왕산과 마주하고 있는 붉은 벽돌담의 저 건물 때문인지도 모른다.

서대문형무소역사관의 벽돌담

오랫동안 붉은 벽돌담의 건물은 사람들에게 억압과 공포를 불러일으키는 곳이었다. 지금은 '서대문형무소역사관'이라는 명패를 달고 있지만, 이곳은 여러 차례 다른 이름으로 불린 곳이기도 하다. 그러나 여러 이름 중에서 지금 우리에게 기억되는 이름은 '서대문형무소'다. 그렇기에 이곳은 천안의 독립기념관과 더불어 일본 제국주의의 침략과 독립이라는 역사를 상징하는 공간으로 인식되고 있다.

하지만 이곳은 해방과 분단 이후에도 줄곧 구치소로 사용되었다. 1908년 일본 통감부에 의해 처음 경성감옥으로 건축되었던 서대문형무소는 1912년 경성감옥이 마포구 공덕동으로 이전하면서 서대문감옥으로 이름이 바뀌었다. 우리에게 잘 알려진 서대문형무소라는 이름은 1923년에 붙여져 해방되던 1945년까지 쓰였다. 해방 이후, 서대문형무소는 서울형무소가 되었고 1967년부터는 서울구치소라는 이름으로 사용되었다. 1987년 11월이 되어서야 이곳은 '범법행위자를 수감하는' 공간으로서의 역할을 마감한다. 서울구치소가 경기도 의왕시로 이전하게 되었고 이곳은 그간의 역사성과 보존가치를 고려해 지금의 역사관으로 재탄생하게 된 것이다.

담장 안의 역사, 서대문형무소가 지나온 시간들

서울구치소가 의왕으로 떠난 뒤 10여 년의 시간을 거쳐 1998년 11월에 서대문형무소역사관이 개관하였다. 옛 건축물 중 보안과 청사, 중앙사와 제9~12옥사, 공작사, 한센병사, 사형장, 격벽장, 망루 2기는 남겨져 전시공간으로 탈바꿈했고 나머지는 모두 철거되었다.

그러다 2013년 4월에 여옥사가 추가로 복원되어 전시관으로 개관했다. 1979년에 철거되었던 여옥사는 일제가 1918년 여성 독립운동가들을 별도로 수감하기 위해 신축했던 장소다. 2008년 서대문형무소 보수정비 과정에서 일제강점기 당시의 여옥사 설계도면이 발견되었고, 이를 기초로 2011년부터 복원사업이 진행되었다. 여옥사에서는 여성 독립운동가들의 독립운동 및 수형기록표 등을 소개하는 전시가 진행되고 있다.

역사관 정문 입구를 지나 들어오면 정면에 전시관이 보인다. 이전에 보안과 청사로 쓰였던 이곳은 1층과 2층, 지하 공간을 리모델링하여 각각 역사실, 민족저항실, 지하 고문실 등의 전시공간

기존 형무소 건물 외관을 그대로 활용한 역사관 입구

으로 활용되고 있다. 전시관의 첫 화두는 '자유와 평화를 향한 80년(1908~1987)'이다. 경성감옥부터 서울구치소까지 이어지는 이 공간의 역사를 압축적으로 표현한 문구다. 하지만 전시관의 내용 전반을 차지하고 있는 것은 일제강점기의 역사다.

특히 지하 전시실은 일제의 취조 공간을 재현하면서 일본 제국주의의 폭압성을 극적으로 폭로하는 데 중점을 두고 있다. '고문'이라는 한 단어로 요약되는 보안과 청사 지하실은 과거의 사실을 반영하고 있지만, 한편으로 불편한 마음이 들게 하는 공간이기도 하다. 고문은 일제의 전유물이 아니었다. 독립된 땅에 세운 국가에서도 고문은 중단되지 않았다. 일제에 항거해 세운 나라는 민주투사를 잡아 가두고 고문했다. 그렇기에 '고문 육성 증언' 영상을 본 후 '지금의 우리나라를 있게 해준 독립운동가분들을 생각하며 "대한독립만세"를 외쳐보'길 권하는 관람 안내는 쉽게 공감되지 않는다. 지하 전시실은 지난 역사의 아픔과 상처를 이해하고 더 나은 미래를 위한 현재의 고민 지점을 던져주기보다 일본이라는 하나의 적대의 선을 긋고 관람자를 '지금의 우리나라'라는 국가에 일치시키려 한다.

우리의 근현대사에서 일제강점기는 분명 아픈 역사였다. 그리고 지금까지도 바람직한 해원의 지점을 찾지 못하고 숱한 문제들이 현존하는 현재의 역사이기도 하

민족저항실Ⅱ 벽면, 사진 속의 눈빛들이 인상적이다

다. 그렇기에 우리에게 일제 식민이라는 역사는 계속해서 되새겨지고 잊지 말아야 함을 소리 높이는 기억들이기도 하다. 하지만 그 기억이, 되새김이 지금의 우리에게 그저 과거의 시간을 반복재생하며 분노하게 하도록 던져주는 것에만 머물러서는 안 된다.

2층 민족저항실Ⅱ의 첫 전시는 그런 면에서 식민의 역사를 기억하는 좀 더 나은 방식을 제안하고 있는 것 같다. 환한 빛이 드는 공간의 모든 벽면은 서대문형무소에 입감되었던 수감자들의 입감표들이 타일이 되어 메워져 있다. 억압의 그 역사 속에서도 나아갈 미래를 위해 감옥으로의 삶을 피하지 않았던 수많은 사람들의 얼굴과 이름들이 방 전체를 채운다. 역사책과 교과서에 채 담을 수 없었던, 그래서 우리가 알지 못했던 그들의 얼굴 하나하나, 눈빛 하나하나가 시선에 담긴다. 그 시절의 비극과 그들의 아픔, 그리고 그것조차 뛰어넘으려 했던 그들의 의지가 느껴진다.

근대적 폭력공간과 잊혔던 이름들

다시 밖으로 나오면 별개의 동으로 구성된 나머지 시설들이 눈에 들어온다. 역사관의 가장 구석진 곳에는 사형장이 있다. 사형장 앞으로 다가서면 이 자리를 지키던 고목이 100여 년의 수명을 다하고 고사하였다는 안내판이 서 있다. '통곡의 미루나무'라고 이름 붙여진 커다란 나무는 그 당시 형의 집행을 앞둔 사형수들이 붙잡고 통곡했다는 이야기를 전한다. 지금은 쓰러진 나무 앞에서 잠시 생각에 잠겼다. 그때, 그들이 흘렸을 눈물의 의미는 아마 저마다 달랐을 것이다. 누군가는 식민지 현실의 비통함 때문에, 누군가는 못다 이룬 뜻 때문에, 또 누군가는 남겨질 사람들에 대한 미안함과 안타까움 때문에 울었을 것이다.

사형장 옆의 낮은 둔덕에는 '민족의 혼 그릇'이라는 추모의 기념물이 있다. 조형물에는 일제에 맞서 싸우다 서대문형무소에서 순국한 지사 165인의 이름들이 새겨져 있다. 지난날의 역사가 특정 사람의 영웅담이 아니라 '이름들'로 기억되고 추모되는 것은 의미

추모비 '민족의 혼 그릇'

있는 일이다. 엄혹한 탄압에도 굴하지 않고 형장의 이슬로 사라져간 이들이 남긴 이름들은 '독립'이라는 언어로 표상되는 폭력, 차별, 억압으로부터 보다 자유로운 세상을 만들고자 했던 그들의 의지와 염원을 전한다.

사형장과 추모비를 뒤로하고 발걸음을 옮기다 보면 부채꼴 모양의 구조물이 보인다. 역사관에 남아 있는 여러 건축물 중에서도 격벽장은 중앙사와 더불어 근대 원형감옥 구조를 보여주는 건축물이다. 격벽장은 수감자들이 햇볕을 쬐거나 간단한 운동을 했던 운동장으로 1920년에 만들어졌다. 운동하는 시간에도 수감자들 사이의 대화를 차단하고 분리 감시하기 위해 이런 형태로 만들어진 것이다. 중앙사는 수감자를 관리 및 감시하는 공간이자 간수 사무소 역할을 한 곳이었는데 10~12옥사가 부채꼴 모양으로 함께 배치되어 조성되어 있다. 10~12옥사는 1919년 3·1 운동으로 잡혀 온 수감자가 급증하면서 1920년대 초반에 새로 지은 2층 구조의 건물이다. 이곳은 원형감옥 구조로 만들었을 뿐 아니라 복도 천장에 채광창을 내어 수감자의 움직임이 중앙 간수소에서 잘 보이도록 구성되었다.

부채꼴 모양은 중심에서 방사형으로 뻗은 공간을 모두 관망할 수 있는 구조로 소수의 인원이 다수의 인원을 효율적으로 통제 및 감시가 가능한 형태의 근대감옥 구조이다. 패놉티콘(panopticon)이라고 불리는 이 구조는 공

패놉티콘 구조를 직관적으로 이해할 수 있는 '격벽장'

리주의자 제러미 벤담(Jeremy Bentham)이 제안한 원형 모양의 감옥 건축양식이다. 패놉티콘은 근대통치권력의 폭력성을 상징적으로 보여준다. 수감자는 그 구조 안에 놓이는 순간 곧 감시받고 있다는 자기검열의 메커니즘을 발동한다. 가시적인 폭력뿐 아니라 보이지 않는 폭력이 가해지는 것이다. 전근대 통치권력이 직접적인 방식의 폭력을 행사했다면, 이제 한 차원을 넘어서 구조 자체가 폭력성을 생산하고 내면화하게 만든 것이다. 하지만 근대적 폭력은 일본 제국주의에만 또는 감옥 등에만 한정되는 것으로 볼 수 없다. 조지 오웰(George Orwell)은 패놉티콘을 가져와 '빅브라더'가 첨단감시장치와 권력을 통해 전 사회 구성원의 사생활까지 감시하는 가상국가를 표현하기도 했다.

그래서 서대문형무소에서 '서대문형무소'만을 떠올리며 일제의 탄압과 고문이라는 지점에 과몰입하면 근대국가의 폭력기구로서의 '감옥'이라는 이 공간의 역사와 정체성을 놓칠 수 있다. 식민지라는 이름으로, 식민통치기구의 하나로 출발했지만 결국 해방 이후에도 오랜 세월 같은 공간에서 근대국가의 폭력기구로서 그 역할을 수행했던 이곳의 역사가 물음을 던진다. 식민으로부터 독립했지만 여전히 '독립'하지 못한 것들과 독재정권을 끝내고 직선제 개헌을 했음에도 '민주화'시키지 못한 것들에 대한 물음이다.

1945년 해방이 되면서 한반도는 기쁨과 동시에 혼란을 맞이했다. 남과 북 사이에는 '38선'이라는 것이 그어졌고 땅 위에 그어진 그 선처럼 사람들 사이에는 숱한 선들이 그어졌다. 서울형무소가 된 이곳에는 좌익인사들이 수감되기도 했고, 전쟁이 벌어지고 인민군이 서울에 주둔했을 당시에는 거꾸로 우익인사들이 수감되기도 했다. 분단은 식민과 또 다른 종류의 억압을 만들어냈다. 현저동 101번지는 여전히 정치·사회적 문제의 중심지였고 또 여전히 권력의 공포를 상징하는 공간으로 남았다. 진보당 사건(1958), 민족일보 사건(1961), 동베를린간첩단(동백림) 사건(1967), 인혁당재건위 사건(1975) 등 분단국가를 거스르는 이념과 행보는 모두 수감과 처벌의 대상으로 이곳에서 단죄되었다. 11~12옥사 내부 전시실은 민주화운동을 했던 이들의 기록을 담아 '서울형무소 혹은 서울구치소'였던 이곳의 역사를 전하고 있다. 1987년 6월 항쟁은 이곳을 비로소 통치기구의 폭력 공간으로부터 벗어나게 해주었다.

10~12옥사 내부는 이처럼 옥사 구조를 활용해 전시를 진행하고 있다

10옥사는 기획 전시가 열리는 공간으로 활용되고 있다. 최근에 방문한 이곳에서는 '잊혀진 영웅의 후손을 찾습니다'라는 이름의 전시가 진행되고 있었다. '잊혀진 영웅들'은 서대문형무소에 수감되었던 독립운동가 중 30명이다. 전시는 이들의 수형기록카드를 기반으로 노년 모습 추정 사진과 인적사항을 전시하고 있는데, 산파, 인력거꾼, 마차꾼, 해산물 소매상, 제지직공 등으로 기재된 직업 소개란이 인상적이다.

우리가 그동안 식민과 독립운동을 기억하는 방식은 소수의 몇몇 사람들의 업적과 고난을 중심으로 한 것이었다. 전국 방방곡곡에서 일어났다는 3·1 운동만 해도 민족대표 33인, 유관순 등 몇몇 사람들의 이름으로 기억되는 것이 익숙했다. 점차 그 기억의 방식도 변화하고 있다. 이 전시에서 서대문형무소에 수감되었던 이들이 대단한 사상으로 무장한 일본 유학파나 지식인뿐 아니라 평범한 일상의 일들을 해나가며 살았던 사람들이었다는 것을 보여주는 것은, 지난 역사를 기억하는 우리의 고민이 성장해나가고 있다는 점을 보여준다는 생각이 든다.

'감옥문'을 나서며, 마침표 찍을 수 없는 과제들

서대문형무소는 그 역사 자체가 제국주의는 물론 근대의 폭력성을 담지하고 있는 공간이다. 이곳은 근대적 규율 기관의 상징적 공간이었고 한편으로 권력을 위한 통제와 복종을 만들어내기 위한 공간이기도 했다. 일제로부터의 독립이 곧 우리에게 빛을 가져다준 것은 아니었다. 해방되는 날 그토록 바랐던 붉은 담장을 벗어났다고 생각했지만, 그 담장은 다시 민주주의를 억압하는 상징적 공간이 되었다.

1987년은 우리에게 민주화를 이룬 해로 새겨졌다. 이곳도 '구치소'로서의 역할을 마감하고 오늘에 이르렀다. 하지만 구금의 공간은 어딘가로 옮겨졌을 뿐 사라진 것은 아니다. 독립이 곧 광복이 아니었듯, 민주화 역시 마침표 찍힌 과거가 아니다. 이곳을 '서대문형무소'라는 이름에 가두고 '민주인사'들의 공간으로 한정 지으면 이곳에서 우리가 고민해야 할 것은 과거를 복기하는 것, 그 이상이 되지 않는다. '자유와

11옥사 2번방, 문익환 목사의 '꿈은 가두지 못한다' 전시물

평화를 향한 80년(1908~1987)', 그 다음은 무엇으로 써야 할까. 87년의 민주화는 직선제라는 최소한의 조건을 마련한 역사였다. 민주주의는 거기에 멈추지 않는다. 영원히 마침표를 찍을 수 없는 계속된 모두의 과제이다.

붉은 담장 밖으로 다시 나오면 산책과 운동을 나온 주민들이 보인다. 공포와 폭력의 상징적인 공간이었던 이곳은 누군가에게는 일상 가까이에 있는 공원이고, 누군가에는 역사를 기억하고 배우고 싶어 방문하는 역사관이기도 하다. 달라진 현저동 101번지의 오늘이 나쁘지 않다. 앞으로 또 지금과 다른, 더 나은 의미로 더 많은 것을 품을 수 있는 곳으로 달라질 수 있다는 의미를 남기는 것 같다.

어떻게 역사를 기억하는 것이 옳은가 하는 문제는 우리뿐 아니라 많은 이들이 직면한 고민지점이다. 어떤 것이 정답이고 오답인지 명확하게 판가름할 수 있는 기준은 아마 찾기 어려울 것이다. 중요한 것은 지난 역사 속에 갇혀 있기만 해서는 안 된다는 것이다. 2009년 3월 8일, 서대문독립공원에서는 한국정신대문제대책협의회에서 진행하는 전쟁과여성인권박물관 건립 착공식이 개최되었다. 2004년부터 추진된 서대문독립공원 내 박물관 건립 추진이 결실을 맺는 것 같은 자리였다. 하지만 박물관은 광복회와 순국선열유족회 등 32개 독립운동 유관단체들의 격렬한 반대와 비용 부족 등으로 인해 독립공원 부지 내에 건립되지 못했다. 당시 서울시의 건축 허가는 '수많은 독립운동가들과 독립운동을 폄하시키는 순국선열에 대한 명예훼손'으로 비판받았고, 일본군 '위안부' 박물관은 항일 저항과 민족혼의 성지라는 서대문 형무소와 성격이 맞지 않다는 이유로 다른 곳에 지어져야 한다는 주장이 제기되었다. 결국 전쟁과여성인권박물관은 2012년 마포구 성미산 자락에 있는 기존의 건물을 매입해서 리모델링한 후 개관하게 되었다.

이 해프닝은 더 이상 서대문형무소가 수감의 공간으로 기능하고 있지 않지만, 다른 의미에서 붉은 담장을 치고 무언가를 가두는 이름이 되어가고 있다는 것을 보여준다. 물리적 감옥보다도 더 중요한 것은 마음속에 있는 감옥이다. '감옥'이라는 이름은 폭력을 생산하고 억압을 자행하는 것 어디에나 붙일 수 있다. 진정한 의미에서 감옥 문이 열리고 담장의 벽이 허물어질 수 있으려면, 그 안에 자신을 가둔 일그러진 우리 스스로의 얼굴을 바라볼 수 있는 용기를 갖추는 것이 필요할 것이다. 그리고 마침표 찍지 못한 민주화가 나아가야 할 방향이 무엇인지 성찰하고 마주할 수 있어야 한다. 그것이 젠더, 인권, 생태와 같이 '제국'이나 '국가'라는 이름을 달고 있지 않을지라도 말이다.

〈전쟁과여성인권박물관〉,

일본군 '위안부', '우리의 식민'을 넘어서

박솔지
건국대학교 통일인문학연구단 HK연구원

성미산 갈림길,
나비들이 인사하는 곳

서울 마포구에 있는 성미산은 해발 66m 정도 높이의 야트막한 산이다. 이 작은 동산으로 향하는 여러 길 중 한 갈래에는 유독 눈에 띄는 담장의 건물이 있다. 그 건물의 먹색 돌담에는 노란 나비들이 앉아 있다. 나비들은 저마다 하고 싶은 이야기를 품고 있다. 나비들이 날갯짓하고 있는 이곳은 전쟁과여성인권박물관이다.

아담한 정취가 묻어나는 이 박물관은 2012년 12월에 개관하였다. '전쟁과여성인권박물관'이라는 이름을 단 이곳은 80년대 후반부터 시작되었던 일본군 '위안부' 운동

전쟁과여성인권박물관이 위치한 성미산 자락

의 과정에서 탄생하였다. 지금 박물관의 담장을 수놓고 있는 노란 나비 메시지들은 이곳을 찾은 각국의 방문객들이 작성하여 달아둔 것이다. 이 나비 메시지들은 박물관이 걸어온 역사를 상징적으로 보여주는 것이기도 하다. 박물관은 여러 우여곡절을 거친 끝에 전 세계 시민들의 모금과 참여로 개관에 이를 수 있었다.

지하 1층을 포함해 총 3층으로 구성된 박물관은 기존에 있던 주택을 매입·리모델링하여 만들어졌다. 사실 박물관이 처음 건립되기로 협약되었던 부지는 이곳이 아니었다. 독립문과 서대문형무소역사관 등이 자리하고 있는 서대문독립공원 권역에 식민의 역사를 대표하는 공간 중 하나로 건립이 추진되고 있었다. 그러나 당시 여러 독립운동 유관단체들의 극렬한 반대로 일본군 ‘위안부’의 역사를 다루는 박물관은 서대문독립공원에 발을 붙이지 못하게 되었다. 대신 이곳은 훨씬 더 많은 사람의 참여와 지지 속에서 식민의 수난과 상처를 뛰어넘은 가치를 품은 장소로 태어났다.

일본군 '위안부'와 그 운동의 역사를 걷다

검은 문을 밀고 들어서면 박물관 입장권을 구입하는 곳이 보인다. 입장권에는 한 사람의 일생이 적혀 있다. 오늘 하루 일본군 '위안부' 중 한 사람과 인연을 맺는다는 의미의 티켓이다. 폭력과 차별의 벽을 뚫고 나비가 날갯짓하는 인터랙션 영상이 전시의 시작을 알려준다. 이제 전쟁의 포화 소리가 들리는 거친 돌길로 걸음을 옮긴다. 돌길을 따라 난 좁은 벽면에는 찡그린 얼굴의 부조(浮彫, relief)와 고개를 숙인 채 걸어가는 그림자들이 있다. 이들을 따라 그때의 역사 속으로 걸어 들어가는 듯한 느낌이 따른다. 그렇게 돌길 끝의 작은 계단을 따라 내려가 들어서면 이제 지하전시관이 시작된다. 전시관에는 티켓으로 오늘 하루 인연을 맺은 이의 영상이 흘러나온다.

돌길로 시작하는 입구부터 지하전시관까지 어둡고 좁은 공간 연출을 통해 일본군 '위안부'라는 역사적 문제를 드라마틱하게 느끼게 했다면, 2층으로 이어지는 전시에서는 일본군 '위안부'의 역사와 운동 과정, 피해자들의 삶 등을 객관적으로 이해할 수 있는 자료들을 볼 수 있다.

일본군 '위안부' 문제는 아주 오랫동안 사람들에게 '알려질 수 없는 일'로 남아 있었다. 1991년 8월 14일 김학순의 공개 증언이 최초로 이루어지면서 비로소 세상 밖으로 나온 일본군 '위안부' 문제는 1992년 1월 수요시위의 시작과 함께 조금씩, 천천히 확장되어 하나의 운동이 되어갔다. 지금은 세상에서 가장 오랫동안 이어지고 있는 정기 시위로 기네스북에까지 오른 수요시위는 1991년 12월 5일 김학순 등 생존자 3명이 일제 강제징용 피해자들과 함께 일본 도쿄 지방재판소에 일본 정부를 상대로 공식 사죄와 법적 배상을 요구하는 소송을 하면서 시작되었다.

일본 군문서 및 관련 자료들이 속속 발굴되면서 이 문제가 일본제국과 군에 의한 조직적이고 체계적인 국가범죄라는 사실들이 드러났지만, 당시 일본 가토 가쓰노

1914년 충남 예산에서 태어난 배봉기는 "남쪽 섬에 가면 돈을 벌게 해주겠다"는 일본인의 취업사기에 걸려들어 1943년에 오키나와 도카시키 섬으로 끌려갔다. [빨간 기와로 된 위안소]에서 일본 군인들의 성노예로 몇 달을 지내던 중, 미군의 공습으로 위안소가 불타면서 산 속을 피난 다니다가 일본군의 취사반에 투입됐다. 전쟁이 끝난 후 미군에 투항한 일본군과 함께 진지를 나와 미군의 민간인수용소에 수용됐다. 수용소를 나온 후에는 성매매와 온갖 궂은일을 하며 하루하루를 간신히 살았다. 1975년 지역신문에 사연이 보도되면서 세상에 알려진 후 1991년 77세에 오키나와에서 생을 마감했다.

전쟁과여성인권박물관의 티켓과 쇄석길

부(加藤勝信) 관방장관은 “정부기관이 관여했다는 자료를 발견하지 못하였으며 정부로서는 대처하기 곤란하다”는 발언을 통해 보상이 불가하다는 입장을 밝혔다. 이에 한국정신대문제대책협의회는 ‘공식사과, 사실인정, 진실규명, 법적배상, 위령과 재발방지를 위한 역사교과서 기록’ 등 일곱 개항의 요구 이행을 촉구했다. 그렇게 일본에 제시한 요구사항 관철을 위해 시작된 것이 주한일본대사관 앞에서 매주 수요일 낮 12시에 진행되는 수요시위다.

수요시위를 시작으로 본격적으로 전개된 일본군 ‘위안부’ 문제 해결을 위한 운동의 발자취는 2층 전시관에서 시간순으로 안내된다. 전시물과 영상에서는 수요시위는 물론 각종 법정투쟁과 국제활동의 기록들이 전시되어 있다. 파노라마처럼 이어지는 촘촘한 기록들에서 수많은 얼굴들이 떠오르고 목소리가 들려오는 듯하다. 그 시간의 흐름을 읽는 눈을 따라 느릿한 발걸음을 옮기고 나면 이 운동의 발화점에 피해 당사자들의 증언이 있었지만, 활동가, 기자, 학자 그리고 시민들이 기나긴 과정을 함께 만들어왔다는 사실을 알 수 있게 된다.

그렇게 수요시위를 중심으로 확장되어 온 일본군 ‘위안부’ 운동의 과정에서 박물관의 건립 논의는 하나의 변곡점이었다. 10여 년을 달려온 운동은 성과와 한계, 그리고 여러 논의 지점을 남겼다. 1990년대 정대협은 국제사회에 일본군 ‘위안부’ 문제를 알리고 운동의 외연을 확장시키는 성과를 이루었지만, 여전히 '책임자 처벌'은 요원한 과제였고 연로한 피해자들이 세상을 등지고 있는 상태라는 현실이 눈앞에 있었다.

2000년 12월 일본 도쿄에서 '2000년 일본군성노예전범 여성국제법정'이 열렸다. 남북, 일본, 중국을 비롯한 10여 개국의 민간단체들에 의해 구성된 시민법정이었다. 그리고 이 자리에서 떠오른 문제들은 일본군 '위안부' 문제에 대한 인식 및 성격, 공창/'위안부'의 이분법, 일본인/조선인 '위안부' 분리 등 운동의 방향과 연대 등에 관한 것들이었다.

이에 그간의 활동 및 일본군 '위안부' 문제를 전면적으로 재검토하고 중간결산하자는 의미에서 박물관 건립이 추진되기 시작했다. 이 사안이 후세대에도 이어질 수 있는 과제로 만들어가는 것이 바람직하다는 판단에서였다. 박물관은 일본군 '위안부' 피해자들이 겪었던 역사를 기억하고 교육하는 공간이자, 문제 해결을 위해 계속해서 활동하는 공간을 목표로 기획되었다. 나아가 현재진행형인 전시 성폭력 문제 해결을 위해 연대하고 전쟁과 여성폭력이 없는 세상을 지향하도록 행동하는 박물관 역할을 할 것을 고민하며 만들어졌다. 그렇기에 박물관의 이름은 일본군 '위안부' 박물관이 아닌 전쟁과여성인권박물관이 되었던 것이다.

'우리'의 상처를 넘어 모두의 인권과 평화를 꿈꾸다

1층의 전시실은 그 고민이 담긴 공간이다. 1층 상설관의 주제는 '세계분쟁과 여성폭력'이다. 박물관 건립에 동참했던 수많은 각국의 시민들은 이 공간이 다루고자 하는 문제가 일본군 '위안부'라는 특정 시기, 특정 여성에 국한되는 개별적 문제가 아니라는 공감대를 가졌다. 지난 날 특정 피해자들의 역사가 아닌 '우리'의 역사, 현재 그리고 미래일 수 있다는 생각을 한 것이다.

그것은 박물관을 건립해나가면서 달라진 일본군 '위안부' 운동의 지평과 무관하지 않다. 오랜 세월 식민은 우리만의 고난이자 상처로 인식되었다. 물론 그것이 꼭 틀린 말은 아니다. 그러나 제국주의의 침략과 전쟁에 따른 수난의 역사는 우리에게만 국한하는 일은 아니었다. 그럼에도 한국사회는 '민족'의 이름으로 지난 역사의 고통에 천착함으로써, 각각의 사안과 당대의 역사가 가진 성격을 왜곡된 방식으로 기억하기를 고집했다.

식민은 우리에게 하나의 역사적 트라우마로 남아 지속되고 있다. 스스로 근대국민국가를 세우지 못하고 식민화되었다는 역사적 사건은 '우리'라는 집단을 '수난자'로 표상하며 '민족의 자기연민'을 부추겼다. 식민-피식민의 폐쇄회로는 '잃어버린 국가'라는 과거를 신화화했고,

독립 이후에는 끊임없이 그 상실된 미래로 향하는 국가주의적 욕망을 밀어붙여 왔다. 그러는 동안 식민 이후 남겨진 식민의 문제들은 청산 또는 미청산이라는 단순 구도 속에서 논의되거나 논의에서 배제되어 오면서 '말해질 수 없는' 기억들을 만들었다. 그렇게 해서 이제 우리는 암울했던 식민의 과거와 결별하고 우리의 국가를 수립했다고 자기 위안의 서사를 반복하려고 했던 것이다.

강렬한 트라우마는 '말하고 싶지만 말할 수 없고, 말하려고 하지만 말해지지 않는다.' 일본군 '위안부' 문제는 식민 트라우마의 그 대표적인 사례 중 하나이다. 1945년 해방이 된 후 집으로 돌아왔지만, 그리고 1948년에는 빼앗겼다던 나라도 세워졌지만 이들의 이야기는 세상 밖으로 나올 수 없었다. 순결과 정조라는 가부장적 관념과 결합한 남성적 권력 시스템이 해방 후 '민족의 대표자'를 자처하며 새 출발한 국가의 치부인 양 이들의 실존을 감추려 애썼기 때문이다.

지하전시실의 '베트남 피에타'

이것은 일본군 '위안부' 문제가 민족주의/제국주의/국가주의/가부장제 등의 문제들이 상호교

1층 전시실 전경, 마당에는 '인권운동가' 김복동과 길원옥의 동상이 방문객을 맞이한다

차하는 지점에 있다는 것을 보여준다. 그리고 우리 사회가 그 지점을 마주하는 과정이 지금까지 이어지고 있다는 것을 의미하기도 한다. 일본군 '위안부' 문제는 국제 이슈화 및 여러 국가의 단체들과 연대 과정에서 지속되고 있는 전쟁들과 그 속에 놓인 인권, 여성의 문제를 대면했다. 뿐만 아니라 우리가 피해국의 위치에만 놓인 것이 아니라 가해국이기도 하다는 사실과도 마주하게 되었다.

1층 전시실 바깥으로 나오면 소담한 마당이 반긴다. 그 한켠으로 돌아 내려가면 기획전시관이 하나 더 기다리고 있다. 이곳은 베트남전쟁에서 한국군에 의해 성폭력 피해를 입은 베트남 여성들의 아픔을 소개한다. 가해국 일본을 향해 사과와 배상, 책임자 처벌 등을 부르짖었던 이들은 이 땅 바깥에서 자신과 마찬가지로 전시 성폭력에 피해 입은 타국의 여성들을 마주했다. 그 첫 대면은 아마도 당혹감을 먼저 일으켰을 것이다. 피해국이라고만 생각했던 우리가 일본과 같은 가해국의 위치에 있다는 사실과 대면해야 했기 때문이다. 이곳은 그 당혹

스러움을 회피하거나 외면하지 않고 스스로의 문제로 마주 안았다는 것을 보여주는 장소다. 이를 통해 방문객이 단지 일본군 '위안부' 피해자들과 지난 역사에 아파하고 공감하는 것에 그치는 것이 아니라, 우리의 잘못 앞에 겸허히 사죄하고 성찰할 수 있도록 하는 것까지 나아가고자 한 것이다.

만약 피해생존자들이 그들의 피해보상, 명예회복, 그것에만 몰두하고 '나'라는 테두리 안에 갇혀 있기를 고집했다면, 전쟁과여성인권박물관은 개관할 수 없었을 것이다. 그들은 증언을 통해 세상 앞에 자신의 상처를 꺼냈고 그것과 마주하기 시작했다. 그리고 다양한 사람들과 손잡으며 한 발 한 발 걸어왔다. 그러면서 더 이상 나와 같은 피해자가 나오지 않길, 더 이상 이와 같은 폭력이 반복되지 않길 바라며 문제의 시선을 확장해왔기에 이와 같은 박물관의 개관이 가능했다.

1층 전시실에서 소개되고 있는 '나비기금'은 일본군 '위안부' 피해생존자였던 김복동(1926~2019)과 길원옥(1928~)의 제안으로 시작된 기금이다. 이들은 전시 성폭력으로 고통받는 세계 각지의 여성들과 연대하고 지원하겠다는 뜻에서 기금을 조성했다. 콩고 내전의 피해 여성이자 또 다른 전시 성폭력 피해자 및 어린이들을 돕는 레베카 마시카(Rebecca Masika Katsuva), 베트남전에 참전했던 한국군에 의한 성폭력 피해자와 아이들, 인도네시아 일본군 '위안부' 피해자들에게 이 나비기금이 전해졌다. 마당 한쪽에는 김복동과 길원옥의 동상이 있다. 이들이 꾸었던 꿈은 이곳을 방문하는 사람들에게 이어져 지속되고 있다.

식민의 상처를 넘어, 더 나은 미래를 향한 날갯짓

트라우마는 기억의 왜곡 혹은 상실을 동반한다. 그리고 역사적 트라우마는 당대의 복잡한 사회적 조건과 맞물리면서 다양한 정치적 기억상실을 일으키고는 한다. 상처는 선택적으로 기억되고 이름 불리며, 어떤 것들은 이미 지나간 일 혹은 없었던 일, 그렇지 않으면 벌써 해결된 것으로 취급되어 버리기도 한다.

트라우마 치유의 시작은 직면하기와 말하기에서 시작된다. 고통스러운 기억과 스스로 대면하면서 피해생존자는 흩어져버린 자기 서사를 되찾는다. 치유로 가는 데에는 중요한 두 가지가 있다. 하나는 그들이 자신의 고통을 직면할 수 있도록 하는 '안전의 확보'이고 다른 하나는 그들의 이야기를 듣고 공감하고, 나아가 함께 손잡고 걸어갈 수 있는 타자들과 연결되는 것이다. 진실이 밝혀지고 명예가 회복되는 것은 바로 그 '연결의 과정'에

지하부터 2층까지 이어지는 계단 벽에는 피해자들의 메시지가 새겨져 있다

결부되어 있다.

트라우마에 사로잡힌 이들은 가해 대상에 대한 복수심에 휩싸일 뿐 아니라, 스스로를 고통 속에 밀어 넣었다고 생각하는 자기 자신에 대한 부정과 학대로부터도 자유롭지 못하다. 제국주의적 지배 시스템과 남성적 국가권력 구조, 그리고 내면화된 가부장제라는 강고한 것들이 특정 개인의 힘으로 어찌할 수 없는 강제를 통해 이들을 피해자로 내몰았다. 구조 앞에 자신이 평범하고 나약할 수밖에 없었다는 사실을 직면하는 것, 그 부당한 권력들과 맞서 싸우는 것은 상처 입은 이들이 진정한 치유로 가는 길이다. 일본군 '위안부' 운동을 통해 인권활동가가 된 피해당사자들은 그것을 뛰어넘어 진정한 치유로 나아간 실존들을 보여준다. 이들은 '나', '민족'이라는 둘레 안에 갇혀 자신의 상처를 숭고화하지 않았다. 그들은 '우리'들의 불완전성까지 끌어안으며 전 세계 여성들의 문제로까지 연대의 품을 확장시켰다.

식민은 그동안 우리에게 침략과 수난, 탄압과 저항

이라는 단일한 구도를 통해 기억되어 왔다. 식민 이후의 삶들은 '청산되었는가'라는 상태적 결과에 치중하며 조명되고 평가되어왔다. 그러나 놓치지 말아야 할 것은 식민이 남긴 구조적 문제들과 상처, 그리고 거기에 엉켜 있는 우리 스스로의 일그러짐까지 대면할 수 있는 힘을 키워나가는 것이다. '잃어버렸던 국가 혹은 민족의 영광'을 되찾는 것이 식민의 과거를 넘어서는 것을 의미하지 않는다. 그때에 염원했던, 그리고 아직 도래하지 않은 미래적 공동체를 만들어나갈 수 있는 우리 스스로의 성찰적이고 자율적인 힘을 키워나가는 것이 곧 식민 트라우마를 치유해나가는 과정일 것이다.

전쟁과여성인권박물관은 그 실마리를 찾을 수 있는 장소다. 우리는 영원히 식민의 수난을 겪은 희생자 혹은 피해자이기만 할 수 없다. 지금부터 어떻게 스스로의 문제를 진단하고 확장해나가는가에 따라 미래는 충분히 달라질 수 있다. 이곳에서 방문객은 전쟁이 만들어내는 물리적 폭력뿐 아니라, 민족주의/제국주의/국가주의/가부장제 등이 만들어내는 문화적 폭력들이 실존하며 반전(反戰)의 가치가 향해야 할 고민의 지점에 대한 방향성을 찾을 수 있다.

나비는 이제 일본군 '위안부'를 상징하는 하나의 상징이 되었다. '환생', '영혼'을 의미하는 나비들은 세상을 떠난 많은 일본군 '위안부'들이 행복한 영혼으로 환생하기를 기원하는 마음에서 상징물로 활용되었다. 하지만 지금의 나비는 그 의미에만 머무르지 않는다. 이제 나비들은 전 세계 모든 여성들이 억압과 폭력으로부터 벗어나 자유로운 날갯짓을 하길 염원하는 의미로 거듭났다.

다시 밖으로 나오며 담장을 둘러싼 나비들의 메시지를 읽는다. 방문객들에게 계속해서 다시 쓰이는 그 이야기들은 연대의 역사를 만들어온 일본군 '위안부' 피해자들을 향한 것이기도 하고, 또 이곳을 방문한 자기 자신을 향한 것이기도 하다. 이곳은 서로의 얼굴도 이름도 제대로 알지 못하는 수많은 사람들의 연대로 만들어졌고, 지금도 지금 이후의 미래를 따로 또는 함께 그리며 이어지고 있다.

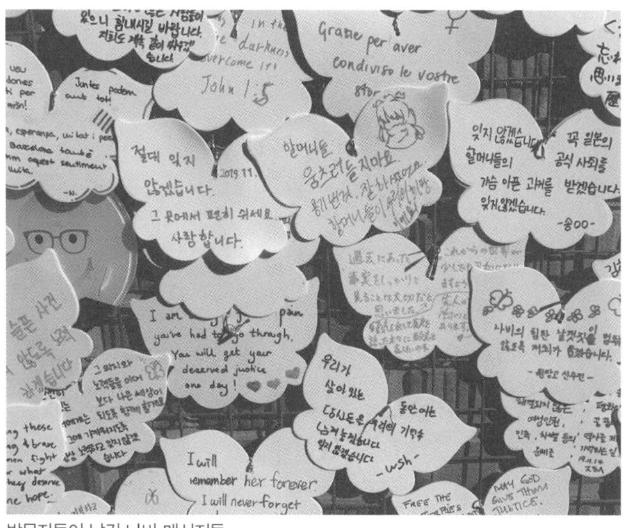

방문자들이 남긴 나비 메시지들

2

카자흐스탄 바스토베 언덕 고려인 엄학순의 묘

이산,

망각된 기억과 성찰의 공간

교토 단바 망간기념관–우키시마마루 순난자의비

블라디보스토크–카자흐스탄–사할린

신한촌기념비–우슈토베 고려인 초기정착기념비–코르사코프 망향탑

연변 용정

도쿄 조선대학교

서울 대림동 차이나타운

외면되고 있는 일제 강제 동원의 현장,

〈일본 교토의 단바 망간기념관과 우키시마마루 순난자의 비〉

이시종
민족화해협력범국민협의회 사무차장, 건국대학교 대학원 통일인문학과 박사

일제가 수행한 식민지 조선의 강제 동원, 그 구체적 사례들

일제의 강제 동원과 관련하여 현재 대한민국 정부는 "일제가 아시아 태평양전쟁(1931~1945년)을 수행하기 위해 국가권력에 의해 제국 영역을 대상으로 실시한 인적, 물적, 자금동원정책을 의미한다"라고 강제 동원의 개념을 규정한다. 실제로 일본은 1931년 만주사변과 1937년 중일전쟁, 그리고 1941년 태평양전쟁으로 이어지는 제국주의 전쟁의 확장을 지원하기 위해 자신들이 침탈한 제국의 식민지와 점령지에서 인적, 물적 자원과 자금을 철저하게 수탈하였다. 우리에게 널리 알려진 이른바 '일제강

점기 총동원체제'는 그것을 가장 요약적으로 표현한 것이었다.

일제는 1938년 〈국가총동원법〉을 제정한 이후 1945년 8월 패전에 이르기까지 식민지 조선에서 780만여 명에 달하는 조선인을 강제로 동원하였다. 당시 조선의 인구를 약 3,000만여 명으로 추산하는 상황에서 780만여 명을 강제 동원하였다는 것은 여성, 어린이, 노인 그리고 장애인 등을 제외하고 일반적인 노동력의 소유자들은 어떠한 방식으로든 대부분 동원되었다는 것을 의미하는 것으로서 그 피해규모는 상상을 초월하는 규모였다. 하지만 이처럼 엄청난 피해가 있었음에도 불구하고 제2차 세계대전 이후 일본은 1965년 〈한일청구권협정〉으로 자신들의 과거사 문제가 모두 종결되었다고 주장한다. 역사의 진실과 심판 역시 이 종결과 함께 사라져버렸다.

박정희 독재정권이 국민의 충분한 동의 없이 계엄령을 선포한 상황에서 추진한 〈한일청구권협정〉은, '위안부' 문제와 강제 동원 피해자들에 대한 최근 우리나라 재판부의 판결 등을 통해 드러났듯이 엄청난 문제가 있는 것이었다. 일제에 의해 강제 동원된 780만여 명의 피해 상황을 살펴보면 660만여 명이 식민지 조선 내에서 강제로 동원되었다. 더욱 중요한 것은 조선 외 일본, 남태평양, 사할린, 중국 등의 국외 지역으로 130만여 명이 강제 동원되었다는 사실이다. 우리가 잊고 있었지만 역사가 분명히 기록한 일제 강제 동원 피해현황은 아래와 같다.

강제 동원 피해현황

유형	구분		동원자 수	소계
군인 동원	한반도 내		51.948	209,279
	한반도 외		157,301	
군무원 동원	한반도 내		12,468	60,668
	한반도 외		48,200	
노무자 동원	한반도 내	도내 동원	5,782,581	6,488,467
		관 알선	402,062	
		국민징용	303,824	
	한반도 외	국민징용	222,217	1,045,962
		할당, 모집, 알선	823,745	
계	7,804,376			

130만여 명의 강제 동원 피해자들 중 고국으로 돌아오지 못한 조선인 사망자 숫자는 군인과 군속 2만 2,000여 명, 노무자 1만 5,000명, 히로시마와 나가사키의 원자폭탄 투하 등으로 희생된 4만여 명 등 8만여 명으로 추산되고 있다. 그런데 이렇게 엄청난 숫자에도 불구하고 우리들은 강제 동원의 피해를 그리 쉽사리 체감하지 못한다. 그 이유는 무엇 때문일까? 지금도 일본 각지에 조선인 희생자의 유골들이 흩어져 있고, 남태평양 섬의 땅속에 조선인 출신의 학도병들이 묻혀 있음에도 우리가 강제 동원 문제에 '침묵'하고 있는 것은 우리가 겪은 현대사의 아픔들이 너무도 많기 때문일까?

단바 망간광산기념관과 '강제노역'

기록에 의하면 일본으로 강제 동원된 80만여 명에 달하는 조선인들은 일본의 47개 도도부현(都道府縣) 내 4,119개 작업장에 흩어져서 노역하게 되었다. 구체적으로 군수공장 1,159개소, 건설현장 1,068개소, 탄광 892개소, 군 소속 작업장 586개소 등이었다. 지역적으로는 홋카이도(北海道)가 381개소로 가장 많았고, 효고(兵庫)현, 후쿠오카(福岡)현, 가나가와(神奈)현, 도쿄도(東京都)와 오사카부(大阪府)에 많은 조선인들이 강제 동원된 것으로 파악되어진다. 노동의 현장은 매우 다양했지만, 그 노동의 현장이 모두 열악함을 넘어 극단적으로 폭력적이었음은 물론이었다. 그중에서 특히 광산의 노동현장은 제국주의의 폭력성을 극단으로 보여주는 가장 처참한 광경이었다.

교토(京都) 지역에는 식민지 조선에서 끌려온 조선인 노동자가 일하는 작업장이 51개가 있었다고 한다. 특히 교토에서 50km 떨어져 있는 단바(丹波) 지역은 대포 등 금속무기를 강하게 만드는 '망간(manganese)'을 채굴하는 지역으로 277개의 광산이 존재하고 있는 것으로 알려져 있다. 이 광산들 중 조선인이 끌려온 강제 동원의 실상을 여실하게 보존하고 있는 곳이 있다. 바로 단바 망간광산기념관이다. 신오타니(新大谷)에 있는 단바 망간광산기념관은 망간광산 개발의 역사, 갱내 작업의 현실, 망간 이용 등에 관한 자료를 수집하여 전시할 뿐만 아니라, 강제 동원 노동자인 이정호 씨에 의해 조선인 강제 동원 노동자들의 처참하고 열악한 작업 환경을 폭로하고자 1989년에 설립된 최초의 강제 동원 기념관이다.

일제가 일으킨 전쟁에 필요한 망간의 채굴을 위해 강제 동원으로 끌려온 조선인 3,000여 명은 이곳에서 1m도 안 되는 이곳의 갱도를 따라 들어가서 망간을 캐야 했고, 심지어는 폭 30cm, 높이 60cm의 공간에서 땅굴을 파는 등 인간 이하의 대접을 받으면서 노역에 시달렸다. 노동이 끝난 이후에도 그러한 억압과 잔인한 폭력은 중단되지 않았다. 증언에 의하면 이들은 3평 정도의 공간에서 20여 명이 함께 생활해야만 했고, 잠도 쪼그리고 자야 했으며, 식사도 서서 먹어야만 했다. 더군다나 이렇게 열악한 상황 속에서도 그들은 매일 200kg의 망간을 지고 나와야만 했다. 하지만 그들의 비극은 패전 이후에도 중단되지 않았다. 일본의 패망으로 제2차 세계대전이 끝났지만, 이곳에 강제 동원된 이들은 제대로 돌아오지 못했던 것이다. 식민지배국이었던 타지 일본에서 진폐증으로 죽어갔으며, 살아남은 이들도 한국현대사의 잔인한 독재정권 아래 고국으로부터도 차츰 잊히게 되었다. 결국 일제 강제징용의 생생한 증거였던 단바 지역의 광산들도 1977년 폐광과 함께 역사의 뒤안길로 사라졌다.

그러나 16세에 끌려와 단바 망간광산에서 일했던 조선인 노동자 이정호는 “강제징용의 처참한 역사를 남겨야 한다”는 일념으로, 모든 재산을 팔아 만든 20억으로 6년에 걸친 노력 끝에 단바 망간광산기념관을 만들었다. 기념관 건립을 위해 방문객들이 현장을 볼 수 있도록 갱도를 넓히는 작업을 채굴기 없이 직접 손으로 해야만 했고, 광산이 무너질 것을 우려하여 다이너마이트를 사용하지 않고 갱도를 넓히기도 하였다. 이정호의 간절한 소망인 기념관 건립을 위해 그의 아들인 이용식도 직장을 그만두고 매달렸다. 그 외에도 그의 가족들 모두가 불도저와 포클레인을 직접 몰고 기념관 도로를 내기도 하였다. 이러한 작업과 함께 기념관에 전시할 자료를 3년간에 걸쳐 수집한 후 마침내 조선인 징용노동자가 강제동원의 역사적 현장을 폭로하기 위해 직접 만든 단바 망간광산기념관이 1989년에 개관할 수 있었다. 조선인 이정호가 일본에 만든 최초의 강제 동원기념관인 단바 망간광산기념관은 개관 6년 후, 이정호의 사망으로 인해 그의 아들 이용

단바 망간광산기념관 깃발

식이 운영을 맡게 되었다.

하지만 이용식은 곧 크나큰 좌절을 맞이할 수밖에 없었다. 깊은 산속에서 운영되는 기념관은 많은 방문객이 있어야 했지만 그 주제나 내용에서 있어서 현지 일본 방문객은 극소수일 수밖에 없었고, 한국인들의 방문 역시 그리 크지 않았기 때문이다. 정부나 지자체, 또는 민간의 지원이 있어야 했지만 실상은 그렇지 못했기에 1년에 8,000만 원에 육박하는 기념관 운영비를 조달하기가 쉽지 않았다. 여기에 일본 우익단체들의 협박성 전화와 일본인들의 항의도 만만치 않았다. 이러한 경제적 어려움과 일본 우익의 협박 속에서도 운영해온 기념관은 2009년 8월 일본인들이 만든 '단바 망간광산기념관을 재건하는 모임(재건모임)' 등이 나서서 모금활동을 전개하기도 했으나, 폐관을 막기에는 역부족이었다.

그러나 곧 한국사회에서도 이곳의 존재와 그 의의가 차츰 알려지기 시작했다. 이후 일본 내 양식 있는 학자들의 후원과 재일조선인 및 해외동포, 한국의 윤도현 밴드 등이 동참하여 2012년 재개관하게 되었다. 2016년에는 한국노총과 민주노총이 기념관 내에 '일제강제징용 조선인 노동자상'을 공동으로 건립하기도 하여 많은 이들이 찾아올 수 있는 계기를 만들었다. 또한 2019년 11월에는 한국노총이 이용식 관장을 '한국노총 명예 조합원'으로 위촉함과 동시에 "단바를 살리자! 역사를 지키자!"라는 구호와 함께 단바 망간 후원행사를 거행하여 후원금을 전달했다. 2020년 1월에도 민화협과 한국노총, 민주당 전국노동위원회가 함께 단바 망간광산기념관을 방문하여 후원금을 전달하기도 하였다.

일제강제징용 조선인 노동자상

하지만 이러한 단발적인 도움이 운영에 전면적인 개선을 가져오진 못한 것도 분명 사실이다. 현재 단바 망간광산기념관은 여전히 운영의 어려움에 직면해 있다. 단바 망간기념관이 문을 닫으면 그곳에 세워진 '일제강제징용 조선인 노동자상'은 어디로 옮겨야 하는가 하는 안타까운 고민들이 있다. 16세의 어린 나이에 강제 동원의 현장에 있었던 이정호는 왜 그리도 강제 동원의 현장을 남기고자 했을까? 얼마나 한이 맺히고 분했으면 식민지 청년 이정호는 식민지 땅에 기념관을 세우고자 했을까? 우리는 그들의 고통과 아픔을 얼마나 기억하고 있을까? 그 한(恨)을 풀어주지 못하고, 그 올곧은 마음을 지켜주지 못하는 우리의 현실이 안타까울 따름이다.

돌아오지 못한 조선인 징용노동자, 우키시마호 사건과 우키시마마루 순난자의 비

1945년 8월 15일 일본이 마침내 패망하자, 일본과 중국 등에 흩어져 있었던 조선인들은 꿈에 그리던 고향으로의 귀환을 꿈꿨다. 길게는 수십 년에 걸쳐 나라 잃은 설움을 겪었던 조선인들의 입장에서 고향으로의 귀환은 지극히 당연한 것이자 간절히 염원했던 일이었다. 일본 아오모리현(青森縣)의 55개 작업장의 비행장과 철도공사장, 하역 작업장 등에서 오미나토(大湊) 해군 시설부의 군무원이나 노무자로 비행장과 철도공사장, 하역 작업장 등에서 강제노역에 시달리고 있었던 수 천 명의 조선인 노동자들 또한 마찬가지였다. 이들은 해방의 소식을 들은 지 1주일만인 8월 22일 오후 10시 아오모리현 오미나토항에 모여 해방 후 최초의 귀국선인 우키시마호(浮島丸)에 탑승한 후, 부산항을 향해 출항하였다. 그런데 우키시마호는 8월 24일 오후 5시경 교토 마이즈루(舞鶴)만에서 원인 모를 폭발로 침몰하게 된다. 이것이 바로 '우키시마호 사건'이다.

일본은 사고 후 우키시마호에 탑승한 조선인이 3,735명이고 조선인 사망자가 524명이며, 미군의 기뢰에 의한 폭발이라고 발표하였다. 그러나 한국의 유족 및 시민단체는 승선 규모는 6,000~8,000명이고 폭발원인은 일본의 고의적인 폭침이며, 사망자는 3,000명 이상이라고 주장한다. 다른 무엇보다 이렇게 승선 인원과 사망자 수, 폭발원인 등에 대해 많은 의혹이 제기된 이유는 일본이 사고 직후 구체적인 실태조사를 하지 않았기 때문이었다. '편승자 명부', '유골수용명부', '항해일지' 등과 같은 관련 문헌자료는 여전히 밝혀지지 않고 있는 실정이다.

우키시마호 폭침사건과 관련하여 1993년 활동을 시작한 우키시마호폭침진상규명회는 일본의 조선인강제연행진상조사단과 일본 시민단체와 연대하여 진상규명을 촉구하였다. 2003년 9월 29일에는 "우키시마호사건 진상규명을 위한 평양토론회"를 개최하기도 하였다. 평양토론회에서는 공동성명서 채택을 통해 '일본이 가해국으로서 죄의식과 책임감을 가지고 피해자인 우리 민족을 적대시하는 행위를 즉각 중단하고, 과거 청산을 공약한 조-일 평양선언의 기본정신을 이행할 것'을 요구하는 동시에 '일본이 우리 민족에게 감행한 반인륜적 범죄를 철저히 규명하고 사죄와 배상을 받아내 억울하게 희생당한 모든 피해자들의 존엄과 명예를 회복하기까지 중단 없는 노력을 아끼지 않을 것'이라고 선언하였다. 평양토론회에서 동경 조선인강제연행조사단의 고문인 이일만 선생은 발표를 통해 우키시마호 폭침 후 1954년 1월에 배 앞부분(선수)을 인양했는데 그때 나온 245구의 유골이 마이즈루의 히가시 혼간지(東本願寺) 별원에 보관되어 있다가, 1965년 일본 정부의 후생성인양원호국을 거쳐 1971년 6월 도쿄 유텐지(祐天寺)에 안치되었다고 밝혔다. 유텐지에 안치되어 있던 유골의 숫자와 관련하여 조선인강제연행진상조사단은 우키시마호 관련 희생자 유골 275위와 본적이 북쪽인 유골 425위가 있다고 밝혔다.

우키시마호 사건과 관련하여 다양한 기억투쟁이 벌어지고 있다. 우키시마호 폭침과 관련하여 일본 마이즈루시 주민들은 우키시마마루순난자추도회를 결성하여 '순난비 공원'을 조성하고 동상을 세워 매년 추도집회를 개최하고 있다. 2012년부터는 국내에서도 우키시마호폭침한국희생자추모협회 주관으로 매년 8월 24일 부산항 연안부두 수미르 공원에서 위령제를 진행하고 있다. 1992년부터는 3차례에 걸쳐 당시 배를 탄 21명과 희생자 유족 59명이 일본 정부를 상대로 공식 사죄와 30여억 엔을 배상하라는 손해배상 청구소송을 제기하기도 하였다. 2001년 8월 23일 일본 교토지법은 당시 일본 정부의 안전배려 의무 위반을 들어 원고 중 15명에 대해 1명당 300만 엔씩 모두 4,500만 엔의 위로금을 지불하라는 원고 일부 승소판결을 내렸다. 그러나 일본 정부는 법원이 정부의 책임을 일부 인정한 것에 불복해 9월 3일 오사카 고등법원에 항소했으며, 당시 탑승자와 유족들도 일부 승소 판결에 불복해 오사카 고등법원에 항소했다. 하지만 결국 2003년 오사카 고등재판소는 1심의 판결을 깨고 원고패소 판결을 내렸다. 오사카 재판부는 "우키시마호로 한국인을 수송한 것은 치안상의 이유에 의한 군사적 조처"라며 "당시 상황에서 정부는 민법상 불법행위 책임을 지지 않는다"고 밝히고 원고패소 결정의 이유를 밝혔다.

이러한 상황 속에서 2014년에는 일본 외무성에 의해 기록되어 보존하고 있었던, 우키시마호의 탑승인원이 8,000명이 넘었다는 문서가 공개되었다. 2019년에는 우키시마호 출항 전 일본인 승무원들이 조선인 때문에 생명을 바칠 수 없다며 위험한 구역으로의 항해는 절대 반대한다는 규탄시위를 했다는 내용의 연합군 조사보고서가 공개되기도 하였다. 한편 대한민국 정부는 우키시마호 사건과 관련하여 〈귀국선 우키시마호 침몰 사건에 관한 진상조사〉를 위해 2005년 3월 5일부터 조사를 진행하였고, 2010년 12월에 조사를 완료하였다. 정부의 진상조사는 문헌자료 조사, 일본 현지 출장 조사, 생존자 면담, 자료 분석 등의 방법으로 진행되었으며 진상조사 보고서는 12월에 완결되었으나 보고서를 발간하지는 못하였다.

정부 조사에 의하면 〈우키시마호사몰자명부〉에는 기재되어 있지 않으나 이 사고로 사망한 것으로 추정되는 사람 40명이 확인되었고, 심지어는 생존자가 사몰자

명부에 기재되어 있는 경우도 있어 〈우키시마호사몰자명부〉를 신뢰하기 어렵다고 판단하였다. 이와 함께 인양되지 않은 사체가 있고, 수습된 유골도 혼골 및 분골되어 개체성을 상실한 상태로 정확한 승선자의 수나 사망자를 알 수 없다고 보았으며, 폭발의 원인에 대해서도 확실하게 결론을 내지 못했다. 우키시마호 사건과 관련하여 정부에 신고한 피해자 수는 338명으로 확인되고 있다. 우키시마호 폭침사건에 대한 유해발굴을 위해 2013년 5월 바다 밑 상황을 조사했으나 펄이 3m나 쌓여 있어서 정확한 조사가 이루어지지 않았다.

우키시마호 사건은 2019년 9월에는 영화로도 만들어져 상영됐고, 11월에는 《소녀아리랑(부제: 우키시마호)》이라는 제목의 연극으로 공연되기도 하였다. 민화협은 11월 우키시마호 유가족 10여 분을 모시고 우키시마호가 폭침

우키시마호 사건 희생자 추모제

된 마이즈루만을 찾아서 기념비가 세워져 있는 곳에서 의식을 거행하였고, 도쿄로 이동하여 유텐지에 안치되어 있는 분들을 위로하기도 하였다. '우키시마호 폭침사건의 진실을 밝혀라!'는 어깨띠를 매고 교토에서 도쿄로 가는 신칸센 열차를 타고 가는 유족의 마음은 어떠했을까? 아버지를 여읜 마음도 서글프지만, 지금도 진실이 밝혀지지 않은 현실이 더더욱 가슴 아프고 한스러울 따름이다.

일제에 의해 자행된 780만여 명에 이르는 강제 동원의 피해자 문제는 지금도 여전히 진행 중이다. 아직도 정확히 강제 동원의 숫자를 정확히 파악하지 못하고 있고, 강제 동원된 지역이 정확히 어디인지도 명확하게 밝히지 못했으며, 다른 무엇보다 그들에 대한 피해보상과 사죄 등도 분명하게 마무리되지 않았기 때문이다. 특히 강제 동원되어 사망하신 분들의 정확한 숫자는 여전히 정확하게 파악되지 않고 있다. 일본인 다케우치 야스토(竹内康人, 강제 동원진상규명 네트워크)는 노무동원 사망자가 1만 5,000명, 군인 및 군속 사망자가 2만 2,000명, 원폭 사망자로 4만여 명으로 추산하여 강제 동원으로 희생된 분이 8만 명에 이른다고 주장하고 있다. 이렇듯 일제의 강제 동원에 의한 8만여 명의 희생자가 있다고 파악되고 있음에도 불구하고, 해방 후 국내로 들어온 유해는 유골 포함 9,200여 기에 불과하다.

그 많은 분들의 유해는 어디에 있는 것일까? 조선인

강제연행진상조사단측은 일본 내 조선인 희생자 추도비가 세워져 있는 170군데를 조사한 바 있는데, 조사단은 이 추도비가 세워져 있는 곳에 조선인 희생자 유해들이 있을 것이라 판단하고 있다. 2017년 문재인 대통령은 8·15 경축사를 통해 강제 동원 희생자들을 위한 남북공동조사를 제안한 바 있다. 아직 그러한 제안이 구체적으로 실현되고 있지는 않지만, 잊혀서는 안 될 문제이다. 일제에 의해 자행된 강제 동원의 문제는 780만여 명이라는 엄청난 피해자들의 실존적 고통이 집약된 역사적 문제이다. 피해자에 대한 진정 어린 사죄와 반성, 그리고 적절한 보상과 재발방지 등이 정부의 일방적 강요에 의해 체결된 한일청구권협정으로 끝났다고는 할 수 없다. 일본은 강제 동원에 대해 명확히 사죄와 반성을 남북의 국민들에게 밝혀야 할 것이고, 우리 정부도 강제 동원 피해자에 대한 철저한 조사에 임해야 하며, 이들 피해자분들에 대한 유해 봉환에 지속적인 관심이 있어야 한다. 대한민국 임시정부의 법통을 계승한 대한민국은, 대한민국 임시정부하에서 강제 동원되어 피해를 입은 '국민'들을 잊어서는 안 된다.

〈신한촌기념비, 우슈토베 고려인 초기 정착 기념비, 코르사코프 망향탑〉,

그 비(碑)는 왜 거기 서 있을까?

유진아
건국대학교 대학원 통일인문학과 박사

이산의 시작, 머물 땅을 찾는 몸부림

호랑이의 형세를 닮았다는 한반도, 쭉 내민 앞발 끝자락에 맞닿은 땅은 블라디보스토크이다. 러시아가 그토록 갈구했다던 부동항은 전 세계를 강타한 바이러스로 다른 모든 항구 및 공항과 함께 얼어붙고 말았지만, 바로 얼마 전까지도 이곳엔 '가장 가까운 유럽'이라는 매력적인 문구에 이끌린 한국인 여행객들이 그득했다. 굳이 따지자면 유럽에 속한 땅은 모스크바 등지의 서쪽 지역이고 실상 블라디보스토크는 극동(그네들 표현에 따르면 원동)인 아시아겠지만 제정 러시아 때 지어진 화려하고 웅장한 건물들, 황금 돔 지붕의 정교회 성당, 거리를 오가는 흰 피부의 사람들은 확실히 이국적이었다.

블라디보스토크 번화가엔 오사카 도톤보리 거리 못지않게 한국인들의 발길이 몰렸다. 그러나 이는 모두 아르바트 거리나 혁명 광장 일대를 중심으로 하는 관광지에만 해당되는 일이었다. 약간만 중심가를 벗어나도 긴 눈매에 까만 머리칼의 동양인은 쉽게 도드라졌다. 등하교를 하고 장을 보는 일상에 끼어든 이방인이 낯선 것처럼, 여행 중 찾은 이 기념비도 다소 생뚱맞은 위치에 있었다.

아르바트 거리에서 북쪽으로 3km 정도 버스를 달려 내린 정류장은 재래시장과 쇼핑몰 입구였다. 북적이는 대로에서 안쪽으로 꺾어 들어서니 고양이 두어 마리가 한적하게 볕을 쪼이고 있는 아파트 단지가 나타났고, 좁다란 오솔길을 지나자 고등학교 옆 삼각형 모양의 작은 땅이 보였다. 교통섬처럼 외따로 떨어진 구역에 철망 울

신한촌기념비

타리가 둘러 있고 그 안에 기둥들이 서 있었다. 신한촌 기념비였다.

세 개의 기둥은 각각 남한, 북한 그리고 고려인공동체를 상징한다. 기둥 아래 작은 비석들은 전 세계로 흩어진 디아스포라 코리안을 의미한다. 그리고 기념비를 설명하는 글의 첫 문장은 자못 웅장하게 '민족의 최고 가치는 자주와 독립이다'를 선언하고 있었다. 러시아인의 일상 한 귀퉁이에 접힌 이곳에 왜, 남북한을 넘어 온 누리의 한민족을 호명하는 이 기념비가 서 있을까. 민족의 이름으로 부르짖는 최고가치가 어째서 평화도, 소통도, 통합도 아닌 자주와 독립일까.

블라디보스토크를 포함한 연해주에는 1860년대부터 한인들이 들어와 살기 시작했다. 처음에는 가족 단위로 국경을 넘은 농민 60여 명이 이주 허가를 받은 데 이어 조선의 빈곤과 억압이 심해짐에 따라 마을 단위가 월경하기도 했다고 한다. 큰 홍수와 강한 서리로 대흉년이 든 1869년에는 함경도 농민들이 대거 이동하였는데, 이때 고려인 사회 지도자로 가장 존경받았던 최재형도 아홉 살 나이에 부모를 따라 이주했다. 백성들의 이탈에 조선 정부가 러시아 당국에 강하게 항의하고 러시아 역시 불법 월경자를 추방하고 처형했지만, 목숨을 건 이주는 더욱 빠르게 늘었다. 1910년대에는 연해주 한인이 5만여 명에 달했고, 한일합방 이후 애국지사들의 망명 이주가 줄을 이으면서 1917년에는 10만여 명에 육박했다. 이산의 시작은 배고픔이며, 배고픔의 원인은 제 역할을 다하지 못하는 나라였다. 더하여 나라가 제 스스로 서지 못함에 따라 이주가 폭발적으로 증가한 것이다.

연해주로 이주한 한인들, 즉 고려인의 집단 거주지인 신한촌은 당시 일제의 입맛대로 재단되던 조선보다 도리어 민족적인 모습을 유지했다고 한다. 고려인들의 학교, 극장, 출판사, 신문사, 교회 등이 세워짐은 물론이고, 연해주 당국으로부터 자치행정업무를 위임받아 각종 사무를 담당하기도 했다. 또한 권업회 등의 항일독립운동 단체가 세워지고, 숱한 의병장들이 망명, 활동하기 시작했다. 러시아 속 조선이던 연해주는 간도 용정과 함께 항일독립 무장투쟁을 지원하는 중심지로 부상했다.

그렇다면 그 후손들은 전부 어디로 가고 신한촌은 이처럼 비석으로만 남았을까? 당시 러시아인의 시각에서는 고려인 사회가 여러모로 문제적이었다. 고려인의 상당수는 조국과 인연을 단절한 상태였지만 국적상으로는 적국인 일본 신민에 해당하였다. 고려인의 외모는 일본인 첩자들과 구분되지 않았기에 위험요소이기도 했다. 러시아는 꾸준히 증가하는 입국자들이 과연 자연발생적일까에 대해 회의적이었다. 실제로 일본은 연해주의 고려인을 일본제국의 신민으로 규정하고 이들을 단속하기 위해 관리를 파견하기도 했다. 결국 스탈린 정부는 전쟁의 위협이 극심해진 1937년 극단적인 결정을 한다. 바로 극동지역의 모든 고려인을 중앙아시아로 이주시킨 것이다. 이러한 연해주 비극의 원인은 직접적으로는 스탈린에게 탓을 돌릴 수 있지만, 보다 근본적으로는 생을 이어가기 어려울 만큼 부패하고 종국에는 식민지가 되어버린 조국에 있었다.

식민지 조국을 가진
권리 없는 사람들

이주는 매우 강제적이고 폭력적인 방식으로 실행됐다. 제대로 처분하거나 준비할 새도 없이, 예고 없이 급작스럽게 각자 집, 학교, 직장 등에서 뽑혀나갔다. 가족끼리도 서로 행방을 모른 채 분리됐다. 지식인이든 부자든 예외는 없었다. 사냥꾼에게 포획된 짐승처럼 고려인들은 화물용 기차에 부려져, 먹고, 입고, 배설하는 일조차 제대로 해결되지 못한 채 한 달간 알 수 없는 곳을 향해 옮겨졌다. 죽어 나가는 이가 속출했다. 잠시 기차가 멎을 때에야 시신은 버리듯 처리됐다. 그리고는 카자흐스탄, 우즈베키스탄 등 중앙아시아 곳곳에 떨궈졌다.

풀려난 곳은 머물 자리도 마실 물도 마땅찮은 춥고 빈 땅이었으므로 생존이 급선무였다. 축사를 빌리거나 땅굴을 파서 겨우 비바람을 피했다. 기아와 풍토병을 이겨내지 못한 이에게는 또다시 죽음이 찾아왔다. 모진 겨울을 견딘 사람들은 이듬해 봄부터 농토를 만들고 수확물을 거두었다. 다른 속내가 무엇이었든 러시아가 "일본 간첩행위 침투 차단"이라는 명목으로 추방한 고려인들에게 공동체의 재건은 꿈같은 일이었다. 순식간에 소멸된 신한촌뿐 아니라 민족어, 민족교육 그리고 자유로운 이동마저 금지된 상태에선 말도 문화도 사상도 빠르게 개조하여 살아남는 것이 우선이었다.

생존전략은 특유의 근면함. 고려인들은 자신들의 무고함을 증명하기 위해서라도 온힘을 다해 일했다. 벼농사 북방한계선을 끌어올리고, 협동농장 콜호즈에서 우수한 성과를 냈다. 두 번이나 노력영웅 칭호를 받는 이도 생겼다. 교육 열의가 컸던 고려인들은 부지런히 러시아의 언어, 문화, 사회를 익혔고, 빠르게 적응했다. 그렇게 살아남았다.

우슈토베에서 2km 떨어진 바슈토베 언덕은 최초 정착한 고려인들의 토굴이 있던 곳이자 한스럽게 살다간 고려인들이 묻힌 땅이다. 느닷없이 이역만리에 살게 된 고려인들은 떠나온 고향을 그리워했지만 이동제한 탓에, 이동제한이 풀린 후에도 너무나 멀었기에, 고국은 고국대로 전쟁과 분단을 겪고 있었기에 갈 수 없었다. 특히 한반도 남쪽은 소련에서 잊혀진, 잊어야 하는 땅이었다.

알마티에서 강제이주 첫 정착지인 우슈토베까지 차로 달리는 길은 지금도 참 멀고 고단했다. 고려인들의 경로를 따라 시베리아 횡단열차를 타고 방문하는 이도 있다마는 그보다는 한결 편안한 길이었는데, 슬픈 역사의 발자취를 따르는 마음이 무거워서였을까. 지루하게 이어지는 허허벌판을 덜컹거리며 달리는 길에 화장실도 쉼터도 부실해서였을까. 도착한 고려인 묘역은 사방이 황량했다. 일회용 컵 하나 마음 놓고 내려놓지 못하게 바람이 세게 불었다. 방문객을 위한 꽃은 만무하고, 묘역 사이를 두른 담장도, 그늘막도, 우리 일행 외엔 오가는 이도 없었다.

추모객을 맞는 것은 크고 작은 무덤 위에 세워진 묘비였다. 군데군데 엄학순, 조응선 등의 한글 묘비명이 제일 먼저 눈에 띄었고, 키릴문자로 쓰였지만 김, 안, 한, 박 등의 성씨와 친숙한 외모의 사진이 붙은 비석도 보였다. 고향을 그리다 결국 타국에서 삶을 마감한 식구들을 묻는 심정은 어떠했을까. 신산한 생을 마감하였으니 이제 편히 쉬소 하며 넋을 위로하였을까, 풀 데 없는 제 응어리를 마음껏 토하며 울부짖었을까, 나라 없는 처지를 한탄했을까. 누운 자리나마 이렇게 모여 있으니 찾는 걸음도 있겠지 하며 다행이다 싶으면서도 달리는 기차 안에서, 집도 마련하기 전 맨 땅에서, 또 어딘가에서 흔적 없이 사라진 이들을 생각하면 마음이 다시 무거워

우슈토베 고려인 초기 정착 기념비. 이곳은 원동에서 강제 이주된 고려인들이 1937년 10월 9일부터 1938년 4월 10일까지 토굴을 짓고 살았던 초기 경작지이다

졌다. 그 같은 마음이 당자들에겐 더욱 짙었으리라. 지나간 모든 이를 기억하듯 묘역 앞에는 삐뚤삐뚤한 한글로 정착비가 세워져 있었다.

이 비석 곁엔 두 개의 다른 비석이 함께였다. 다른 비석은 각각 카자흐어, 러시아어로 쓰였는데, 이는 어려운 시절 정착에 도움을 준 카자흐민족에 대한 고마움을 표현하기 위함이었다. 이처럼 고려인들은 자신들의 역사를 돌아볼 때 괴로움에 머물러 있지 않고 항상 감사를 함께 언급했다. 덕분에 그래도 살아남았노라고, 당신들이 건네준 빵과 담요가 하루하루를 버티게 했다고. 고려인들이 자신들의 역사를 기억할 때 항상 함께 기리는 바였다.

불현듯 거짓말 같은 삶이 당도할 때 우리를 살게 하는, 우리를 확장하는 힘은 이러한 선주민의 돌봄과 이주민의 성실한 감사이겠다. 고려인 정착비에서 돌이켜 보아야 할 바는 나라 잃고 소외된 자는 고단하며 그러니 강해져야 한다는 다짐이 아니다. 반대로 약한 자들을 품고 더불어 사는 힘이다. 그것이 코리안 디아스포라와 같이 우리였던 이들을 포함해 새롭게 우리이고자 하는 한반도 주민이 더 넓은 '우리'를 만드는 길일 것이다.

분단된 조국과 유기된 삶

러시아의 고려인들이 중앙아시아로 이주할 무렵, 원동지역 한쪽엔 또 다른 조선인들이 들어오기 시작했다. 연해주 동쪽, 일본 홋카이도 북쪽에 위치한 사할린 섬은 현재 러시아 영토이지만, 러일전쟁에서 러시아가 패한 후 양분되어 한동안 남부는 일제에 속한 상태였다. 남사할린, 일본식 이름으로 가라후토(華太)는 탄광, 벌목장, 어장과 도로, 군사기지 등에 많은 노동력을 필요로 했다. 특히 1938년 이후 제2차 세계대전 시기에는 강제 징용된 조선인 청년들이 급증했다. 시기에 따라 늘기도 줄기도 했지만 종전 시 사할린에 남은 조선인은 4만 3,000명 정도였다. 그들은 중앙아시아의 고려인과 구분되어 사할린한인이라 불린다. 그들의 노동이 얼마나 혹독했는지, 한 줌도 안 되는 도시락으로 하루 12시간의 중노동에 시달리고, 더러는 맞아죽고, 임금 역시 강제저축으로 영영 구경조차 못했다는 등의 참담함은 자세히 적지 않더라도 다른 지역의 강제 노동과 마찬가지이기에 짐작할 만하다. 그러나 그들의 설움은 해방 이후에 더욱 한스러운 것이었다.

1945년 소련이 남사할린을 점령한 후 일본인의 출국금지 조치가 취해졌다. 일본인들은 곧 본국으로 귀환되었지만 전후 처리과정에서 소련도, 일본도 일본국적으로 억류되었던 사할린한인은 귀환대상에서 제외됐다. 정부를 세우지 못한 한국도 이 문제에 관여하지 못했다. 고국으로도 일본으로도 돌아갈 수 없었다. 그렇게 그들은 유기되고 말았다. 가족과도 영영 분리됐다. 사할린한인 중에는 종전 직전 태평양에서 석탄 수송이 어려워짐에 따라 일본으로 재배치된 이들도 있었는데, 이들 역시 가족이 사할린에 남았으므로 이산가족이 되었다.

보따리 보따리 짊어지고 항구 가득 메웠던 사할린한인들. 무정하고 차가운 바닷바람만 그들을 맞았다. 바다만 건너면 만질 수 있을 것 같은 가족을 만나지 못하는, 보일 듯한 고향을 밟지 못하는 심정이 어떠했으랴. 중앙아시아의 고려인들의 그리움은 도무지 다다를 수 없을 듯한 절망 때문이었겠지만, 사할린한인의 간절함은 언제나 항구를 드나드는 배를 바라보며, 이제나저제나 가닿을 듯한 희망고문에서 비롯했다. 사할린한인들은 낮이고 밤이고 코르사코프 항구에 나가 수평선을 바라보며 귀국선을 기다렸다. 일본군이 자국으로 철수하면서 한인들을 따돌리기 위해 배를 보낼 터이니 이곳에서 기다리라고 약속했던 것이다.

사할린한인들의 기다림은 1990년 한-소 수교 이후 영주 귀국의 길이 열릴 때까지 지속됐다. 무국적 처리된 사할린한인들은 국적을 선택해야 했는데, 남북분단 상황에 소련에서 남한으로 가기는 어려웠다. 대부분이 소련인과 같은 대우와 안정된 생활을 바라며 소련 국적을 받았다. 더러는 북한 국적을 택했다. 일본 패망 후 소련군의 북한 점령 당시 북한주민 3,000여 명이 노동계약으로 사할린으로 이주해 있었는데 이들의 회유가 결정적이었다. 사할린한인의 대부분은 한반도 남부 지역에서 징용된 이들이라 가족이 남한 쪽에 있는 경우가 많았으나 그래도 고국에 갈 수 있다는 마음에, 대학을 보내준다는 설득에 북한으로 향했다. 이때 북으로 이주했던 이들은 다시 돌아오지 못한 것으로 알려져 있다. 일본이나 한국으로의 귀환을 소망하며 무국적으로 남는 이도 있었다.

사할린 한인묘

고국은 광복했다지만 사할린한인의 삶은 독립하지 못했다. 일본인 첩자로 의심받고, 주거제한

코르사코프 망향탑

과 이주제한, 학교와 일터에서의 차별을 받았다. 기약 없는 날을 바라며 고초를 견딘 많은 사할린한인들은 끝내 고국에 다다르지 못했다. 한국과 일본의 시민단체에서 지속적인 귀환운동을 벌인 결과 운 좋게 살아남은 사람은 이제 돌아올 길이 열렸지만, 그동안 러시아에서 만든 가족을 데려올 수 없었기에 귀향을 포기해야 하는 이도 있었다.

훗날, 2007년에서야 코르사코프 항구가 보인다 하여 '망향의 언덕'이라 불리는 언덕에 위령탑이 건립됐다. 출항 준비를 마친 배 모양이라 했다. '배를 세우는 뜻은'으로 시작하는 비문에는 사할린한인의 사연이 이렇게 기록되어 있다.

> 1945년 8월, 애타게 그리던 광복을 맞아 동토의 사할린에서 강제 노역하던 4만여 동포들은 고국으로 돌아가기 위해 이 코르사코프 항구로 몰려들었습니다. 그러나 일본은 일본 국적이 아니라는 이유로 이 분들을 내버린 채 떠나가 버렸습니다. 소련 당국도, 혼란 상태에 있던 조국도, 이들을 돌보지 못했습니다. 짧은 여름이 지나 몰아치는 추위 속에서 이분들은 굶주림을 견디며 고국으로 갈 배를 기다리고 또

> 기다렸습니다. 혹은 얼어 죽고, 혹은 미쳐 죽는 이들이 언덕을 메우건만 배는 오지 않아 하릴없이 빈손 들고 민들레 꽃씨마냥 흩날려 그 후손들은 오늘까지 이 땅에서 삶을 가꾸고 있습니다.

흩날려진 꽃씨마냥, 한반도에서 비롯한 자손들은 조선의 망국, 일제의 침탈, 광복과 분단의 역사 속에 이리로, 저리로, 그 어디로 휩쓸려갔다. 그 후손 중에는 여전히 고단한 삶을 유산으로 물려받은 이가 있으며, 한국으로 돌아왔으나 심겨지지 못한 이가 적지 않다. 영원한 이방인. 대를 이은 유랑은 어느 때에야 끝날 것인가. 얕은 뿌리를 가져 작은 물에도 부유해야 했던 백성들에게 스스로 서지 못한 나라는 아무런 울타리가 되어주지 못했다.

이들의 여정을 돌아보고서야 신한촌 기념비에 '자주와 독립'이 앞자리에 새겨진 이유가 선명해졌다. 이는 곧 가고 싶은 곳에 가지 못한, 머물고 싶은 곳에 머물지 못한 이들의 간절한 희망이었다. 그렇다면 그 희망은 현재 이루어졌는가. 아닐 것이다. 그들이 꿈꾸던 나라는 남과 북으로 갈라진 형태가 아니었으니. 만날 수 없는 가족과 고향을 소망하는 장소는 비단 '망향의 언덕'만이 아니다. 70여 년을 분단된 채 살아가는 한반도 전체가 망향의 언덕이라 할 수 있다. 그렇다면 지금 우리에게 필요한 비(碑), 새롭게 기념하고 이뤄야 할 소망은 무엇일까.

〈용정〉,

항일의 기억과 흔적

허명철
중국 연변대학교 사회학과 교수

** 재중조선족의 '우리 말' 글쓰기 방식을 최대한 존중하여 표기하였음을 밝힙니다.

1905년 을사보호조약 체결과 더불어 조선 국내에서는 거족적인 반일항쟁운동이 다양한 형식으로 활발히 전개되었다. 하지만 통감부 설치 및 그 뒤에 있은 한일합방으로 반일민족운동의 중심과 공간은 서서히 이주민들이 집거해 있는 해외로 이동하게 된다. 해외에서 반일민족해방운동의 전초지로 자리매김했던 대표적인 공간이 바로 두만강을 사이 두고 상당 규모의 조선인 집거구를 영위해 가고 있던 용정이 아닌가 싶다.

용정은 또한 간도(間島, 사이 섬)라는 지명을 유래시킨 곳이기도 하다. 일제의 문화동화책에 맞선 문화항쟁, 3·13 만세운동을 위시로 한 평화항쟁, 봉오동·청산리전투를 비롯한 무장투쟁 등 나라의 주권과 민족의 독립을 쟁취하려는 민족의 저력과 의지를 남김없이 보여주었던 항쟁과 투쟁들은 바로 용정을 중심으로 연변 일대에서 전개되었던 것이다. 100년이 지난 오늘 용정에서 발생했던 반일민족운동의 역사현장을 거닐다 보면 용정이 우리 민족의 반일투쟁역사를 생생하게 보여줄 수 있는 공간적 축소판임을 실감할 수 있다.

용정
- 해외반일운동의 전초지

일송정 푸른 솔은 늙어늙어 갔어도
한 줄기 해란강은 천년 두고 흐른다
지난날 강가에서 말달리던 선구자
지금은 어느 곳에 거친 꿈이 깊었나

용두레 우물가에 밤새소리 들릴 때
뜻 깊은 용문교에 달빛 고이 비친다
이역하늘 바라보며 활을 쏘던 선구자
지금은 어느 곳에 거친 꿈이 깊었나

용주사 지녁종이 비암산에 울릴 때
사나이 굳은 마음 깊이 새겨 두었네

조국을 찾겠노라 맹세하던 선구자
지금은 어느 곳에 거친 꿈이 깊었나

이는 우리 민족 개개인에게 있어서 너무나도 익숙하며 또한 누구나 한번쯤은 불러봤을 애국가 버금가는 〈선구자 노래〉의 가사이다. 일명 〈용정의 노래〉라고 불리기도 했던 이 노래 가사 말에서 전달되어 있듯이 용정은 반일구국운동의 선구자들이 활동했던 공간이었고 수많은 사건들이 생생하게 기록되어 있는 역사현장으로, 하나의 오픈된 독립운동기념관이라 해도 과언이 아니다.

기록에 따르면 용정 일대에 처음으로 조선인 마을이 형성된 것은 1877년 봄이었다고 한다. 조선 평안북도의 이재민 김언삼과 함경북도의 이재민 장인석, 박윤언 등이 10여 세대의 가족들을 거느리고 회령으로부터 두만강을 건너 삼합(三合)에 이른 다음 다시 오랑캐령을 넘어 해란강과 육도하의 합수목으로 되는 이곳에 이르러 행장을 풀었다. 비록 잡초가 우거져 있지만 대신 토지가 비옥하고 강줄기도 충족하여 농사짓기가 안성맞춤 한 이곳을 정착지로 선택한 이주자들은 집을 짓고 화전을 일구면서 농사를 시작하였는데 소원대로 난알을 거둘 수 있

원 일송정 기념비

었다. 토지가 비옥하고 농사가 잘된다는 소문을 듣고 찾아온 이주민들이 하나 둘 모여들게 되면서 마을 규모는 점차 커지게 되었다. 마을이 육도하 합수목에 위치해 있다는 지형적 특징을 살려 이 마을을 이름하여 '육도구'라고 부르게 되었다.

1886년 육도구 일대에서 화전을 일구던 조선이주민 정준(鄭俊)은 우연하게 과거 여진족들이 사용했던 옛 우물을 발견하고 그 우물을 깨끗하게 가셔내여 동네 사람들이 식수(食水)용 우물로 다시 사용할 수 있게 하였다. 육도구는 지리적으로 조선이주민들이 회령과 무산으로부터 연변 일대로 들어오는 교통요지에 위치해 있었던 만큼 고향을 등진 이주민들이 대개 우물이 있어 식수를 쉽게 해결할 수 있는 이곳에서 하루 밤을 묵어가거나 다리쉼을 하면서 목을 축이기도 했다. 오가는 길손들이 물 마실 때의 어려움과 두레박을 빌리는 시끄러움을 덜고자 충(忠) 씨 성을 가진 노인이 우물에 용두레를 설치하여 오가는 길손들이 자체로 물을 길어 올려 목을 축일 수 있게 하였는데 이때로부터 이 마을은 오가는 길손들에 의해 '용두레촌'으로 불려졌으며 마을 사람들도 용두레촌이라는 새로운 이름에 익숙해지기 시작하였다. 그 뒤 당지 유식자였던 장인석(張仁碩), 박윤언(朴允彦) 등은 상의를 거쳐 용두레의 '용' 자와 우물 '정(井)' 자를 합쳐 이곳 지명을 '용정촌'이라 새로 지었다. 1908년 청정부 연길청에서 '용정촌'을 관청의 공식명칭으로 인정하였지만 원래 지명이었던 '육도구촌'이라는 이름도 함께 사용하였는데, 9·18 사변 이후부터는 용정촌이란 이름만 공식 사용하게 되면서 이 촌은 용정촌으로 되었다. 마을이 생겨서 반세기 지난 1934년 11월, 용정 지명이 기원된 유서 깊은 우물과 그 우물에 깃든 아름다운 전설을 길이 전하고자 용정촌 주민 이기섭이 발기하여 높이 120cm, 너비 38cm, 두께 27cm인 기념비를 세웠는데 기념비 앞면에서는 "용정지명기원지정천"이라는 아홉 글자가 새겨져 있고 뒷면에는 "명치 20년 5월 13일, 조선 회령읍 출신 이기섭 발"이 새겨져 있다. 이기섭과 마을 사람들은 우물 주변에 울바자도 세우고 수양버들도 심었는데 80년 세월이 지난 오늘날에도 역사의 견증자로 우물과 동반하고 있다. 이렇게 형성된 용정촌은 이 일대에서 가장 큰 조선 이주민들의 집거구로 되었고 민족교육의 본산지로, 항일운동의 전초지로 거듭났다.

서전서숙, 명동학교 그리고 윤동주

용정을 다녀온 사람들은 해외에서의 민족교육과 문화항쟁의 상징으로 되고 있는 서전서숙 옛터 기념비, 대성중학 옛 건물, 복원된 명동학교와 윤동주 생가를 돌아보았던 기억들을 간직하고 있을 것이다.

1905년 을사보호조약 체결과 1910년 한일합방과 더불어 조선이 일제의 식민지로 전락하게 되자 애국지사들과 유지인사들은 반일민족해방운동의 일환으로 문화계몽운동을 전개하였고 근대학교 설립을 나라와 민족을 구하는 지름길로 간주하면서 "오직 교육을 확대하여 사람들의 지식을 발달케 함이 제일 급선무"라고 주장하였다. 예로부터 "소를 팔아 자식을 공부시킨다"는 우리 민족의 교육열을 이주민사회에서도 역역이 반영되었다. 마을이 있는 곳에는 서당이 들어섰고 또한 서당을 찾아 이주민들이 모여들면서 촌락공동체가 형성 유지되기도 하였다. 연변에서는 일찍 1887년 두만강 변에 자리 잡고 있는 개산툰진 자동촌에 규범화된 사숙이 설립되었고 1901년 김약연은 장재촌에 '규암재'를 세웠다. 1906년 10월 신민회 이상설, 이동녕 등은 용정촌에 서전서숙을 세웠고 서전서숙을 기반으로 하는 반일민족교육을 통해 반일대오의 양성 및 반일운동기지건설을 시작하였다. 일제 통감부간도파출소(1907년 8월 설치)의 백방으로 되는 간섭과 자체의 재정난 등으로 서전서숙은 설립

서전서숙 옛터 기념비

된 지 불과 1년도 못되어 1907년 9월에 폐숙되는 운명을 맞이하였다.

하지만 서전서숙의 교직원들과 학생들은 민족적인 사명을 잃지 않고 각지로 흩어져 다시 학교를 세우면서 서전서숙의 취지였던 반일민족교육의 맥을 이어나갔다. 서전서숙의 정통을 이어왔던 교육기관으로 당시 유명했던 것이 바로 1908년 4월에 설립된 명동서숙이 아닌가 싶다(1909년 4월 사립명동학교로 개명). 설립 당시 학생은 42명이었지만 2년 뒤인 1910년 3월에는 중학부를 설립할 정도로 뜻이 있는 많은 조선인 청소년들이 이 학교를 지망했다. 김약연이 교장을 맡고 있던 명동학교에서는 처음으로 녀학부를 증설하였는데 이는 연변에서 처음으로 실시된 여성근대학교교육이었다. 명동학교는 설립에서 폐교되기까지 불과 7년 사이에 1,000여 명에 달하는 학생들을 졸업시켰는바 독립운동인재 양성에 커다란 기여를 하였다.

사실 서전서숙, 명동학교 및 그 뒤에 일떠세운 정동서숙, 길동서숙의 주요 창시자였던 이상설, 이동녕, 이동휘, 김약연 등은 민족독립운동사에 기록될 만한 독립운동가들이다. 이들이 학교를 꾸린 기본취지는 근대적인 교육을 통하여 조선인 젊은 학도들에게 민족정신을 심어주고 민족의 혼을 깨우쳐주며 이들을 나라를 다시 찾는 광복의 길로 인도하면서 반일독립운동의 주력을 양성하는 것이다. 따라서 학교를 독립운동의 책원지로, 반일사상의 양성기지와 독립운동가들의 활동무대로 꾸려나갔다. 뿐만 아니라 1910년 3월 이미 중국 국적을 취득한 이동춘 등은 국자가에 간민교육회를 창립하고 조선인 이주민사회에 순회강연을 진행하면서 민족의식과 민족정신을 고양함과 동시에 민족교육의 실시를 합법화, 정당화하는 데 이바지하였다.

윤동주 묘소

"연길현지"의 기재에 따르면 1914년에 이미 조선족 서숙이 116개에 달했다고 한다. 연변에 설립된 근대사립학교들에서는 수많은 청소년들을 민족독립운동인재로 양성하여 반일민족독립운동의 제1선에 수송함으로써 독립운동인재양성소의 역할을 충분하게 담당하였고, 젊은 학도들도 반일민족투쟁에서 선봉대 역할을 하면서 피 끓는 정열을 과시하였다. 1920년 1월 "15만 원 탈취사건"의 주역이었던 철혈단성원 윤준희, 최봉설, 한상호, 임국정, 김준, 방웅세 등은 명동, 창동 등 학교에서 육성한 인재들이었다.

용정의 3·13 반일시위운동에서 충렬대를 이끈 대장 김학수 역시 명동학교 학생이었고 민족의 저항시인으로 불리는 윤동주 역시 명동학교 출신이었다. 당시 일제 문교부에서도 "간도의 교육과 민족주의정치운동은 하나로 밀착되었고 학교는 민족주의운동의 책원지로 되었다"고 인정하지 않을 수 없을 정도로 용정은 철저한 민족교육운동, 치열한 반일운동의 책원지로 부상하였고 항일독립운동의 대표적인 아지트가 되었다.

3·13 운동과 평화항쟁

용정시가지 중심지에 위치하고 있는 용정 제1유치원 마당에는 "3·13 운동의 발생지"라는 돌비석이 세워져 있다. 어린이들의 행복한 웃음소리와 낭낭한 노래소리가 넘치는 이곳이 바로 100년 전 성당의 종소리와 함께 만세소리가 울려 퍼졌던 3·13 만세운동의 집회잡소이다.

망국노가 되기를 원치 않아 중국으로 이주한 유지인사들과 조선이주민들은 간도협약(1909)의 체결로 일제가 실질적으로 연변지역의 조선인에 대한 "영사재판권"을 행사하게 되자 이들의 반일정서는 한층 더 업그레이드되었다.

연변의 반일지사들은 간민회, 농무계, 정의단 등 반일단체들을 건립하고 조직적인 반일운동을 전개하였고 조선 국내 및 연해주를 비롯한 해외 각 지역의 조선인독립단체들과도 연대를 유지하면서 전민족의 반일운동에 합류하였다. 1919년 2월 연변에서 반일독립운동을 준비하고 있던 구천선 등 33명의 반일독립운동가들은 두 차례의 비밀집회를 갖고 다음과 같이 결의하였다.

3·13 만세운동 집회지

> 첫째, 연변의 여러 반일단체와 교회에서는 힘을 합쳐 조선민족의 독립운동을 위하여 충분한 준비를 한다.
>
> 둘째, 일단 조선민족독립선언서가 발표되면 연변의 여러 반일단체들에서는 공동으로 행동하여 반일시위운동을 진행한다.
>
> 셋째, 조선민족독립선언서가 일단 발표되기만 하면 연변의 여러 반일단체의 골간들은 용정촌에 집합하여 조선독립을 경축하고 반일투쟁의 기세를 높인다. 아울러 금번 비밀집회에서는 반일조직인 광복단을 창설하기로 합의하고 각 지역 책임자도 임명하였다.

상술한 사전준비를 토대로 조선 국내의 3·1 운동소식과 함께 독립선언서가 3월 7일 용정에 도착하자 김영학 등 반일단체의 지도자들은 긴급회의를 소집하고 용정에서 조선독립선언서발표 경축집회를 거행하기로 결정하였으며 김영학, 배형식을 대회의 정, 부회장으로 추천하였다. 이에 호응하여 연변 각지에 있는 조선인사립학교들에서도 3월 10일부터 동맹휴학에 들어갔고 사생들은 거리에 떨쳐나서서 반일전단지를 배포하고 사회 각계 인사들이 반일군중집회에 참석할 것을 호소하였다.

3월 13일 용정, 연길 및 주변 마을의 반일군중들과 학생들은 성당의 종소리와 함께 만세를 외치면서 대회장으로 몰려왔다. 대회에서는 회장 김영학이 전체간도조선인거주민의 명의로 조선독립선언문을 낭독하였고, 뒤이어 황지영 등 유지인사들이 강단에 올라 연설하였다. 집회에 이어 참석자들은 거리행진을 진행하였으며 격앙된 군중시위 대오는 구호를 높이 외치면서 일본영사관으로 향했다. 일본경찰과 지방군벌들의 피비린 탄압으로 이번

3·13 반일의사릉

시위는 17명의 사망자와 48명의 부상자라는 피의 대가를 지불하였지만 용정의 3·13 반일시위는 연변 각지 반일투쟁의 봉화를 지피는 불씨가 되었다.

불완전한 통계에 따르면 용정에서 시작된 3·13 반일시위운동을 시작으로 4월 말까지 연변지구 조선족민중들은 47차에 달하는 반일집회와 거리시위를 거행하였으며, 참가자는 연인수로 8만 6,670여 명에 달했다. 이번 반일시위운동은 규모가 크고 지속적이었으며 연변지역의 반일운동을 유력하게 추동하였다. 특히 3·13 반일시위운동의 피의 대가는 수많은 열혈청년들과 애국지사들을 무장항쟁의 길로 나가게 하였다. 어찌 보면 용정의 3·13 운동은 연변 일대의 반일투쟁이 '평화'적인 시위방식으로부터 무장투쟁으로 넘어가는 전환점으로 되었다고 할 수 있다.

무장투쟁을 공시하는 "15만 원 탈취사건"

2008년 한국 영화계를 들썽했던 영화 〈좋은 놈, 나쁜 놈, 이상한 놈〉의 감독 김지운은 자신이 이 영화를 만들게 된 결정적인 계기는 액션영화 〈쇠사슬을 끊어라〉였다고 밝힌 바 있다. 관중들은 기억하고 있을지 모르겠지만 영화 〈쇠사슬을 끊어라〉의 모티브로 된 것이 바로 1920년 1월 용정에서 발생했던 "15만 원 탈취사건"이다.

다시 역사의 시공간 속으로 거슬러 올라가 당시 사건과정을 환원하면서 1920년대 용정의 겨울날씨를 상상해 볼 때 우리는 끔찍함을 느끼지 않을 수가 없다. "겨울철에 밖에서 소변보려면 막대기를 들고 나가라"는 민간의 표현에서 잘 드러나듯이 북간도 겨울의 혹독한 추위는 가히 인체의 극한을 시험할 정도이다. 바로 이 같은 혹한 속에서 6명의 철혈대원들은 단지 무기구입자금을 마련해야 한다는 일념으로 용정 시가지에서 12km 떨어져 있는 동량리 길옆 산등성에 매복해 있었다. 이들은 국가와 민족을 위하여 "한 점의 부끄럼도 없이 살아가려"는 일념으로 젊음을 불태우면서 반일무장투쟁사의 한 페지를 엮어갔다.

3·13 반일집회의 교훈을 통해 반일운동가들은 민족독립을 쟁취하자면 무장투쟁의 길로 나가야 하고, 무장한 적은 반드시 무장으로 맞서야 한다는 도리를 뼈저리게 느끼었고 이를 실천에 옮기기에 이르렀다. 독립운동의 책원지로 부상되어 있던 용정을 중심으로 독립지사들은 반일무장근거지를 건립하고 무장투쟁대오 양성에 필요한 군사훈련소, 사관양성소 등 단체들을 대량 설립하여 군사작전에 유능한 인재들을 양성하는 한편 민간에 널린 엽총과 재래식 총을 거두어들여 무장부대를 건립하

기 시작하였다.

그러나 이러한 방법은 양적으로 급속히 장대해지는 반일대원들의 수요를 만족시킬 수 없었고 시간적으로도 소모가 너무 컸다. 무장투쟁의 긴박성과 절박성을 감지한 반일지사들은 산재한 무기를 찾아내는 것에 비해 대량의 무기를 구입하는 것이 최선의 방식이라는 점에 공감하였다. 하지만 대량의 무기를 구매하려면 자금이 필요했으며 또한 빠른 시일 내에 군자금을 해결하는 방식은 일본은행을 습격하는 것이 유일한 선택이라는 논리가 펼쳐졌다. 이 같은 논리적·현실적 판단으로 용정에 있는 일본은행의 금융거래를 감시하던 철혈광복단 성원들은 회령에서 용정으로 현금이 수송된다는 정보를 얻게 되고 이를 탈취할 행동방안을 작성하였다.

이렇게 연출된 것이 바로 당시 큰 사변으로 보도되었던 15만 원 탈취사건이었다. 비록 변절자의 밀고로 최종 무기구입은 실패하였지만 15만 원 탈취사건은 조선민족의 해외항일투쟁사에 있어서 중요한 상징적 의미가 있다. 15만 원 탈취사건은 용정 3·13 만세운동으로 대표되던 비폭력적인 반일운동에서 1920년 6월에 있은 봉오동

15만 원 탈취사건 유적비

전투와 1920년 10월에 있은 청산리 전투 등 무장독립투쟁을 이어주는 중요한 연결고리로 평가되고 있는 바 어찌 보면 우리 민족이 반일무장투쟁을 선언하는 신고식으로 되기도 했다.

3·13 반일시위운동 이후 출범한 간도국민회(대한국민회), 대한군정서(북로군정서), 대한독립군, 광복단, 신민단 등 수많은 반일무장단체들은 연변 각지에서 반일무장운동기지를 건설하는 한편 무장부대의 국내 진출 작전을 펼치기도 하였다. 1920년 6월 4일 봉오동에 집결해 있던 반일부대는 200여 명에 불과한 적은 병력으로 천연적인 지세를 이용하여 국내 진출 작전부대를 추격하여 두만강을 넘어온 일본군에 심대한 타격을 주었으며 일본군의 천하무적의 신화를 깨드리면서 현대적 무기로 무장한 일본군도 능히 전승할 수 있다는 신심을 북돋아 주었다.

봉오동 전투는 약소한 병력으로 우세한 적군을 섬멸하는 전례로 되었는 바 이 같은 전과를 올릴 수 있었던 여러 요소 중 간과할 수 없는 중요한 요소가 바로 대한독립군, 도독부군, 신민단 등 다양한 계열의 무장단체들이 협동작전을 펼쳤다는 것이다. 이 같은 요소 때문에 봉오동 전투는 조선민족반일무장투쟁을 새로운 단계로 끌어올리는 전환점으로 자리매김하기도 하였다. 봉오동 전투가 조선 민족반일무장독립운동사에 있어서의 위대한 의의는 단순 군사적 측면에서의 전투성과가 크고 작은 데 있는 것이 아니라 이 전투가 중국 경내에서 조선 민족반일무장부대가 일제와 맞서 싸운 최초의 전투이자 승리로 각색된 전투였고, 이러한 승전은 각 독립무장부대들이 펼친 연합작전의 결실이라는 점, 그리고 우리 민족도 하나같이 뭉쳐 손에 무장을 들고 일제와 싸운다면 조국광복을 이룩할 수 있다는 것을 실천적으로 보여주었다는 데 역점을 두고 있다.

봉오동 전투의 승리에서 시사하는 바를 크게 느끼고 정서적으로도 신심이 분발된 반일무장단체들은 이를 계기로 소규모적이고 분산적인 활동으로부터 점차 대규모적이고 연합작전을 펼치는 통일된 지휘체계를 구축하고 본격적인 항일무장투쟁을 전개할 준비를 갖추어 나갔는 바 그 결실이 바로 청산리 대첩으로 맺어졌다고 볼 수 있다.

1920년 10월 13일 북하마탕에서 대표자회의를 열고 홍범도를 사령으로 한 연합부대를 편성할 것을 결의한 항일무장부대는 백운평에서 대한군정서군이 쏘아올린 첫 승전고를 시작으로 천수평, 완루구, 어랑촌, 고동하

봉오동 전적지기념비와 청산리 전적비

곡 등 곳곳에서 펼쳐진 10여 차의 전투에서 연이은 승전을 올리면서 청산리 전역의 대첩을 거두었다. 조선 민족 반일무장투쟁사에서 쌍봉을 이루는 봉오동 전투와 청산리 대첩은 나라를 빼앗긴 우리 민족에게 조국의 독립과 민족의 해방에 새로운 희망과 용기를 가져다준 위대한 승리이기에 손색이 없었다.

한편 이 글을 작성하면서 필자는 다시 한번 역사현장을 답사하며 머릿속에 하나하나의 사건들을 환원시켜 보았다. 그러면서 용정 일대에서 펼쳐졌던 항일운동주역들의 생각을 생각해 보았다. 살길을 찾아 두만강을 넘어 미지의 땅을 개척하면서 유족한 삶을 원했던 평범한 이주민들, 직분을 잊지 않고, 한 점의 부끄럼도 없이 나라와 민족을 위한 선도자·개량자의 책임을 걸머지고자 했던 수많은 윤동주식 젊은 학도들, 자신의 자산을 탕진하면서 민족교육의 기틀을 세웠던 유지인사들, 보잘것없는 무기로 일제와 맞서 싸운 항일전사들, 이들에게 있어서 조국과 민족은 과연 무엇이었을까. 이들이 피를 흘리면서 갈망했던 광복된 조국은 어떤 모습이었을까. 엇박자로 떠오르는 답안의 뚜렷함과 희미함에서 벗어나고자 또 다시 일송정에 올라 선구자탑을 마주해 본다.

어서 오세요, 일본 〈조선대학교〉에

서정인
일본 조선대학교 문학력사학부 교수

※ 재일조선인의 '우리 말' 글쓰기 방식을 최대한 존중하여 표기하였음을 밝힙니다.
※ 조선대학교《조선문제연구쎈터》의 승인 밑에 건국대학교 측에서 철자와 표현의 일부를 고쳐 썼습니다.

일본의 수도 도꾜(東京)역에서 JR 쥬오우(中央)선 전차를 40분쯤 타면 고꾸분지(国分寺)역에 가닿습니다. 거기서 세이부(西武)철도 고꾸분지선으로 갈아타고 두 역을 지나면 다까노다이(鷹の台)입니다. 그곳 무사시노(武蔵野)벌판을 흐르는 다마가와죠오수이(玉川上水)를 따라 서쪽으로 15분을 걸어가면 수풀 너머로 조선대학교 건물이 보입니다.

손님 여러분, 환영합니다.

우리 조선대학교에 잘 오셨습니다.

이제부터 조선대학교를 안내해드리겠습니다.

보시는 것처럼 대학 교문 우측에는《조선대학교》라고 새겨져 있으며 좌측에는 한자로《朝鮮大學校》라고 새겨져 있습니다. 우리 동포들을 위해서는 꼭 우리 글로 대학의 문패를 달아야 했었고 또한 길을 지나가는 일본 사람들에게는 이곳에 조선대학교를 이렇게 세웠다는 것을 정확히 알리기 위해서일 것입니다.

그럼 먼저 강당으로 걸어가시는 사이 조선대학교의 연혁을 간단히 말씀드리겠습니다.

조선대학교는 올해 창립 65돌을 맞이하였습니다. 해마다 대학 구내 곳곳에서 목련꽃이 활짝 피어날 때에 졸업생을 보내고 벚꽃이 하늘땅에 흩날릴 때에 입학식을 가지고 있습니다. 예순 다섯 해 동안에 1만 8,000여 명을 동포사회에 내보냈습니다.

1956년에 도꾜도(東京都) 기따꾸(北区)에 있는 도꾜조선중고급학교의 교실을 빌려 쓰면서 재일조선동포들의 대학교육은 시작되었습니다. 이름을 대학이라고들 일컬었으나 창립 당시에는 10명의 교원과 80명의 학생들뿐이었습니다. 그러나 이역 땅에서 갖은 천대와 멸시를 다 받아가면서 겨우 입에 풀칠을 해가던, 학교 문전에도 가보지를 못했던 재일동포들에게 있어서 자식들에게 우리

힘으로 대학교육을 시킬 수 있게 된 사실은 참으로 격동적이고 감동적인 사변이었습니다.

그러다가 북에서 재일동포 자녀들의 민족교육을 위하여 보내준 제2차 교육원조비와 장학금으로 1959년에 여기 도꾜도 고다이라시(小平市)에 교사를 지어 이전해 오게 되었습니다. 이곳에 대학이 자리 잡았을 때 있던 건물은 제1연구당과 사무당 그리고 단층 건물인 후생당이 전부였습니다.

대학 준공의 그날까지 동포들과 학생들은 이곳에 새 학사가 건설 중이었다는 것을 몰랐었습니다. 일본에서 우리의 민족교육을 반대하는 자들이 대학 건설을 방해할 우려가 있어 새 학사 준공은 조용히, 비밀리에 추진되었던 것입니다. 준공의 그날 동포들과 학생들에게는 고꾸분지 역에 나가면 안내해주는 사람이 있을 것이니 다들 그분을 따라서 가면 된다는 통보만이 사전에 있었다고 합니다.

전국에서 모여온 우리 동포들은 수풀 속에 우뚝 솟은 교사가 우리의 조선대학교라는 소식을 듣고서도 믿어지지가 않았다고 합니다. 교문에 커다랗게 새겨진 '조선대학교'라는 글발을 보고서야 너무도 놀랍고 감격이 커서 목이 메여 교사를 우러르면서 겨우 만세를 부르고 또 불렀다고 합니다.

그날 조선대학생들은 꿈속에서처럼 마련된 새 학사

조선대학교 안내도

의 벽이며 창문에 볼을 비비고 눈물을 흘렸으며 기둥을 그러안고서도 울고 단숨에 옥상으로 뛰어 올라가서는 기쁨의 노래를 목청껏 불렀다고 합니다.

학사 준공 당시의 대학생들의 손자, 손녀들이 지금은 조부모가 앉았던 강의실에서 애국의 뜻을 고스란히 이어 열심히 배워나가고 있습니다.

이 건물이 조선대학교 강당입니다.

입학식과 졸업식을 비롯한 각종 주요 행사들이 진행되는 곳이며, 학생들의 문예 발표의 마당으로도 쓰입니다. 이 강당은 우리 학생들이 자신들의 힘으로 1964년에 세웠습니다. 당시 학생들은 낮에는 전문가의 지도를 받아가면서 강당 건설과 도서관, 기숙사 건설에 청춘의 구슬땀을 바치었고 밤에는 연구당에서 강의를 받으면서 학문 탐구의 나날을 이어갔습니다.

자세히 보시게 되면 계단들의 높이가 고르지 못하다

는 것을 알아보실 것입니다. 전문가가 건설했었더라면 이렇게는 안 되었을 것인데 로동의 경험이 거의 없었던 녀학생들까지도 함께 땀을 흘렸으니 이렇게 되어버린 것입니다.

하지만 해마다 우리 대학에 입학하는 신입생들은 이 계단을 보고 여기에 깃든 사연을 알게 되면서, 대선배님들의 땀이 스며 있는 조선대학교를 아끼고 사랑할 마음들을 가다듬고 있으며 이 '못생긴 계단'을 자랑으로 여기기도 한답니다.

강당의 내부는 2층으로 되어 있으며 자리는 1,200석 있습니다.

강당 앞을 지나 좌측으로 돌면 북에서 보내준 광개토왕릉비가 보입니다. 그 옆에 있는 건물이 도서관이지요.

북과 남, 일본과 해외의 서적들 약 10만 권과 북 문제와 관련되는 신문, 잡지들, 학생들이 학업과 문예체육 활동상 및 생활상, 보고 싶어 하는 각종 월간지 등이 있습니다. 도서관을 리용한 일본 사람들뿐만 아니라 북과 남에서 오신 분들도 본국에서도 찾기 어려운 북 문제와 관련된 서적들이 거뜬히 갖추어졌다는 감상을 남기곤 합니다. 1층에는 열람실과 컴퓨터 리용실, 《로동신

광개토왕릉비

조선대학교창립25돌기념관의 모습

문》을 비롯한 신문, 잡지들이 있으며 2층에는 여러 개의 세미나실과 다목적으로 쓸 수 있는 소학습실 등이 있습니다. 일본에서는 우리 도서관에서만 볼 수 있는, 북에서 보내온 연구 자료들이 많은 것이 특징이기도 합니다.

이 4층 건물은 조선대학교창립25돌기념관입니다. 도서관의 옥상과 3층이 서로 오고 갈 수 있게 이어져 있지요.

조선대학교가 창립되어 사반세기가 지났을 때, 이제는 벌써 40년 전에 조선대학교 졸업생들이 모교 사랑의 마음을 담아 모금운동을 벌려 세운 건물입니다. 흔히들 '기념관'이라고 부르고 있습니다.

졸업생들은 대학이 창립 25돌을 맞을 때까지 지은 건물들은 모두 북의 도움과 1세 동포들의 애국지성에 의하여 건설되었으나 이제는 졸업생 자신들의 힘과 뜻으로 새 건물을 지을 때가 되었다고 하면서 전체 졸업생들을 모교 사랑 운동에 불러일으켰습니다.

기념관건설위원들은 일본 전국에 흩어져 사는 동창생들을 한 사람 한 사람 다 찾아가서 만나 무릎을 마주대고, 우리 세대뿐만 아니라 자식들과 손자 세대에 가서도 코리안으로서의 긍지를 안고 이역에서 살아나가려면 조선대학교를 꼭 지키고 발전시켜나가야만 한다고 이야기를 나누었습니다.

우리 졸업생들의 일본에서의 생활을 놓고 볼 때 경제적으로 넉넉한 사람보다는 어려운 사람이 더 많았다고도 할 수 있었으나, 청춘의 소중한 추억을 새긴 모교에 기념관을 건설하려는 우리 졸업생들의 모금 운동은 료원의 불길처럼 일본 땅 방방곡곡에 타 번져 나갔다고 합니다.

그리하여 기념관건설위원회가 결성된 지 14개월 후인 1982년 3월에 조선대학교창립25돌기념관이 이 자리에 서게 되었습니다. 건설 당시 이 기념관은 이 부근에서 가장 높은 건물이었었습니다. 북에서는 조선대학교가 창립 25돌을 기념할 때 졸업생들이 세운 건물 내부를 더 잘 꾸리라고 조선력사박물관과 조선자연박물관의 모든 전시물을 보내주었습니다.

기념관 2층에 자리 잡은 조선력사박물관에는 원시시대로부터 조선왕조 시기까지의 약 600점의 역사 유물이 전시되어 있으며, 2004년에 세계유산으로 등록된 고구려고분벽화의 주요 모색도도 보실 수 있습니다. 먼저 보신 광개토왕릉비는 실물과도 크기가 같아 박물관에 두지를 못하고 마당에 서 있게 된 것입니다.

조선력사박물관의 내부

조선자연박물관의 내부

기념관 1층에 자리 잡은 조선자연박물관에는 북의 희귀한 광물표본과 화석, 동식물표본들 약 2,500점이 전시되어 있습니다. 조선력사박물관과 조선자연박물관은 북을 더 잘 알고 싶어 하는 조선대학생들의 학업과 연구 활동에 보탬이 되고 있으며 일본에 있는 조선초중급학교 학생들이 우리 대학을 방문하면 선참으로 달려오는 곳으로 되고 있습니다. 어린 우리 학생들은 여기서 고구려고분벽화며 거북선, 조선 범을 보면서 난생 처음으로 조선반도의 역사 유물과 자연 등을 접하게 되는 것입니다. 일본의 연구자들과 외국인들도 찾아와서는 “일본 땅에서 북을 다 알고 간다”는 감상을 남기곤 합니다.

기념관 3층에는 연변대학 조선반도연구원을 비롯한 일본의 대학연구실과 학술교류협정서를 체결한 조선문제연구센터가 있습니다. 조선문제연구센터는 일본에서 북 문제를 연구하는 거점적인 역할을 하고 있으며 그와 관련되

조선문제연구센터 재일조선인관계 자료실

는 자료 축적과 정보 발신에 힘을 기울이고 있습니다. 조선문제연구센터에는 현대조선연구실, 조선문화연구실, 민족교육연구실, 조선어연구실, 재일조선인관계자료실이 꾸려져 있어 매 시기 다양한 학술토론회와 강연회 등을 개최하여 국제적인 학술 교류의 폭을 나날이 넓혀 나가고 있습니다.

기념관 앞을 지나 운동장 쪽으로 이동하시겠습니다.

지금 보시는 이 건물은 체육관입니다. 체육관 역시 1990년에 제3연구당과 동시에 졸업생들이 모금운동을 벌려 세워놓은 것입니다. 1층에는 체조, 권투, 태권도 등의 훈련실과 각종 체육시설들이 있으며 민족무용을 익히는 무용련습실도 있습니다. 이 운동장에는 보시는 대로 인공 잔디를 깔아놓았습니다만 이것 역시 조선대학교 졸업생들이 후배들을 위하여 해놓은 것입니다.

우리 대학에서도 다양한 체육소조활동이 진행되고 있으며 축구부와 투구부(럭비부), 권투부는 일본의 대학들에도 강호팀으로 알려져 있습니다. 조선대학교에서는 여러 명의 전문 체육인을 일본과 해외에 배출하고 있으며 축구와 공수도(가라테)

체육관

종목에서는 북의 국가대표로 활약하는 우리 대학 졸업생 선수들이 많습니다.

운동장 너머로 보이는 5층 건물은 학생기숙사 8호관입니다. 이쪽으로 가시겠습니다.

운동장을 등지고 제2연구당과 제3연구당 사잇길로 가면 제2연구당이 나옵니다. 제2연구당은 이제 가시면서 보시게 될 제1연구당과 비슷한 모습으로 서 있습니다만 이곳에 조선대학교가 옮겨왔을 때에는 없었던 건물입니다. 제1연구당이 선 지 9년 후인 1968년에 지은 건물입니다. 그때로부터 22년이 더 지난 1990년에 제2연구당과 나란히 선 제3연구당이 생겼습니다. 조선대학교의 연구당마다 아래층에는 주로 교수 연구실들이 있으며 위층에는 강의실들이 있습니다.

이 제3연구당에는 리공학부와 단기 학부의 교수 연구실이, 제2연구당에는 문학력사학부와 정치경제학부, 체육학부 교수진의 연구실이, 나중에 안마당에서 보시게 될 제1연구당에는 경영학부

제3연구당의 정경

와 외국어학부, 교육학부 교수 연구실들이 자리 잡고 있습니다.

제2연구당과 제3연구당 사잇길로 빠지면 좌측에 보이는 이 2층 건물을 음악당이라고 부르고 있습니다. 교육학부 음악과 학생들이 쓰는 여러 개의 개인 피아노실과 음향 설비가 갖춰진 강의실들로 꾸려져 있습니다. 이어서 있는 건물은 미술당입니다. 1층에는 교육학부 미술과 학생들의 작품을 전시하는 전시장이, 2층에는 미술창작실이 있습니다.

음악당과 미술당의 건물 사이로 보이는 것은 무사시노 미술대학입니다. 일본에서는 좀 이름난 미술대학인바, 우리 대학 교육학부 미술과 학생들과의 교류가 활발히 진행되고 있습니다. 몇 해 전에도 우리 대학 미술과 학생들과 무사시노 미술대학 학생들이 창작한, 두 대학을 잇는 계단 창작품이 일본의 미술계에서 큰 반향을 일으키기도 했었습니다.

미술당 앞을 지나서 좌측에 나오는 저 2층 건물의 1층은 학생들이 쓰는 학용품이며 생활필수품들이 다 있는 매점입니다. 2

매점의 모습

층에는 리발소가 있습니다. 리발소 리용자는 학생들보다는 교직원들이 더 많다고 합니다.

매점의 맞은편을 보시면 여러 대의 음식물 자동판매기와 그것을 리용하는 학생들이 마주 앉아서 이야기를 나눌 수 있는 테이블과 의자들이 있습니다. 학생들은 이곳을 '테라스'라고 부르면서 24시간 자신들의 다정한 생활의 벗으로 삼고 있습니다. 매점과 테라스 너머에 있는 건물들은 모두 학생기숙사입니다. 폭이 5m가 되나마나한 저 길을 넘으면 학생들의 생활구역이라고 말할 수 있는 공간이 있는 것입니다.

8호관을 운동장 너머로 보셨습니다만 저기에 1호관부터 7호관이 서 있으며 교문 쪽에 가까운 2호관 앞에는 전교생과 교직원이 동시에 식사를 할 수 있는 지하 1층, 지상 2층의 식당이 있습니다. 식당 지하의 한 부분에 남자학생들의 목욕시설이 있으며 교문과는 반대편에 서 있는 5호관과 6호관 사이에는 녀자학생들의 목욕시설이 있습니다.

야생생물연구실에서 기르는 멸종위기종 저어새

좌측에 있는 이 우리 속의 새들은 모두 우리 대학의 야생생물연구실에서 기르는 새들입니다.

조선반도의 삼천리 강토를 오고 가면서 번식하는 희귀한 멸종위기종 저어새도 있습니다. 몸이 하얀 색이고 얼굴과 커다란 부리가 검은 색인 저 새입니다. 저어새는 여기서 처음으로 인공 번식 시킨 것으로 일본과 세계의 조류학자들의 관심을 모으고 있습니다. 저어새와 관련된 야생생물연구실의 론문들이 많습니다.

안마당으로 나가보시겠습니다. 제1연구당입니다.

이 건물이 1959년에 조선대학교가 여기 고다이라에 이전한 당시로부터 그 모습 그대로 서 있는 우리 대학에서 가장 오랜 건물입니다. 저 건물은 사무당이며 저기 길게 늘어선 단층 건물이 후생당입니다. 이 건물들이 1959년 학사 준공 당시의 건물입니다.

동포 건축가가 설계한 제1연구당은 웅장하고도 균형미가 흐른다고 1962년도 일본건축년감상을 수여받은 건물입니다. 사무당에는 대학의 운영을 보는 리사회와 교무 행정을 수행하는 교무부의 사무실 등이 있으며 후생당에는 학생들의 건강을 보살피는 의무실과 학생위원회실 등이 있습니다.

제1연구당

이밖에도 조선대학교에는 1974년에 창설되어 주로 우리 대학 졸업생들이 진학하는 연구원이 있어 과학과 예술, 체육을 비롯한 다양한 분야의 전문가들을 목적 의식적으로 양성하고 있습니다. 연구원생들은 북과 외국에 류학하여 전공 분야의 자질을 더욱 높여가고 있으며 일본의 대학들의 대학원에서 박사학위를 타기도 합니다. 조선대학교 연구원에서는 2020년도까지 일본에서 변호사가 되는 국가시험인 사법시험 합격자를 11년 련속으로 배출하고 있습니다. 그들은 이역 땅 일본에서 재일조선동포들의 권익과 민족교육의 응당한 권리를 요구하고 지켜내는 데서 큰 역할을 하고 있습니다.

또한 우리 대학에는 1년제 조선문화 코스가 병설되어 있어 어려서부터 일본 학교를 다녀 우리말과 글을 모르는 입학생들이 소속 학부, 학과의 강의를 받으면서도 따로 우리말을 집중적으로 배우고 있습니다. 전료제인 조선대학교에서는 생활의 모든 공간에서 우리말을 들으며 배울 수 있기 때문에 대학에서 처음으로 민족교육을 받게 된 학생들도 반년이면 우리말로 나누는 일상회화에서 불편을 모른다고 합니다.

정원으로 나가보시겠습니다.

이 꽃나무는 북의 국화인 목란(백목련)입니다. 북에서

보내준 애숭이나무를 조선대학교 정원에서 이렇게 키웠습니다. 곁에 있는 이 진달래도 북의 진달래입니다.

목란꽃

저희들은 자기 나라와 멀리 떨어진 이국땅에서 찬바람, 칼바람 다 이겨내면서 뿌리를 내려 철이 오면 가지마다 아름다운 꽃을 피우는 이 꽃나무의 모습을 조선대학교 학생들의 모습에 비겨 보기도 한답니다. 조선반도가 일제 식민지 통치에 시달리던 시기 일본으로 건너오신 1세 동포들의 자손들이 해외에서 나서 자라더라도 어디서나 떳떳하고 언제나 씩씩한 그 모습에 말입니다.

세대가 바뀌고 세월이 흘러 이제는 4세, 5세가 배우고 있는 조선대학교에서는 누구나가 조선민족된 존엄을 안고 우리말과 글을 열심히 배우고 소중히 다루며 보람찬 학문 탐구의 나날을 보내고 있습니다.

그럼 이상으로써 간단한 안내 해설을 끝마치겠습니다.

손님 여러분들께서 우리 대학에서 보시는 일에서 성과 많으시기를 충심으로 바랍니다. 일본에 머무르시는 동안에도 언제나 건강하십시오.

고맙습니다.

〈서울 대림동 차이나타운〉,

우리 안의 '오리엔탈리즘'을 성찰할 수 있는 또 다른 공간

박민철
건국대학교 통일인문학연구단 및 대학원 통일인문학과 교수

'재중조선족'과 '중국 동포', 그 사이의 어딘가에서

'코리안(Korean)'이라는 에스닉(ethnic)적 전통을 가지고 중국에서 살다가 한국으로 입국한 이들을 일컫는 말은 우리의 생각보다 다양하다. 가장 보편적으로 쓰이는 '중국조선족', '재한조선족'이라는 말부터 동포를 강조한 '중국 동포', '조선족 동포'라는 용어도 사용되고 있으며, 거주국과 출신국의 국적을 강조한 '재한 중국교민', '한국계 중국인', '중국인 조선족'이라는 말까지 그 용어는 하나로 확정되지 않는다. 그런데 최근 들어서는 '조선족'이라는 용어에 누적된 한국사회의 혐오를 희석시키기 위해

'중국 동포'라는 단어가 많이 쓰이는 듯하다. 하지만 이와 같은 용어의 수렴이 그 용어가 지칭하는 대상들의 진정한 의사를 반영한 것이 아님은 물론이다. 특정 집단을 대표하는 용어 규정이 중요한 것은 결코 아니다. 특히 그러한 용어의 선택이 어떤 오해와 편견, 더 나아가서는 차별과 혐오를 불러온다면 그들의 의사와 다른 정체성의 일방적인 규정이 언제나 폭력이 될 수 있음을 자각할 필요가 있다. 이 문제에 대한 해답은 제일 뒷부분에 다루기로 하고, 먼저 최근에 일고 있는 한국사회 현상에 주목해보자.

중국에서 중국 국적을 가지고 살아가고 있는 소수민족으로서의 코리안들을 일반적으로 '재중조선족'이라고 부른다. 물론 중국 국적을 취득한 모든 이들이 이 재중조선족에 속하는 것은 아니다. 재중조선족은 19세기 중엽부터 제2차 세계대전 종결까지 한반도에서 중국 동북지방으로 이주해 정착한 사람들과 그 후손을 의미하기 때문이다. 중요한 것은 이들 대다수가 바로 20세기부터 본격화된 제국 일본의 한반도 강점기에 중국으로 이주했다는 사실이다. 이러한 과정 속에서 조선족은 중국의 소수민족으로 편입하게 되었다. 중국은 소수민족의 독립은 억제하되 그들의 자치권, 즉 언어, 생활, 풍습 등을 보장하는 소수민족정책에 따라 '자치주'를 선정하여 운영해왔다. 참고로 현재 중국은 55개 소수민족 중 44개 민족에게 지역자치를 허용하고 있는데, 구체적으로 5개 자치구, 30개의 자치주, 125개 자치현을 운영 중에 있다. 이러한 조선족이 가장 많이 밀집해서 살고 있는 지역이 바로 중국의 '연변조선족자치주'이다.

연변조선족자치주를 중심으로 중국의 동북삼성(요녕성, 길림성, 흑룡강성)에 거주하는, 최대 200만 명에 달했던 조선족은 코리안 디아스포라(Korean Diaspora)이자 중국의 대표적인 소수민족으로 그 나름의 자부심 있는 역사와 문화를 보존하면서 자신들의 자치주 안에서 20세기를 살아가고 있었다. 하지만 그렇게 유지되던 조선족 공동체는 곧 또 다른 역경을 맞게 된다. 2000년을 전후로 한 자본주의적 신자유주의의 세계적 확산은 코리안 디아스포라의 모국과의 만남을 급속도로 만들어내었다. 신자유주의적 자본주의화는 거주국의 소수민족인 그들의 삶을 척박하게 만드는 결정적인 계기였다. 중국에서 사는 소수민족인 조선족 역시 흐름을 벗어날 순 없었다. 동시에 자본주의의 세계화는 곧 일종의 모국인 한국사회의 경제적 발전상에 대한 다양한 정보를 전해준 계기이기도 했다. '먹고 살기 힘든' 경제적 어려움 속에서 재중조선족에게 비춰지는 한국은 '월급이 좋은' 매우 잘 사는 나라였음은 분명한 사실이었다. 경제적으로 발전한 한국을 목격하면서 그들은 다른 지역이 아니라 '기왕이면 같은 민족'인 한국으로의 노동 이주를 결심했다.

1990년대부터 차츰 증가하기 시작한 해외 동포들의 국내 노동시장 진입은 조선족이 대표적이었다. 조선족자치주라는 공간 속에서 그들의 언어가 유지될 수 있었던 것이 가장 큰 이유였다. 하지만 그렇다고 해서 재중조선족에게 모국인 한반도와의 만남은 쉽사리 허용되지 않았다. 2004년 16대 국회는 '대한민국의 국적을 보유하였던 자(대한민국정부 수립 이전에 국외로 이주한 동포를 포함) 또는 그 직계비속으로서 외국국적을 취득한 자 중 대통령령이 정하는 자'로 재외동포법을 개정하여 만장일치로 통과시켰다. 하지만 다른 나라와는 달리 2021년 현재까지 중국에 살고 있는 코리안 동포들은 국내 체류 자격과 취업 등에서 여전히 차별을 받고 있는 실정이다. 자유롭게 취업이 가능한 미국이나 일본 거주 동포들과 달리 중국 동포들은 '방문취업제'라는 제도 아래 제한된 직종에서 취업할 수밖에 없는 상황이기 때문이다. 당연하게 이들이 국내

서울 대림중앙시장 입구

에 거주할 수 있는 지역은 한정될 수밖에 없었다.

서울 대림동 차이나타운과 우리들의 '시선'

중세 이후의 유럽 각 지역에서 유대인을 강제 격리하기 위해 설정한 유대인 거주지역을 칭했던 '게토(ghetto)'는 오늘날 소수자 집단이 밀집해서 모여 살면서 이색적이고 독특한 분위기를 형성하게 된 도시의 특정 지역이라는 의미로 폭넓게 쓰인다. 서울에서도 이러한 게토의 느낌을 갖는 지역이 적지 않다. 국내로 들어온 재중조선족이 모여 사는 서울 대림동이 바로 그곳이다. 서울 지하철 7호선 대림역 12번 출구에서 바로 왼쪽으로 이어지는 1km의 거리 전체가 서울의 비공식적인 '차이나타운'으로 알려져 있다. 현재 중국 상점이 밀집해 있는 대림중앙시장을 중심으로 한 이 주변에는 대략 2만 명의 재중 동포가 거주하고 있다고 한다. 원래 1990년대까지 중국 동포들의 밀집지는 서울 구로구 가리봉동이었다. 구로공단과 건설인력 시장이 있어 일거리가 많았고 또한 노동자들을 위한 저렴한 임대주택이 많았기 때문이다.

하지만 2000년대 들어 서울 뉴타운 사업과 함께 가리봉동이 재개발되어 집값이 상승하기 시작했다. 중국

동포들은 보다 집값이 싼 대림동으로 집중적으로 이주를 했고 그에 따라 이들을 대상으로 한 상업시설들이 뒤따라 생기면서 거대 밀집지역으로 탈바꿈했다. 2019 영등포구 통계연보에 따르면 서울 영등포구 내 대림 2동과 3동은 대부분 조선족 출신이 차지하고 있는 외국인 비율이 각각 42.5%(9,453명), 41%(1만 2,093명)에 달한다고 한다. 여기에 대림동에 거주 중인 한국 국적 주민들에서도 귀화한 중국계가 적지 않으니 그 비율은 더욱 커진다. 가리봉동에 이은 또 다른 이색적인 게토가 21세기에 맞춰 서울 시내에 형성된 것이었다.

거리 안으로 들어가면 빼곡한 간판들이 우선 눈에 들어온다. 중국어와 한글의 절묘한 배치가 이곳 간판들의 특징이다. 또한 빨간색을 대표로 한 원색들의 간판들 역시 특색 있게 보인다. 고향 음식을 파는 식당을 대표로 하여 인력시장 사무소, 각종 등록증의 대행업무를 해주는 사무실과 여행사, 웨딩홀을 비롯한 행사장, 장례식장 등이 줄줄이 자리하고 있다. 하지만 이곳에서 가장 눈에 띄는 것은 다양한 중국 음식들이다. 물론 이 중국 음식은 나름의 특징이 있다. 재중조선족 문화 안에서 전승된 음식들인지라 낯설면서도 익숙한 느낌을 주기 때문이다. 순대와 각종 반찬들이 특히 그러하다. 길거리 음식이라고 널리 알려진 호떡과 만두도 익숙하다. 그곳을 지나는 사람들에게 시선을 돌려도 낯섦과 익숙함이 동시

서울 대림중앙시장의 정경

에 느껴진다. 중국말과 한국말이 교차하고 중국식 장신구와 한국식 옷이 중첩된다. 말 그대로 '또 다른' 문화적 풍경이 부담스럽지 않게 펼쳐진 대림중앙시장은 전적으로 한국식도, 그렇다고 중국식도 아닌 제3의 무엇처럼 존재한다.

하지만 우리들에 주어진 관념은 그들의 실존과 전혀 다르다. 종종 언론을 통해 소개되는 한국 거주 중국 동포의 강력범죄는 인구수 대비 발생 건수가 한국인에 비해 현격하게 적음에도 불구하고 그들에 대한 한국인의 혐오 현상을 불러왔다. 거기다 중국 동포들이 포악한 범죄자로 등장하는 여러 영화들이 지속적으로 흥행에 성공했던 것도 어느 정도 영향을 미쳤다. 대림동 차이나타운은 마치 그 자체로 거대한 범죄공간처럼 인식되었다. 그 공간에 살고 있는 조선족 역시 비위생적이고 불법을 일삼는 이들로 오해할 수 있는 여러 담론, 소식과 정보들이 수많은 매체에서 과장되게 재생산된 것도 분명한 사실이었다. 그런데 다른 무엇보다 중요한 사실은 이러한 과정이야말로 국내 이주 코리안 디아스포라에 대한 우리들의 '위계화된 시선'과 '왜곡된 편견'이 조선족이라는 특징 집단에 매우 강하게 집중되는 과정이었다는 점이다.

탈냉전의 분위기와 함께 1999년 '재외동포의 출입국과 법적 지위에 관한 법률'이 제정되면서 해외에 살던 동포들의 국내 이주가 증가하였으며 그로 인해 한국인의 민족 개념은 외연적 확대와 내포적 변화를 가져오게 되었다. 하지만 그러한 확대와 변화에도 불구하고 한국인의 민족 개념에는 '대한민국 중심주의'가 자리 잡고 있다. 민족과 국가가 분리된 경험이 없는 한국인들이 한반도(특히 한국)가 현재 보유하고 있는 특정 언어·문화·역사 등을 기준으로 코리안 디아스포라의 그것들을 평가하려는 경향이 강하다. 그런데 이는 동시에 한반도의 '분단체제'로부터 영향을 받는 것이기도 했다. 한반도의 분단체제는 공산주의체제 국가에 대한 막연한 적대와 배타성을 드러내는 것을 핵심 기제로 하고 있다.

구체적으로 한반도의 분단체제는 북에 대한 적대적인 인식을 코리안 디아스포라 전체를 대립적 구도 속에서 위치시키는 동시에 그들에 대한 위계적인 구분으로 나아가고 있다. 한국인의 코리안 디아스포라에 대한 인식 중 특히 공산주의체제 국가에 사는 코리안들인 조선족-고려인-탈북자가 이에 해당한다. 예를 들어, 동아시아 냉전의 대립적 구도는 코리안 디아스포라에 대한 인식에서 그대로 존속하는데, 이를테면 '탈북자·조선족·고려인'='가난한 나라에서 온 동포·경제적인 부담·사회적인 문제집단'이라는 동일시 코드화가 진행된다는 것이다. 더군다나 신자유주의적 경쟁이 한국사회에 전면화됨으로써 야기된 한국인들의 불만과 스트레스는 국내 이주코리안에 대한 왜곡된 인식을 낳게 된다. 이러한 분단체제의 가치관과 경제주의적 가치관의 결합에 따라 코리안 디아스포라를 '위계화(Hierarchy)' 하는 것이 일종의 '그들에 대한 당연한 표상'으로 인식되고 있는 실정이다.

따라서 한국인의 해외 동포들에 대한 시각은 이중적이다. 한편으로는 외국인 노동자와 같은 비 동포 이주자에 비해 자신과 매우 닮아 있다는 민족적 동질감 내지 친숙함이 존재하지만, 다른 한편으로는 그럼에도 불구하고 문화적·언어적·정치적인 이질성과 함께 이를 넘어서 어떤 심리적 불편함을 느낀다는 부정적인 감정이 공존하고 있다. 특히 2004년까지의 '재외동포법'이 그러했던 것처럼, 한국사회는 코리안 디아스포라를 위계화 해왔다. 한국사회에서는 같은 민족을 차별해서는 안 된다는 당위적 지향과 함께, 재미동포부터 가장 아래의 탈북자를 위치시키는 위계화 지향이 모순적으로 공존했다. 분단체제의 영향으로 고착화된 적대적인 이미지는 공산주의체제에서 온 조선족에게 고스란히 적용될뿐더러 경제주의적인 면에서 조선족은 가장 못사는 집단이자 우리들에게 피해를 주는 사람들로 인식하게 되었다.

우리 안의 '오리엔탈리즘' 극복을 위하여

세계사적으로 볼 때 서구의 제국주의는 식민지의 팽창과 함께 축적한 여러 분야의 지식과 정보를 바탕으로 특정한 담론을 만들어 보급했다. 이러한 담론은 특히 제국주의 국가들의 식민통치에 유리한 내용을 의도적으로 담고 있었다. 궁극적인 목적이 피지배자들의 자발적 복종을 위한 것이었음은 물론이다. 팔레스타인 출신의 미국인인 에드워드 사이드가 성찰적으로 지적한 '오리엔탈리즘(orientalism)'이 바로 이것이었다. 제국주의적 지배와 침략을 정당화하는 서양의 동양에 대한 왜곡된 인식과 태도를 의미하는 오리엔탈리즘은 정형화된 동양 인식을 의도적으로 구축하고자 했다. 이를테면 서구 '문명'에 대비되는 동양의 '야만'이 대표적이었다. 이 야만성 안에 낯설고 괴상함, 게으르고 음험함, 수동적이고 복종적인 속성, 도덕적인 타락과 퇴폐 등의 표상들이 추가되었다.

일제강점기 동안 이러한 서구 제국주의의 오리엔탈리즘은 일본을 통해 조선에 적용되었다. 일본이

조선에 비해 문명이 앞서 있으며, 조선은 일본에 비해 야만이라는 논리는 당연한 것으로 받아들여졌다. 제국 일본은 '문명 vs 야만'이라는 이항 대립적 논리를 식민지 조선에 배포함으로써 조선을 야만으로 고착화시키고, 문명의 미달형인 조선의 식민지로의 진입을 필연적인 것으로 체념하게 만들었다. 하지만 더 큰 문제는 하지만 식민지배의 핵심 이데올로기였던 오리엔탈리즘이 해방 이후 한반도에서 결코 사라지지 않았으며, 오늘날에도 새롭게 그 모습을 드러내고 있다는 사실이다. 이미 오리엔탈리즘은 동양에 대한 서양의 그것으로만 한정할 수 없다는 것처럼 보인다.

중국 동포에 대한 우리들의 인식도 그리 멀리 있지 않다. 즉 동양의 위치에 중국 동포가 위치하고 서양의 위치에 한국인이 위치하는 방식으로 우리 안의 오리엔탈리즘은 현재 진행형이다. 실제로 중국 동포에 대한 지배와 상대적 우월감을 가지기 위해 위계화된 질서와 공간 속에서 그들을 배열하려는 오리엔탈리즘적 논리는 현재 한국사회에서 익숙하게 확인하고 있는 모습이다. 그리하여 결과적으로 특정 상황과 논리 아래 오리엔탈리즘의 극단인 집단에 대한 강렬한 혐오가 한국사회에 만연하고 있음을 우리는 분명하게 목격하고 있다. 2021년 대림동에서 발생한 강력 범죄사건이 '대림동'이라는 '공간'과 '조선족'이라는 '집단'에 대한 혐오로 확대되고 있는 것이 바로 대표적인 사례이다.

사실상 엄밀하게 말해 이러한 혐오는 중국 동포에 대한 다중적 폭력이다. 그들은 단순한 해외 이주민이 아니라 일제 식민지와 분단체제라는 역사적 경험을 남북 주민과 더불어 공유하고 있는 존재이기 때문이다. 요컨대, 코리안 디아스포라는 일제 식민지로부터 분단이라는 코리안의 역사적 비극 속에서 국가를 잃은 민족적 트라우마를 가지고 있으며, 나아가 일제 식민지 지배 이후 '민족≠국가'의 단절이라는 민족적 아픔과 고통을 낳은 일종의 역사적 경험을 한반도 사는 사람들과 마찬가지로 축적해왔기 때문이다. 즉 그들 역시 식민지배와 분단체제의 희생자들인 셈이다. 그런데 그러한 식민지배의 피해자들에게 다시금 식민지배의 이데올로기였던 오리엔탈리즘을 적용하는 것은 또 다른 역사적 가해가 된다.

"조선족"이라는 용어는 중국 동포들이 가장 일상적으로 스스로에게 붙인 집단정체성이자 가장 친근한 자신들의 집단명이다. 여기에는 중국 현대사에서 나름 성공적인 소수민족으로서의 삶을 살았던 자신들의 자부심이 담겨 있다. 또한 전적으로 중국으로 동화되지 않고 한반도와 중국 사이에서 변용된 문화를 생산하고 축적한 긍지 역시 전제되어 있다. 하지만 우리들에게는 조선족은 대한제국 시기 이전의 '조선'이 아닌 현재 '조선민주주의인민공화국'의 '조선'과 연결되면서 비하와 혐오의 의미가 개입하고 있는 것처럼 보인다. 이러한 개입이 결코 그들의 실제와는 상관없는 우리의 일방적인 편견임은 물론 사실이다. 대림동 차이나타운 역시 마찬가지이다. 그곳이 결코 강력범죄의 온상일 수는 없다. 오히려 대림동은 소수자 집단이 주류 집단과 마찰 없이 어울리고 공존하면서 자기 지배를 수행하는 공간인 셈이다. 대림동 차이나타운의 의의가 바로 여기에 있다고 할 수 있다.

역사적으로 박해를 받은 특정 집단들은 이른바 역사적 트라우마라는 정신적 외상을 가지게 된다. 물에 빠져 죽을 고비를 넘긴 사람이 강가에서 불안감을 느끼듯이 트라우마의 특성은 비슷한 사건을 또 다시 경험할 때 다시금 그 고통이 반복된다. 조선족 역시 마찬가지이다. 재중조선족이 처했던 역사적 극한 상황과 과거의 경험들 모두는 그들에게 역사적 트라우마를 남겼을 것이다. 그런데 한국사회가 전하는 배제와 차별, 나아가 극단적 혐오는 식민지배의 논리와 동일하다는 점에서 또 다시 조선족에게 역사적 트라우마를 환기시켜 커다란 집단적 불안감을 전해줄 것이다. 우리와 같은 동포이자 민족, 더군다나 한반도의 역사적 아픔을 모두 공유하고 있는 조선족에게 말이다. 결국 그들은 자기혐오, 자기부정과 같은 트라우마적 증세를 보일지도 모른다. 20세기의 코리안의 역사적 비극이 21세기의 조선족을 통해 반복되는 것은 분명한 역사적 퇴보이다. 특히 그 가해의 책임이 일정 부분 우리들에게 있다면 말이다.

따라서 중요한 것은 한국사회의 진지한 성찰이다. 이때 그러한 성찰이 목적해야만 하는 것은 한반도와 코리안 디아스포라 전체가 공존할 수 있는 삶의 토대를 새롭게 구성하는 것이어야만 할 것이다. 코리안 전체가 공존하는 영역의 형성은 코리안들이 정착한 지역의 가치관에 대한 상호인정과, 동시에 이를 통해 우리들의 기존 가치체계에 대한 반성적 성찰을 할 수 있다는 실천적 의지가 결합될 때에야 비로소 가능하다. 그리고 그것은 그 자체로 20세기 한반도의 역사적 비극을 스스로 치유하는 과정이라는 점에서도 중요하다. 우리 안의 오리엔탈리즘에 대한 성찰, 또한 대림동과 중국 동포들에 대한 반성적 성찰이 중요한 이유도 바로 여기에 있다.

3

강원도 고성 화진포

분단과 전쟁,

극한의 폭력과 억압된 기억들

강원도 고지전(DMZ)

거제도 포로수용소 유적공원

화순 도암면

부산-파주 유엔기념공원-적군묘

강화 교동도

〈고지전〉의 기억과 눈물의 피에타,

“우리는 빨갱이랑 싸우는 게 아니고 전쟁이랑 싸우는 거야.”

박영균
건국대학교 통일인문학연구단 및 대학원 통일인문학과 교수

“우리는 빨갱이랑 싸우는 게 아니고 전쟁이랑 싸우는 거야.” 이 말은 2011년 개봉된 〈고지전〉(The Front Line, 高地戰, 2011, 장훈 감독)이라는 영화에서 김수혁 중위가 한 말이다. 그는 휴전협정이 발효되는 시간까지 고지를 차지하기 위해 치열하게 진행된 전투가 끝나고 폭격으로 모든 날것의 살갗이 드러난 산등성이를, ‘피아(彼我) 없이’ 뒤섞인 시체가 너부러진 고지를 힘겹게 내려오면서 이 말을 읊조린다. 정전협정의 조인과 발효 사이에는 12시간이 있었다. 그동안 양쪽은 ‘한 치의 땅이라도 더 차지하기 위해’ 고지 탈환전에 군인들을 내몰았다. 사람들은 자신의 의지와 무관하게 전쟁의 한가운데로 내몰렸고, 살아남기 위해 싸워야 했다. 아비규환의 전투가 계속되

영화 〈고지전〉의 한 장면을 캡쳐했다

었고, 병사들은 그야말로 살아남기 위한 전쟁을 수행했다. 그렇기에 〈고지전〉은 총을 쏘고 상대를 공격하는 것은 군인들이지만 실질적인 전쟁의 주체는 국가이며 그 국가가 바로 '폭력 그 자체를 즐기는 잔혹한' 존재라는 것을 보여주고 있다.

고지를 내려오는 김수혁 중위의 비틀거리는 발걸음에서는 살아남은 자의 안도감과 죽어간 자들에 대한 죄책감이 교차하고, 그의 얼굴과 몸짓에서는 허탈함과 분노가 가로질러 뒤섞이며 아노미적 소용돌이가 일어나고 있다. 항상 죽음의 위험 속에서 살아야 했던 전쟁이 무슨 의미가 있었는지, 왜 그렇게 죽어라 싸워야 했는지 질문이 꼬리를 문다. 만감이 교차하는 그 순간, 그는 병사들의 목숨은 아랑곳하지 않고 전투로 내몰았던 국가의 비정함에 몸서리치면서도 몰려오는 극단의 공허와 무의미 속에서 빠져드는 실존을 어찌하지 못했을 것이다. 그래서 이 순간은 국가가 전쟁의 참화 속으로 사람들을 몰아넣고 그들의 눈을 멀게 한 각종 신성한 가치들이 허울을 벗고 진리를 드러내는 순간인지도 모른다.

고지전의 기억들,
양구의 9대 고지전

실제로 한국전쟁은 1950년 6월 25일 시작되어 1953년 7월 27일 정전협정을 체결하기까지 3년 1개월하고도 3일 동안 진행되었다. 하지만 한국전쟁은 전쟁 기간의 약 70%인 2년 17일 동안을 현재의 군사분계선 일대에서 치열하게 공방을 벌였던, 매우 소모적인 전투로 채워진 특이한 전쟁이었다. 한국전쟁은 1953년 7월 27일 종료되었지만 사실상 전쟁의 향방이 결정된 것은 1951년 7월 10일이었다. 즉, 전쟁의 향방은 이미 1951년 7월에 결정되었으나 그 후 2년 동안 병사들은 전쟁의 향방이나 승패와 무관한 싸움을 지속해야 했고 그 사이에 계속 죽어가야 했던 것이다.

1951년 7월 10일 정전회담이 시작되면서 전쟁은 삼팔선 부근의 고지를 하나라도 더 차지하기 위한 전투로 전환되었다. 정전협정이 발효되는 순간 양측이 점령하고 있는 지역이 곧 국경선이 되기 때문이다. '한 치의 땅이라도 더 차지

양구 9대 고지전 기념, 양구전쟁기념관의 철제 병사 조형물 ©통일인문학연구단

하기 위해' 국가는 병사들을 고지로 내몰았고 고지의 주인은 날마다 바뀌었다. 매일 산꼭대기에서 굴러떨어지는 바위를 끌어 올리는 시시포스(Sisyphos)처럼, 고지를 두고 병사들은 목숨을 건 전투를 반복했고 오늘과 내일의 주인이 바뀐 고지에서 유일하게 남은 것이라곤 병사들의 시체뿐이었다. '고지전'으로 인해 한국전쟁은 양측에서 승패를 놓고 다툰 전쟁이 아니라 '살아남기 위한' 전쟁이 된 것이다.

오늘날 남북의 화기들이 밀집되어 있는 중무장의 DMZ에는 이 독특한 고지전의 장소들이 남아 있다. 특히, 양구의 주요 능선과 골짜기들은 한국전쟁 중 가장 처참하고 치열했던 고지전이 벌어졌던 장소들이기도 하다. 1951년 6월에 발발한 도솔산 전투를 시작으로 하여 대우산 전투, 피의 능선 전투, 백석산 전투, 펀치볼 전투, 가칠봉 전투, 단장의 능선 전투, 949고지 전투, 크리스마스고지 전투가 이어졌다. 이들 각각의 전투 시기와 기간에 대해서는 아직 정확하게 정리되어 있지 않다. 그런데 이들 전투를 통칭해 '양구 9대 고지전'이라고 한다. 현재 백석산, 펀치볼, 도솔산, 피의 능선 등 핵심 전투들이 벌어진 고지들에는 '전적비'가 세워져 있다. 그냥 상투적이고 볼품없는 비석들이지만 거기에는 전쟁 국가의 잔혹성을 감춘, 야누스적인 얼굴의 민낯이 그대로 남아 있다.

고지전의 시작,
도솔산지구 전투위령비

높이 3.5m, 둘레 4m의 '도솔산지구 전투위령비'는 양구 돌산령터널 옆에 있는 고갯길을 오르다 보면 나온다. 원래 이 위령비는 도솔산 정상에 있었다. 그러나 도솔산은 민간인통제구역으로 비석을 찾기가 어려웠기에 현 위치로 옮겨 놓았다. 도솔산은 양구군 동면 팔랑리와 해안면 만대리의 경계에 있는 1,148m의 산으로, '펀치볼'로 알려진 해안분지를 둘러싸고 있는 대표적인 봉우리이다. 양구의 해안분지는 한국전쟁 중 중동부 지역의 전략적 요충지로, 양구를 거쳐 인제나 북으로 가는 도로를 끼고 있었다. 따라서 도솔산 전투는 양구의 해안분지를 놓고 2년간 이어진 고지전의 서막을 알린 전투가 되었다.

도솔산지구 전투위령비 ⓒ국가보훈처

1951년 6월 4일, 북이 차지하고 있던 도솔산에 대한 공격 명령이 해병대 제1연대에 하달되었다. 6월 19일까지 치열한 전투가 벌어졌고 해병대는 도솔산의 24개 고지를 하나씩 점령해갔다. 위령비는 도솔산 전투를 "해병대 전통의 금자탑을 이루는 5대작전", "이승만 대통령으로부터 '무적해병'이라는 휘호를 하사받은 전투"라고 기록하고 있다. 하지만 17일간 4,000여 명이 넘는 사람들이 죽어간 전투에서 정작 그들의 넋을 위로하는 제스처는 없다. '위령(慰靈)이 없는' 위령비인 셈이다. 그들을 신성화하고 영웅화하지만 우리는 정작 그들의 원혼을 달래지 못하고 있다.

잃어버린 이름,
펀치볼지구 전투전적비

양구 월운저수지를 지나 31번 국도에서 453번 지방도로로 접어들면 산을 오르는 계단이 나타난다. 바로 '펀치볼지구 전투전적비'로 가는 길이다. 펀치볼지구 전투는 1951년 6월 4일부터 6월 19일까지의 도솔산 전투, 1951년 8월 18일부터 9월 7일까지의 피의 능선 전투 이후 벌어진 고지전으로, 1951년 8월 29일부터 9월 30일까지 진행되었다. 미군 해병 1사단과 한국군 해병 1연대는 해안분지 북쪽의 1026고지, 924고지와 북동쪽의 702고지, 660고지를 점령하라는 명령을 받았다.

당시 북쪽의 1026고지는 '모택동 고지', 924고지는 '김일성 고지'라고 불렸다. 이처럼 많은 것들이 전쟁과 함께 본래의 이름을 잃어버렸다. 펀치볼이라는 명칭도

편치볼 전경 ©양구군청

마찬가지이다. 한국전쟁 당시 주변 능선에서 일어난 치열한 전투들을 보도하던 어느 미국 종군기자는 넓고 움푹한 이 특별한 지형에 '펀치볼(Punch Bowl)'이라는 이름을 붙여주었다. 가칠봉, 대우산, 도솔산, 대암산 등 해발 1,000m가 넘는 봉우리로 둘러싸인 타원형의 분지가 외국 종군기자의 눈에는 '화채 그릇(Punch Bowl)'처럼 보였던 것이다. 하지만 잃어버린 것은 단지 이름만이 아니다. 이름이 바뀌면 의미도, 그것이 담고 있는 기억도 바뀐다.

이곳의 본래 명칭은 해안면(亥安面)이었다. 그런데 해안은 우리가 쉽게 떠올리는 바닷가 기슭을 의미하는 '해안(海岸)'이 아니다. 특이하게도 여기서의 해안은 '돼지 해(亥)'와 '편안할 안(安)' 자를 쓰는 '해안(亥安)'이다. 이 이름의 의미는 한자 뜻을 안다고 해서 알 수 있는 것이 아니다. 과거로부터 전승되는 설화에서 유래한 것이기 때문이다. 그 설화에 따르면 이곳은 분지로, 안쪽이 습해 뱀이 많았고 이로 인해 사람들이 갖은 고초를 겪었다고 한다. 그런데 어느 날 이곳을 방문한 스님이 이를 불쌍히 여겨 마을 사람들에게 돼지를 키우라고 했다. 사람들이 돼지를 키우자 돼지가 뱀을 잡아먹었고, 뱀이 사라진 마을은 다시 평안을 되찾았다고 한다. 그러니 해안이라는 이름에는 재미난 선인들이 이야기가 숨어 있는 것이다. 하지만 해안 대신에 '펀치볼'이라는 이름을 쓰면서 우리는 그에 얽힌 이야기와 함께 선인들의 삶이 가진 해학을 잃어버린 것이다.

양구의 마지막 고지전, 백석산지구 전투전적비

양구의 명소, 두타연 입구의 고방산 교차로 오른편에 '백석산지구 전투전적비'가 있다. 입구에 방벽과 같은 느낌이 나는 검붉은 빛의 철제 구조물이 있어 찾기 쉽다. 1951년 8월 하순부터 10월 하순까지 한국군 제7사단과 제8사단이 북측의 제12사단과 제32사단을 상대로 백석산 정상을 탈환하기 위해 전투를 치렀고, 여섯 차례에 걸쳐 고지의 주인이 바뀌면서 총 3,000여 명의 사상자가 발생했다. 한국과 유엔군 측은 많은 사상자를 내면서도 이 전투에서 승리했고 중동부 전선은 4km 이상이나 북상했다. 따라서 백석산지구

백석산지구 전투 전적비 건립문
ⓒ통일인문학연구단

전투는 양구에서 벌어진 마지막 고지전이라고 한다.

그러나 이것으로 끝이 아니었다. 양구 전쟁박물관에서 볼 수 있듯이 양구 지역에서 벌어졌던 9개의 고지전은 이후로도 이어졌다. 백석산 전투 이후로도 양구의 고지전은 가칠봉 전투, 단장의 능선 전투, 949고지 전투, 크리스마스고지 전투로 이어졌다. 모두가 고지를 차지하기 위해 피를 흘린 참혹한 전투였다. 양구의 고지전은 1952년 2월까지 이어졌다. 양쪽의 국가는 한편으로는 정전회담을 하면서 다른 한편으로는 병사들을 전쟁터로 몰아넣었다. 자고 나면 고지의 주인이 바뀌어 있었다. 이제 그들은 죽음을 대가로 각종의 기념비에서 '영웅'이 되었다. 그러나 국가가 만든 '영웅'은 정말 영웅일까?

현리전투위령비,
유재흥 장군과 전작권

한국전쟁 이후, 분단국가가 만든 '영웅화'의 진정한 모습을 보기 위해서는 유재흥(劉載興, 1921~2011)의 삶을 볼 필요가 있다. 상남면 하남리로 들어가면 마을 뒤 언덕 위에 '현리전투위령비'가 있다. '오마치의 한(恨)'이라고 불리는 패전의 희생자들을 위로하는 비다. 여기에는 다음과 같은 글귀가 쓰여 있다.

"우리는 고통과 시련의 역사가 부끄럽고 수치스럽다 하여 숨기려 하기보다는 이를 와신상담의 계기로 삼아 우리 조국 대한민국을 위협하는 어떤 적의 도발도 반드시 격퇴할 수 있는 군으로 거듭날 것을 다짐합니다."

그러나 현리전투가 오늘날 이야기되고 있는 전시작전통제권이 유엔군 측에 넘어간 계기가 된 전투였다는 것을 안다면, 이런 '와신상담'과 '다짐'은 공허해질 수밖에 없다. 당시 현리전투의 패전에 가장 큰 책임이 있었던 것은 한국군 3군단의 군단장 유재흥이었다. 물론 그 패배는 지휘부의 무능과 무책임뿐만 아니라 한국군의 허점을 파고든 중국군의 과감한 전술과 한국군-미군의 일원화되지 않은 통제체계의 한계 때문이기도 했다. 하지만 전사·실종·포로가 된 장병만 1만 9,000여 명에 이르는 패배로 3군단은 해체되었고, 한국군이 UN군 산하에 편제되었으며 실질적이면서 완전한 지휘권의 박탈이라는 결과를 낳았을 정도의 패전에 수장의 책임이 없을 수 없다.

현리전투위령비 뒷면
ⓒ통일인문학연구단

그런데도 정작 패전에 가장 큰 책임이 있는 유재흥은 살아남았을 뿐만 아니라 심지어 출세의 가도를 달렸다. 일제강점기에 일본 육군사관학교를 55기로 졸업한 유재흥은 8·15 해방 이후 한국의 장성이 되었고, 현리전투 이후에도 살아남아 고위 공직자가 되었다. 그는 1952년 다시 3군단장에 올랐고, 1960년 육군 제1군사령관 및 연합참모총장 직무대리를 겸하다가 4·19 혁명으로 정군 대상으로 지목되어 육군 중장으로 예편했다. 하지만 1961년 5·16 쿠데타로 부활해 박정희 정권하에서 태국을 시작으로 스웨덴, 이탈리아 대사를 거쳐 1970년 대통령 안보담당·국방담당 특별보좌관, 1971년 국방부 장관에 오르는 출세 가도를 달렸다.

게다가 그는 권력만 누린 것이 아니다. 1974년부터 6년간 대한석유공사 사장을 역임하는 등 부도 축적했다. 그렇게 그는 부귀와 영화를 누렸고 2011년 국립대전현충원 장군묘역에 안장됐다. 한국 역사 3대 패전 중에 하나로 꼽히는 현리전투의 패전에 대해 아무도 책임지지 않고 망각 속에 묻어두는 동안 그는 일본군 장교, '다카키 마사오(박정희)'와 함께 한국군의 영웅으로 부활했다. 그는 2004년 노무현 전(前) 대통령이 미군으로부터 전시작전권을 회수하겠다고 발표하자 이를 반대하는 성명을 발표했다. 마치 전작권 역사의 한 단면을 보여준 현리전투의 치부가 드러나지 못하게 영원히 지우기라도 하려는 듯이 말이다.

진지전의 장소들,
눈물의 피에타

위령비 뒷면엔 '적군섬멸'을 다짐하는 '통한의 결의'가 조악한 문장과 글씨로 새겨져 있다. 하지만 현재 북보다 40배나 많은 국방비를 쓰고, 세계 국방전력 6위에 있는 우리 군의 장성들은 아직도 미군이 없으면 대한민국을 지킬 수 없다고 말한다. 참으로 기이하다. 한 나라의 장수이면서도 나라를 지킬 수 없다고 말하는 장군들. 그들이 과연 국장을 책임지고 군을 지휘하는 장군이라고 말할 수 있을까? 자기 스스로 나라를 지킬 수 없다고, 자신들의 능력은 그것밖에 안 된다고 고백하고 있는 셈이다. 그렇다면 대한민국의 시민들은 무엇을 위해 그들에게 월급과 권력을 주어야 하는가? 바로 여기에 한국전쟁에 스러져 간 영령들을 영웅화하는 행위가 감추고 있는 대한민국의 민낯이 있다.

혹시 '영웅화'는 분단국가에서 지배자들의 권력을 강화하기 위한 수단은 아닐까? 실제로 그들은 한국전쟁의 기억을 끊임없이 되새기고, 전쟁의 희생자들을 영웅화함으로써 북에 대한 공포를 유발한다. 그리고 그것을 통해서 국방비를 늘리고, 국가에 대한 충성을 강요하고, 유재흥처럼 살아남아 부와 권력을 누린다. 그렇다면 죽고 난 다음 전쟁에 스러져간 넋을 위로하지 않는 위령비,

산화한 전사들의 극락왕생을 위무하는 대신에 복수를 다짐하는 위령비는 죽은 자들과 그 죽음으로 평생을 고통스럽게 살아가는 사람들의 고통을 이용해 적에 대한 적개심을 키우고, 또다시 그것을 통해 군대를 키움으로써 자신들의 권력과 부를 강화하는 행위일 뿐이다.

그렇다면 우리는 그들을 어떻게 기억해야 하는가? 승전의 영웅으로? 패전의 아픔으로? 아니면 무수한 청춘들을 죽음으로 몰아넣은 전쟁으로? 전쟁은 죽음의 굿판이다. 죽음에 피(彼)와 아(我)가 있는 것이 아니다. 그들은 생명의 꽃을 피우기도 전에 청춘을 땅에 묻었다. 하지만 그들이 서로에게 무슨 원한이 있어서 총부리를 마주한 것은 아니다. 지금 우리의 평화로운 삶은 수많은 이들의 희생 위에서 만들어졌다. 그들이 희생한 것은 보다 군사적으로 강력한 국가를 건설하기 위한 것도, 다른 전쟁을 준비하기 위한 것도 아니었다. 그들이 원하는 것은 평화였다. 설혹 그것이 정의를 세우거나 지키기 위한 전쟁일지라도 말이다.

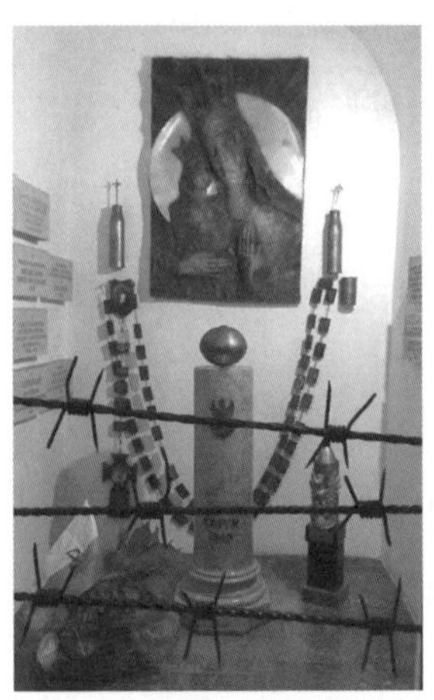

폴란드 바르샤바 성 십자가 성당 실내에 있는 피에타 조각상

폴란드의 바르샤바에는 체코의 프라하처럼 돌로 된 거리와 높은 철탑, 성당 등

이 없다. 제2차 세계대전 당시 나치의 폭격으로 초토화가 되었기 때문이다. 나치에 항복한 체코와 달리 폴란드는 정의를 위해 싸웠고, 나치는 이곳에 그 유명한 아우슈비츠 강제수용소를 세워 보복했다. 그러나 그런 전쟁에서조차 살아남은 폴란드 사람들은 다른 유럽의 사람들처럼, 그리고 미국의 베트남참전군인회처럼 그 스스로를 영웅화하면서 나치에 대한 복수를 다짐하거나 제2차 세계대전에서의 승전을 찬양하지도 않는다. 폴란드의 바르샤바 성 십자가 성당 실내에 있는 매우 독특한 피에타 조각상처럼 말이다.

잔뜩 일그러지고 뭉개진 얼굴을 가진 성모 마리아는 아이를 안고 하염없이 눈물을 흘리면서 슬퍼한다. 어머니의 '비통'은 '선 또는 악', '정의 또는 불의'에 있지 않다. 죽은 예수를 안고 비통함에 젖은 마리아가 눈물을 흘리는 것은 총탄과 폭탄, 철조망으로 형상화된 전쟁 때문이다. 전쟁은 선한 의도에 의한 것이든 아니든, 정의로운 것이든 아니든 간에 서로를 죽이고 도시와 삶의 터전 및 생명 그 자체를 파괴하는 폭력이다. 따라서 마리아의 피에타가 더 이상 눈물을 흘리지 않는 사회는 전쟁이 없는 사회, 국가가 사람들을 전쟁터로 몰아넣지 않는 사회이다. 그러기에 그들의 죽음은 국가폭력의 죄악을 보여주는 평화의 빛이 되어야 하고 그들을 '기억하기'는 그들의 참혹한 죽음을 애도하는 행위가 되어야 한다.

포로의 이데올로기, 이데올로기의 포로, 〈거제도 포로수용소 유적공원〉

김종곤
건국대학교 통일인문학연구단 HK연구교수

포로의 섬, 거제도

1950년 미소를 중심으로 한 이데올로기적 냉전체제 아래에서 남과 북은 결국 서로에게 총부리를 겨누는 전쟁을 시작하였다. 6월 25일을 기점으로 전면전이 발생하였고, 서울은 전쟁이 발발한 지 3일 만에 북의 손에 들어갔다. 파죽지세로 몰린 한국군은 1달여 만에 낙동강 이남까지 철수하게 된다. 하지만 9월 15일 인천상륙작전이 감행되면서 전세는 완전히 뒤바뀐다. 낙동강에 최후 방어선을 구축하고 수세에 몰려 있던 한국군과 유엔군은 인천상륙작전을 계기로 북진하기 시작하였고 9월 28일 서울을 되찾는다. 그리고 10월 1일에는 38도선을 넘게 된다. 10월 19일 평양을 점령한 한국군과 유엔군은 같은 해 10월 말 압록강에 이른다. 전쟁은 곧 끝날 것처럼 보였다.

거제도 포로수용소 경비초소. 출처: 국가기록원

그러나 그러한 예상은 곧 빗나가게 된다. 국경 너머에서 숨을 고르고 있던 30만 명의 중국군이 압록강과 두만강을 넘어 전쟁에 참여한 것이다. 한국군과 유엔군은 엄청난 수의 중국군에 밀려 남쪽으로 후퇴할 수밖에 없는 상황에 이른다. 이 과정에서 고향에 남아 있을 수 없었던 수십만의 북쪽 주민들 또한 군의 후퇴와 함께 남쪽으로 향하게 된다. 문제는 동부전선에 있었다. 서부전선은 상대적으로 육지를 통해 후퇴하는 것이 용이하였으나 동부전선은 이미 중국군이 원산을 점령하고 있는 바람에 육상 퇴로가 가로막혀 버린 것이다. 장진호 일대에서 포위되어 상당한 피해를 입은 한국군과 유엔군에게 남은 선택지는 해상철수밖에 없었다.

12월 19일 흥남에 집결한 군은 상선과 LST를 타고 철수하기 시작한다. 그리고 12월 24일 군수물자를 버리고 피난민들을 태운 것으로 유명한 메러디스 빅토리호를 마지막으로 해상철수 작전은 마무리가 된다. 이때 해상을 통해 부산 앞바다에 도착한 피난민의 수는 자그마치 10만여 명이었다. 하지만 이미 부산은 피난민으로 포화 상태였다. 배를 타고 온 피난민들의 입항은 거부되었다. 결국 피난민들이 땅을 밟은 곳은 부산의 남쪽에 위치한 거제도 장승포항이었다.

이때까지만 하더라도 거제도는 전장의 포성으로부터 거리를 두고 있던 한가로운 농어촌이었다. 당시 거제도의 주민 수가 대략 5만여 명 정도였다고 하니, 두 배에 해당하는 피난민들이 쏟아져 들어온 것이다. 한순간에 거제도는 인구 구성이 뒤바뀌면서 '난민의 섬'이 되었다.

그러나 이때 거제도가 난민의 섬이 되었다는 것은 정확하지 않은 말일 수 있다. 흥남 철수가 있기 1달 전 유엔사령부는 '알바니'라는 이름으로 서울, 인천, 대전, 대구, 부산 등에 수용되어 있던 포로들을 거제도로 이송하기 위한 작전을 실행하고 있었다. 인천상륙작전이 성공하고 낙동강 전선이 변화하면서 1950년 9월 1만 1,000명이었던 포로는 12월 말 한국군과 유엔군이 북진하면서 13만 5,000여 명까지 증가한 탓에 기존의 수용소로는 그 수를 감당할 수 없었기 때문이다. 더구나 중국군이 참전하고, 한국군과 유엔군이 북쪽 지역에서 철수하면서 남쪽으로 이송시킨 포로까지 합쳐지며 그 수가 더 늘어 대규모의 포로들을 안정적으로 수용할 공간이 필요했다. 그런 이유에서 유엔군은 당시 거제도 고현리, 수월리 일대 360만 평(여의도 4배 면적)의 농토와 임야를 징발하고 그곳에 대단위의 수용소를 구축하기에 이른다.

수용소는 포로들을 출신 지역별로 분산하기 위해 크게 4개의 구역(6, 7, 8, 9구역)으로 나뉘어진 총 28개의 수용동으로 구성되었다. 그리고 이중의 철조망으로 둘러싸인 각 수용동에는 50~60명씩 생활하는 30여 개의 천막 막사가 세워졌다. 한 개의 수용동에는 적게는 1,500명에서 많으면 2,000명까지 수용되었다. 본격적으로 포로들이 이송되어 들어오기 시작한 것은 1951년 1월 중순부터였으며 같은 해 6월에 이르게 되면 약 17만 6,000여 명의 포로가 이곳에 수용되었다. 수용소의 규모와 거제도로 이송된 포로의 수를 보면 거제도는 그야말로 거대한 '포로의 섬'이 된 것이다.

역사의 진실과 재현의 (불)가능성

휴전협정이 맺어진 지 70년, 포로수용소의 흔적은 거의 사라지고 없다. 대신 2002년 거제시 고현동에 '거제 포로수용소 유적공원'(이하 유적공원)이 6만 4,224m^2(약 2만 평) 대지 위에 조성되어 거제도가 한때 포로의 섬이었다는 기억을 이어가고 있다. 유적공원은 총 24개의 전시관과 재현물 그리고 잔존유적지 등으로 구성되어 있다. 성인 걸음으로 2만여 평의 유적공원을 관람하는 데에 걸리는 시간이 대략 2시간 정도라고 하니 이보다 130배나 넓었던 과거 포로수용소의 규모를 짐작하기란 쉽지 않은 일이다.

유적공원 입구에서 가장 먼저 만나는 곳은 UN분수광장이다. 그리고 이곳을 지나 관람이 시작되는 곳은 탱크전시관이다. 전시관에 들어가려면 가파른 계단을 올라야 하는데, 고개를 들어 보면 거대한 탱크가 45도로 급격하게 기울어져 있어 방문객을 집어삼키듯 돌진해오는 듯한 형상을 하고 있다. 처음에는 한국전쟁 때 사용된 양측의 탱크의 정보를 제공하는 곳이라 짐작하였다. 하지만 탱크 아래의 문을 통해 전시관에 들어서면 탱크는 찾아볼 수 없고 좌측에는 김일성, 스탈린, 마오쩌둥 그리고 우측에는 이승만, 맥아더, 트루먼의 등신대가 세워져 있다. 이게 뭔가 싶을 때, 탱크전시관은 그 외형에서

거제도 포로수용소 유적공원 탱크전시관

거제도 포로수용소 유적공원 포로폭동관

제 역할을 다하였다는 점을 깨닫게 된다. 방문객을 압도했던 전시관의 외형은 1950년 6월 25일 북한군이 탱크를 앞세워 38선을 넘을 당시 사람들이 느꼈을 법한 공포와 불안을 방문객들이 경험토록 하려는 의도를 지닌 것으로 읽힌다. 그리고 그곳으로 들어간다는 것은 곧 과거 한국전쟁 시기로 방문객을 이끌겠다는 의미로 해석된다.

1951년 6월 거제포로수용소 체육대회. 출처: 국제적십자위원회(ICRC)

이러한 해석은 크게 틀리지 않은 것처럼 보인다. 왜냐하면 곧이어 방문객의 발걸음을 유도하는 곳이 한국전쟁의 역사를 다루는 북한군 남침, 국군의 사수, 6·25 역사관이기 때문이다. 이 전시관들은 한국전쟁이 북한군의 기습적이고 불법적인 남침으로 시작되었음을 고발하고 있다. 그리고 그에 맞선 한국군은 열악한 무기를 들고 분리한 상황에서 목숨을 바쳐 북한군을 저지하였으며, 그 과정에서 숭고한 희생을 치러야 했다는 서사가 어김없이 등장한다. 그리고 자칫 북에 의해 무력통일이 될 위기에 우방국들이 참전하면서 전세를 역전시켰다는 극적인 전개와 안타깝게도 중국군의 개입으로 또다시 전선이 후퇴하고 38선 부근에서 교착상태에 머무르다 휴전이 되었다는, 원통함이 묻어나는 스토리를 전해주고 있다.

이러한 전시관들은 어떤 의미에서는 한국전쟁의 역

사를 단지 '증언'하고 있다고 볼 수 있다. 하지만 이때의 증언은 단순히 기억을 발화하는 데에 그치는 것이 아니다. 증언은 기억해야 할 것과 망각해야 할 것을 지시하는 발화자와 그것을 듣는 청자의 위치를 설정하는 기능을 아울러 가지고 있다. 증언으로서 전시관들의 스토리텔링은 마치 근엄한 선생이 되어 관람객 학생들에게 "보아라! 공산주의자들이란 이처럼 끔찍한 자들이다. 그러니 우리의 자유와 평화를 지키려면 정신을 똑바로 차리고 경계를 소홀히 해서는 안 된다!"는 주의와 함께 안보의식의 강화와 공산진영에 대한 적대성을 요구하고 있는 것처럼 보인다.

관람객들이 유적공원의 핵심주제인 '포로'를 처음 만나는 것은 이 과정을 거치고 나서이다. 당시 포로수용소의 배치와 포로들을 실감 나게 재현해 놓은 포로수용소 디오라마관에 들어선 관람객들은 불타고 있는 막사와 '미제 침략자를 타도하자'는 플랜카드, 그리고 손수 만든 무기를 들고 포효하는 포로들의 얼굴을 마주한다. 포로사상대립관과 포로폭동체험관에서는 소위 친공포로와 반공포로 간의 사상적 대립과 무력충돌 그리고 친공포로들의 폭동을 공포스러울 만큼 생생하게 재현하고 있다. 이미 청자의 위치에서 반공주의적 주의를 받은 관람객들이 마주하는 포로들은 원한과 증오의 감정이 투사된 공포스럽고 괴기한 타자일 수밖에 없다.

물론 포로생활관에서 자유롭게 스포츠경기와 취미생활을 즐기는 평화로운 포로들의 모습을 볼 수도 있다. 하지만 이것이 포로들도 우리가 똑같은 인간이었으며 전쟁의 희생양이었다는 등의 이해로 나아가게 하지는 않는다. 오히려 증언의 청자로서, 관람객은 한국과 미국은 적이었던 포로들에게 안전과 자유를 베풀었음에도 그들은 여전히 북의 사상과 체제를 옹호하면서 수용소 내에서 폭력을 일삼는 폭동 무리였다는 결론에 다다를 가능성이 더 크다. 결국 유적공원을 둘러보는 관람객들이 거제도의 '포로'는 잔혹성과 무자비함을 본성으로 하는 공산주의자였다는 점을 벗어난 역사적 상상을 하기에는 힘든 것이다.

유적공원 팸플릿에는 "아직도 끝나지 않은 조국분단의 역사… 우리는 알아야 합니다. 역사의 진실을!"이라는 문구가 써져 있다. 위와 같은 맥락이라면 유적공원은 그때 그곳의 포로들이 잔혹하고 무자비한 공산주의자였다는 점을 '역사적 진실'로 재현하는 공간일 것이다. 그러나 여기에서 한 가지 묻고 싶은 것은 유적공원의 재현이 역사의 진실이 될 수 있는가, 라는 점이다. 과거는 부재하는 시간이고, 그렇기에 과거의 재현은 부재 위에 세워진 재구성물일 수밖에 없다. 그리고 재현이 과거의 재구성물인 한 그것은 모든 것을 다 보여주지 못하며 공백을 (단지 결여가 아닌) 필수적인 구성요소로 가질 수밖에 없다. 그러면 유적공원이 역사의 진실을 알게 해준다는 것은 어불성설이 아닐까?

이데올로기의 종속 개념으로서 '포로'

다시 유적공원으로 돌아가 한 장면을 떠올린다. 포로 전시관에 설치되어 있는 모니터에서는 막 수용소에 입소한 듯 보이는 포로들을 비추는 영상이 재생되고 있다. 한 외국인 병사가 하얀색 물감으로 국방색 옷을 입은 사람의 등과 가슴, 양 허벅지에 'P.W(Prisoner of War의 약자)'라 쓰고 있다. 그 장면이 너무나도 낯설고 이질적으로 느껴진다. 이름표도 아니고 그렇다고 수번을 다는 것도 아닌 알파벳 두 글자로 그를 표시한다는 것이 그의 존재를 지워버린다는 느낌이 들어서 그렇다. 그래서 그는 어떤 사람이고 어떻게 그곳에 왔을까가 궁금해진다. 그는 유적공원의 스토리텔링이 말하듯 신념에 가득 찬 잔혹하고 무자비한 공산주의자였을까? 그런데 전시관에 걸려 있는 사진 곳곳에서는 너무나도 앳된 어린아이도 보인다. 그 아이도 한국군과 유엔군을 향해 총을 든 공산주의자였을까?

실제로 거제 포로수용소에는 북한 정규군 소속만이

있었던 것은 아니었다. 포로들 중에는 인민군 점령 지역에서 부역을 하였거나 좌익 이력이 있는 민간인 억류자 약 3만 7,000명을 포함한 비전투요원도 상당수 섞여 있었다. 이는 전체 포로 대비 약 40%에 달하는 숫자이다. 또 전투요원이라 하더라도 본인의 의사와 상관없이 인민군에 동원된 비공산주의자, 남한 출신 의용군으로 참전한 비공산주의자도 있었다. 심지어 부모가 포로가 되어 끌려올 때 따라온 어린 자식들도 있었다. 그렇기에 당시 수용소에 있었던 포로들은 하나의 사연만으로도 더구나 자유주의자 아니면 공산주의자로 확연히 구분지어 설명할 수 없다.

그럼에도 유적공원은 이데올로기의 종속 개념으로서 '포로'를 지나치게 강조하고 있다. 거기에는 회색지대도 없다. 마치 처음부터 자신의 과오를 반성하고 각성한 '반공포로' 아니면 여전히 폭도의 성격을 버리지 못한 '친북포로'만이 있었던 것처럼 말이다. 물론 뒤에서 다시 이야기하겠지만, 1951년 중반부터 반공포로와 친북포로로 나뉘어 상호간 갈등이 심해졌다는 점에서 이러한 포로의 성격 구분이 역사를 전적으로 왜곡하고 있다고도 할 수 없다. 하지만 반공포로/친북포로라는 구분이 처음부터 명확했던 것도 아니며 포로 송환 당시 북송을 희망한 모든 친북포로들이 북의 이데올로기와 체제를 지지하였던 것도 아니었다. 바로 여기에서도 증언과 재현의 공백이 놓여 있음을 우리는 확인할 수 있다.

또 하나의 전쟁터

포로들이 이송되어 온 1951년 초창기만 하더라도 포로들은 거의 예외 없이 협조적이었으며 수용소 내부는 대체적으로 평화로운 분위기였다고 한다. 그러다 분위기가 달라지기 시작한 것은 1951년 7월 10일 정전협상이 시작되면서부터이다. 이때 첨예한 쟁점이 되었던 것이 바로 포로 교환 문제였다. 앞서 1950년 7월, 남과 북 그리고 미국은 제네바 제3협약(1949년)을 조인하지는 않았지만 국제적십자사(ICRC)의 제안에 따라 제네바 협약을 준수할 것을 선언한 바 있다. 북은 "전쟁 포로들은 전쟁 후 지체 없이 석방되고 송환되어야 한다"는 제네바 협약 118조를 들어 포로의 '전원 송환'을 주장하고 나섰다.

하지만 양측이 억류하고 있는 포로 숫자가 유엔군 포획 포로 13만 2,474명, 북측 포획 포로 1만 1,559명으로 상당히 불균형을 이루고 있다는 점이 확인되면서 미국은 포로가 남 또는 북 혹은 제3국을 선택하도록 하는 '전원 자유 송환' 원칙을 주장했다. 전쟁에서 포로는 하나의 전리품이자 이념적 승리를 표지하기 위한 갱생이 요구되는 대상이라는 점에서 북이 주장한 전원 송환을 거부했던 것으로 추측된다. 공산 측의 입장에서도 훨씬 많은 포로를 돌려받는다는 것은 자신의 정치적 정당성을 입증하는 것이기에 전원 송환을 포기하지 않으려고 했던 것 같다. 그렇기에 두 진영은 포로 송환 문제를 둘러싸고 한 치의 양보도 없이 팽팽하게 대립한다. 정전협정이 2년여 동안 지속된 데에는 이러한 포로 송환 문제가 가장 중대한 부분을 차지하고 있었다. 그래서 혹자는 한국전쟁은 곧 포로 전쟁이었다고 말한다.

문제는 이러한 대립이 진행되는 가운데 수용소 내부에서의 갈등이 깊어지고 있었다는 것이다. 1951년 7월 이후 미국은 '민간정보교육 훈련계획'이라는 포로 재교육을 통해 전향 프로그램을 실시하는 한편 민간인 억류자(비전투요원) 5만여 명을 교환 포로 명부에서 제외시키고 강제 분류 심사를 하는 등 북쪽 송환자를 최소화하려는 작전을 펼친다. 애초 대규모의 수용소를 적은 병력으로 통제하기에는 역부족이었던 미군은 수용소별로 자치를 어느 정도 허락하고 있었던 터라 각 수용소는 나름의 조직체계를 구성하고 있었다. 그러다 보니 수용소마다 각기 다른 정치적 성격을 지닌 세력들이 헤게모니를 장악하고 있었던 상태였다. 특히 60번대 수용소는 모두가 그런 것은 아니지만(애초의 분류 자체가 엉성하였기에) 공산주의자들로 분류된 포로들이 많았던 탓에 강제 분류 심사에 크게 반발하고 나섰다. 포로들은 죽창과 곤봉을 들고 강제 분류 심사를 위해 수용소에 들어오려는 미군에 맞섰고, 미군은 총검으로 강제 진압을 하면서 양쪽 모두에서 많은 사상자가 발생하기도 했다.

이러한 유혈충돌은 휴전협정이 본격적으로 진행된 1952년에 들어서면서 더욱 격렬하게 이루어졌다. 같은 해 3월과 4월에는 대규모 유혈충돌이 발생하였으며, 5월 7일에는 소위 '4·10 학살사건'을 지휘한 도드 준장이 포로들에 의해 납치되는 초유의 사건이 발생하기도 한다. 그리고 6월 10일에는 포로들의 저항을 무력화하기 위해 공수여단과 탱크부대까지 수용소 내부에 배치되면서 전쟁터를 방불케 하는 무력 충돌이 발생하였다.

무력 충돌은 비단 포로와 수용소 관리군 사이에서만 있었던 것이 아니었다. 자유 송환의 심사가 이루어지면서 제3국을 선택하거나 남쪽을 선택한 포로들과 북쪽을 선택한 포로들 간에도 무자비한 살육이 벌어졌다. 반공포로와 친북포로가 장악한 수용소 내부에서는 자신들과 다른 선택을 한 동료 포로들을 밤새 살해하거나 암매장하는 일이 비일비재하게 발생하였다. 아침에 자고 일어나면 인원이 전날 밤과 맞지 않은 경우가 많았으며 심지어 살해한 시신을 철조망에 걸어 전시하기도 하였다. 전쟁터와 마찬가지로 누군가를 죽이고 죽임을 당하는 것이 예외상태가 아니라 일상상태가 되어 버린 것이다.

평화를 위한 '역사의 진실'

포로들 중 누군가는 고향에 두고 온 부모와 형제 곁으로 돌아가기 위해, 또 누군가는 전쟁이 끝난 후 생계를 유지할 기반이 그곳이 있기에 북쪽이나 남쪽을 선택하기도 했다. 또 누군가는 자신의 꿈을 펼치기 위해 혹은 바깥세상에 대한 호기심에, 그리고 누군가는 양쪽 모두에 염증을 느끼고 제3국을 선택하기도 했다. 이처럼 포로들 중에는 정치적 이데올로기만이 아니라 다양한 이유에서 송환지를 선택한 사람들이 상당수 있었다.

그런데도 이데올로기를 유일한 잣대로 놓고 보다 보니 북쪽을 선택한 사람은 친북포로이자 공산주의자가 되고, 남쪽을 선택한 사람은 반공포로서 북쪽에 신물을 느끼고 갱생한 전향자가 된다. 또 제3세계를 선택한 사람은 조국을 버린 배신자가 되어 버린다.

이것이 '그때 그곳'에서 비극이 시작된 이유라고 할 수 있다. 송환지를 선택할 자유가 주어졌지만, 이데올로기적 과잉이 만들어 낸 자장 안에서 그들 각자의 선택은 'P.W'라는 약어와 함께 공산주의자, 전향자, 배신자라는 또 다른 이름표를 달게 된 것이다. 그리고 그것은 다시 수용소의 포로들을 '적과 동지'로 재분류되게 만들었다. 그들에게 주어진 자유는 인간다운 삶을 제시하기보다는 서로에게 겨누는 칼이 되고 만 것이다.

그렇다면 포로수용소를 통해 우리가 배워야 하는 것은 반공주의적 세계관을 강화하는 것이 아니다. 오히려 우리가 포로수용소의 과거를 통해 배워야 할 점은 이데올로기만으로 세계를 보게 되면 이데올로기에서 비롯되는 비극을 낳을 수밖에 없다는 역사적 교훈이다. 냉전적 이데올로기는 '그때 그곳'의 포로들도 고향을 그리워하고 미래를 걱정하며 꿈을 지닌 인간이라는 점을 무(無)화시켰고, 수용소 밖의 전쟁을 안으로 끌고 들어와 또 다른 전장을 만들었다. 그럼에도 유적공원은 그 공간에 배치된 증언과 재현이 역사의 진실이라 말한다. 하지만 그것은 역사의 진실이라기보다는 우리에게 이데올로기의 색안경을 씌우고 '지금 여기'에서 살아가는 우리를 '이데올로기의 포로'로 만드는 것이 아니겠는가.

자기 국민을 공격하는 또 다른 전쟁,

〈화순 도암면〉에서 만난 11사단 사건

신기철
금정굴인권평화재단 연구소장

지난 2019년 11월부터 2020년 6월까지 전남 화순지역의 전통마을을 전수 조사할 수 있는 기회를 얻었다. 지역사를 재구성하여 희생자들의 명예를 회복하려는 유족회 측의 요구에 대해 지방자치단체가 협조하여 만들어진 기회였다.

화순은 국군 11사단 20연대 3대대 산하 4개 중대가 인근 나주, 장성, 담양과 함께 토벌작전을 벌였던 곳이었다. 경남 거창사건으로 악명 높은 국군 11사단의 피해는 전남지역에서는 함평 정도만 알려져 있었고, 전남지역 전체의 피해를 종합할 기회는 아직 없었다. 그렇기에 이번 화순 조사를 통해 토벌작전의 전개과정과 피해를 구체적으로 확인할 수 있을 것으로 생각했다.

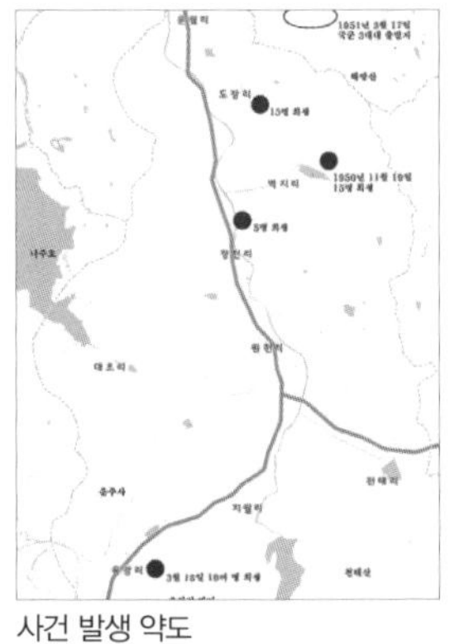

사건 발생 약도

필자로서도 화순을 조사하기 이전까지 토벌작전에 대해 조사할 기회를 얻지 못했으므로 조사를 위해 마을에 들어갈 때마다 호기심과 두려움을 떨칠 수 없었다. 이장님이나 노인회장님을 통하지 않고 경로당만 방문해도 70년 전의 기억을 무더기로 만날 수 있을 것이라고 기대했지만 불행히도 조사의 시작과 함께 코로나19가 퍼지고 있었다. 사평면의 한 식당에서 하루 차이로 신천지 교인과 엇갈리기도 했으니 살얼음판을 걷는 느낌으로 면담이 진행되었다.

이 글에서는 1950년 3월 17일과 18일 도암면에서 벌어진 국군 11사단 사건을 중심으로 살펴보았다. 조사자들의 개별 노력에 의해 도장리 사건이 어느 정도 알려지긴 했지만 전체 토벌작전의 맥락에서 조사되지는 않았다. 비록 소규모일지라도 토벌국군의 작전 경로에서 확인되는 피해는 전쟁이나 전투가 일으킨 피해의 본질을 그대로 보여준다.

토벌의 시작

국군 11사단은 전쟁 중 후방 토벌을 위해 창설된 부대였다. 이 부대는 미 9군단의 예비사단으로 1950년 8월 경북 영천에서 창설되었으며 9월 24일경 미군과 국군이 북진을 시작하면서 호남 방면의 토벌작전을 담당했다. 같은 시기에 국군 1사단이 미 1군단의 예비사단이 되어 상주, 괴산, 청주, 보은 등 속리산 부근에서 토벌작전을 벌였다.

대부분이 민간인 학살로 확인되는 전투를 벌인 국군 1사단이 10월 3일 미 1군단의 후발부대로 북진을 시작했던 반면, 국군 11사단은 10월 5일 미 9군단에서 국군 3군단으로 소속이 바뀐 뒤 9연대를 지리산 영남 방면(주로 산청·함양·거창)으로, 12연대를 지리산 전북 방면(주로 남원·임실·순창)으로, 20연대를 전남 방면으로 배치하고 토벌작전을 지속했다.

국군 11사단 20연대는 1950년 10월 10일부터 광주에 주둔하기 시작했고 19일 장성까지 주둔지를 넓혔다. 20연대 3대대 역시 20일이면 화순에 주둔하기 시작했을 것으로 보인다. 도암면에는 전남도당유격대 화순서남부 3블록 본부가 자리 잡고 있는 화학산과 천태산이 있었다. 그리 높은 산이라고 할 수는 없지만 장흥 유치까지

이어지는 험한 산세는 토벌부대의 추격을 따돌리기에 유리한 지형이었을 것이다. 이 때문에 국군 등의 토벌작전이 1950년 11월부터 1951년 5월까지 계속되었던 것으로 나타난다.

도암면의 11사단 사건은 1950년 11월 19일 벽지리 봉동마을에서 가장 먼저 벌어졌다. 벽지리는 도암면사무소가 있는 읍내에서 가장 멀리 떨어져 있는 벽지 산골마을이었다. 지금도 큰 저수지 옆을 지나 한참 올라가야 마을이 보이는데, 이 저수지는 마을 앞까지 올라와 있다. 예전에는 마을 앞에 제법 큰 개울이 있었다고 한다. 이 개울둑은 토벌 국군의 총탄으로부터 한 사람의 생명을 건졌고 또 한 사람의 생명을 며칠이나마 연장시켰다.

벽지리는 수복 시기 경찰에 잡히면 무사하지 못할 것이라고 생각한 주민들이 몰려드는 피란처였다. 이 시기 토벌작전은 광주와 화순 읍내, 능주면에 주둔하던 국군이 접근하기 쉬웠던 도곡면에서 시작되었다. 토벌을 피하려던 도곡면 월곡리와 대곡리 주민들은 도암면 벽지리로 피신했다. 그런데 이 모습이 능주면 상봉에서 보초를 서던 군인들에게 발각되고 말았다.

11월 19일 아침 마을 뒷산 고지 두 곳에 기관총을 설치한 국군 11사단 9중대가 소총을 쏘며 마을을 덮쳤다. 놀란 주민들이 집에서 뛰쳐나가다가 총을 맞아 쓰러졌다. 새벽에 일어나 다래를 까던 한 노인은 마을 입구에서 기관총을 맞은 뒤 개울 둑 아래를 통해 도장리로 도망쳐 치료를 했지만 숨을 거두기 직전에 집으로 돌아왔다. 객지에서 죽으면 영혼이 떠돌게 된다는 생각 때문이었을 것이다.

벽지리 마을 전경. 마을 양쪽 산에서 기관총을 쏜 뒤 군인들이 마을에 진입했다

며느리 정 씨는 "다래를 까다가 총이 빗발치니까 집으로 오시다가 그랬는가 총을 맞아갖고 못 들어오시고 저 아래로 저수지 밑으로 내려가버리셨다고 해. 도망간 것이 아니라 총을 맞아 놓으니까 정신이 없으니까"라고 했다.

정 씨는 도장리에서 돌아온 뒤 숨을 거둔 시아버지의 시신 옆구리에서 총알이 쏙 나오더라는 말을 시어머니로부터 들었다고 했다. 초상도 치르지 못한 채 시신은 대나무로 만든 발에 둘둘 말아 마을 건너 산 중턱에 묻었다. 필자가 방문한 날은 공교롭게도 이 노인 일족들의 시제를 지내는 날이었다.

주민들의 피해는 여기에서 그치지 않았다. 산에서 기관총 사격을 마치고 마을에 진입한 군인들은 집집마다 수색하여 집에 있던 남성 청년들을 마을 앞으로 끌고 나와 총살했다. 마을에서 만난 일흔셋 박병술 구술인은 일곱 집이 같은 날 제사를 지냈다고 했을 뿐 구체적으로 어느 곳에서 피해가 발생했는지는 모르고 있었다. 당시 네 살이었으니 그럴 법도 했지만 박 씨의 소극적인 태도에서 여전히 유족들에게 남아 있는 공포를 느낄 수 있었다.

지난 진실화해위원회는 이 사건의 희생자로 도곡면 대곡리에서 피란 온 주민들 8명만 확인하는 것에 그쳤으나 실제 피해는 여기에 더해 벽지리 주민과 원천리 주민들도 최소한 7명이 희생되었다고 한다. 총살을 마친 9중대는 벽지1리 벽동마을과 정천리를 지나 나주 다도면으로 이동했다. 이후 도암면에서는 국군의 토벌작전이 더 이상 확인되지 않는다.

한 달 뒤인 12월 18일에는 화순경찰서 토벌경찰대가 도곡면을 지나 도암면 운월리에 들어온 뒤 다시 도장리에서 도망하는 주민들을 쫓아가 두 명을 사살했다. 희생자는 24세와 15세의 여성이었다.

Perfect Storm 1
_도장리

1950년 8월 미 9군단 산하로 출발한 11사단은 같은 해 11월 국군 3군단 산하로 편입된 뒤 1951년 4월 8일까지 본격적인 토벌작전을 벌였으며 같은 달 9일 국군 8사단과 교체되어 전방에 투입되었다.

1951년 3월이면 11사단으로서 토벌작전의 가시적인 성과를 내야 하는 때였기 때문인지 마을에 대한 공격을 집중했고 그 결과 여러 마을에서 각 10여 명이 넘는 피해가 연속적으로 발생했다. 한편 이 시기는 화순 북부지역에 해당하는 백아산 토벌작전에서 내몰린 생존자들이 화학산으로 모여들었던 때이기도 했다. 이제 화순지역에서 벌어진 11사단의 마지막 작전이 도암면 도장리에서 시작되었다.

국군은 3월 17일 새벽 쌍옥리에서 해망산 삿갓봉으로 올라와 도장리를 포위한 뒤 마을을 향해 포를 쏜 뒤 진입했다. 이들은 마을 회관 앞에 있는 논으로 집결하면서 도중에 집집마다 들러 주민들을 끌고 나왔다. 이때 뒤늦게 나온 주민 두 명이 냇가에서 사살당했다. 희생자들은 부역을 나오라는 줄 알고 쇠스랑과 망태기를 든 채로 천천히 나오던 중이었다.

마을회관 앞의 논으로 주민들이 모이자 군인들은 먼저 군경가족을 나오라고 해서 논둑 위로 줄을 세웠다.

15명이 희생당한 도장리 마을 앞 논. 생존자들이 위 논에서 가족들의 죽음을 목격했다

이어 남은 주민들 중 노인과 아이들, 여성을 나오라고 한 뒤 분리하여 위쪽 논에 따로 모았다. 이제 아래쪽 논바닥에는 40세 이하의 남성 청장년 15명만 남았고, 군인들은 논둑 위쪽에 기관총을 설치했다. 잠시 뒤 지휘관의 명령에 따라 기관총이 불을 뿜었다.

남편, 아들, 형의 죽음을 목격한 가족들은 분노와 충격에 비명을 질렀다. 특히 남편의 죽음을 목격한 두 살 아이를 업은 여인이 미친 듯이 항의했다. 군경가족 외에 모두 죽이려 했던 군인들은 여기서 총살을 중단했다. 이 때문인지 증언자들은 총살이 중단된 원인이 이 여인의 항의 때문이라고 기억하고 있었다. 이미 청장년들은 모두 사망한 뒤였다.

현장 생존자인 김범순 노인회장은 "새벽에 군인들이 어디로 왔냐면, 저 삿갓봉으로 와서 우리를 전부 도포배미로, 군인들이 와서 총을 쏘면서 전부 모이라고 했거든요. 나도 그때 나갔는데. …남자는 저쪽, 여자는 이쪽. 소대장이 볼 때는 오른쪽이고 우리가 볼 때는 왼쪽이고. 모아놓고는 난사를 한 것이여. 남자 쪽에다 했지."라며 아무 죄도 없는 사람들이 학살당한 날을 기억했다.

학살을 지휘한 장교는 주민들에게 도곡으로 피란 가라고 했고 목숨을 건진 가족들은 시신들을 가마니로 덮은 채 뒷날 수습하기로 하고 마을을 떠났다가 다음 날 돌아왔다고 한다. 이날 군인들의 진입로에서 멀리 있었던 주택의 주민들은 소집을 피해 목숨을 건질 수 있었다고 했다. 이로 보아 다급하게 진행된 작전이었음을 짐작할 수 있다.

Perfect Storm 2
_ 정천리

도암리에서 15명의 주민을 학살한 국군의 다음 목적지는 걸어서 30분 정도 걸리는 정천리였다. 이곳은 도암면 사무소 소재지가 있는 면의 중심지로 근처에 원천리와 천태리, 지월리가 있었다.

마을에 도착한 국군은 도암리처럼 주민들을 논으로 모았다. 총살을 위해 기관총이 "철커덕" 소리를 내며 설치되었다. 그런데 총을 쏘려는 순간 어느 군인이 헐레벌떡 달려오면서 "중지"를 외쳤다. 이 작전의 총 지휘관이 전쟁 전 토벌작전을 나왔다가 정천리 주민들과 인연을 맺은 장 소위였다는 소문이 있다. 실제 전쟁 전인 1949년, 20연대가 국군 5사단에 배속되어 화순에서 토벌작전을 벌였으니 당시 소위였던 장모 씨가 전쟁 후 다시 벌어진 토벌작전에 지휘관으로 참여할 수 있었던 것이다. 그런데 이때 주민들이 직접 목격하지 못했을 뿐, 이 자리에서 색출된 청년 5명이 끌려가 희생되었다. 주민들의 눈을 피해

주민들이 소집당했던 논의 모습. 마을 뒤가 형학남이 희생된 강상재이다

학살을 했던 것으로 볼 수 있다.

이날 정천리에서 벌어진 사건에 대해 주민들의 기억이 각각 분리되어 있었는데, 이를 종합하여 약간이나마 재구성할 수 있었다.

당시 죽는 줄 알았다는 박 노인을 만났다. 그는 "(총을) 쏘려고 (주민들을) 구분했어. 나도 거기 나갔다니까? … 안 나오면 불 지른다고 하니까 동네 사람들이 다 나오지. 어린애, 어른 저쪽 구분해 놨는데, 지휘관이 죽이지는 않고 주의만 주지. 총알 들쳐 멜 청년들만 몇 사람 데리고 갔는데 행방불명이라니까."라고 했다. 작전 지휘관의 명령 때문이었는지 국군은 청년들 대여섯 명을 나오라고 한 뒤, 총살은 하지 않고 실탄을 메고 따라오라고 했지만 이들 모두 돌아오지 못했다는 것이다.

여기서도 군인들은 주민들에게 도곡면으로 피란 가라고 했다고 한다. 지난 진실화해위원회의 조사에 따르면, 주민들이 해산된 뒤 이 청년들은 어디에선가 도리깨로 때리는 등 극심한 고문을 당했다. 이로 인해 걸음조차 걸을 수 없게 되자, 이미 돌이킬 수 없는 상처를 입은 청년을 보면서 군인들은 "살려줘 봐야 골치만 아프다"라고 하면서 강산재 고개에서 총살했다고 한다.

이때 함께 끌려갔던 다른 청년들도 어디선가 모두 총살당했다고 한다. 결국 주민들의 증언을 종합하면 이 자리에서 총살은 없었지만, 청년들이 불려나간 뒤 심한 고문을 받았으며 어디론가 끌려간 뒤 모두 희생되었음을 알 수 있다.

도곡면으로 피란했던 주민들은 그날 밤으로 마을로 돌아왔다고 했다.

Perfect Storm 3
_ 용강리

정천리에서 제법 떨어졌던 용강리에도 국군이 토벌작전을 벌인다는 소문이 돌았다. 전날 도암리와 정천리 주민들이 희생되었기 때문이었을 것이다. 때문에 용강리 주민들은 각자의 집에서 나와 마을 앞 하천가에서 토굴을 파고 피란 생활을 하고 있었다. 오히려 이것이 억울한 죽음의 원인이 되었다.

3월 18일 천불천탑으로 유명한 고려 사찰 운주사에 주둔하던 토벌 국군이 작전을 시작했다. 하필이면 이들이 토굴에 숨어서 피란 생활을 하던 청년들의 모습을 발견했던 것이다. 국군은 즉시 이들을 잡은 뒤 그 자리에서 사살하지 않고 다도면까지 끌고 갔다. 주민들에 따르면 이날 국군 11사단 작전 구역의 종착지는 다도면 도동리에 있는 국사봉으로 보였다고 한다.

이날의 작전으로 형을 잃은 유족 김 씨는 "군인들이 저 나주서도 오고 화순에서도 오고. 이렇게 양쪽에서 모여서. 그것 보고 연합작전인가 한다고 했는데. 경찰들은 아니고 군인들만. 11사단이 데리고 가서 저녁에 그냥 몰살시켰어. 전부 산에다 놔두고 총살시켜버렸어. 그러니까 상처도 잘 못 알아보게 있는 분, 거꾸로 죽어서 있는 분, 옆으로 있는 분."이 있었다고 했다.

화순 용강리와 나주 다도면의 주민들이 토끼몰이 당하듯이 11사단 작전에 몰려 끌려온 곳은 국사봉이었고, 이 산자락에서 모두 희생되었다. 이때 희생된 용강리 주민들만 10여 명에 달했다고 하므로 나주에서 온 사람들까지 고려하면 적어도 30~40명은 희생되었을 것이다.

용강마을 앞 도로 건너편 논부터 국사봉까지 국군 11사단의 토벌작전 구역이었다

들것을 만든 유가족들은 국사봉에 와서 한 사람씩 시신을 수습했다고 한다.

이날 토벌작전을 벌인 군인들은 화순뿐 아니라 나주에서도 온 부대들과 함께 연합작전을 벌인 것이었다고 했다. 구체적으로 확인되지는 않았지만 같은 날 도암면 호암리와 나주호와 인접한 지역인 대초리에서도 토벌작전이 있었던 것으로 보인다.

어떻게 볼 것인가?

전쟁을 기억하는 고전적인 방식은 전투 회고라고 할 수 있다. 사람의 생명을 놓고 벌이는 싸움이다 보니, 살아 있는 자들이라면 이를 인생에서 가장 강렬한 기억으로 간직하게 된다. 경험자들로서는 자신에게 가장 소중한 것을 내걸었던 행위니 '영웅'이라는 호칭이 붙기도 한다. 남이든 북이든 말이다. 그런데 시야를 조금만 넓혀보면 이것이 가공된 신화와 다름없다는 것을 알게 된다.

우리가 싸운 상대는 같은 민족이었다. 그리고 인민군의 남침과 미군의 유인 전술 그리고 유엔군의 북침과 인민군의 유인 전술 때문에 전쟁이 2년이나 더 길어지면서 죽어간 청년 군인들의 수가 전선이 오르내리면서 죽어간 수보다 훨씬 더 컸다. 군사적 관점에서 보아 이 전쟁에 대한 평가는 과장되어 있다. 정치적·사회적 관점에서 본다면 더 심각한 의문이 든다. 전쟁이나 전투와 상대적으로 무관해야 하는 민간인들의 죽음이 군인들의 죽음보다 많았고 특히 전선이 이동하는 시기의 죽음이 대부분이었다는 사실은 이 전쟁이 가지고 있는 정당성은 산산이 부서진다.

지난 진실화해위원회의 조사보고서를 살펴보면, 도암면 일대에서 벌어진 국군 11사단의 토벌작전 기록은 확인되지 않지만 같은 시기 백아면, 사평면, 동복면에서의 기록은 확인된다. 토벌작전이 벌어진 각 마을에서 국군은 총을 쏘며 마을에 진입했고 젊은 청년들은 이를 피해 산으로 도망가야 했다. 잡히면 빨치산이라며 처형했으니 청년들로서는 도망 외에 달리 방법이 없었다. 작전이 끝나면 국군은 이를 전과로 기록했다. 난민과 다름없었던 빨치산이 활동했던 것은 사실이지만 토벌작전을 벌인 국군은 아무 상관 없는 마을 청년들을 총살한 뒤 빨치산이나 '적'이었다고 보고했다.

그렇다면 무엇 때문에 이렇게 주민들을 '적'으로 보고했을까? 민간인을 학살한 전쟁 범죄 또는 반인륜 범죄를 은폐하기 위한 것이었을까? 이들이 주민들을 실제 '적'으로 보았던 것이 아닐까?

국군의 창설 이래 군 지휘부는 신병 또는 신설 부대를 토벌작전에 훈련시킨다며 투입해왔다. 가장 대표적인 부대가 해병대였다. 이들은 작전 지역 내 주민들을 '적'이라며 공격시켰고 이를 전투 훈련의 일부로 보았다. 새로 창설된 국군 11사단 역시 전투 훈련이라며 주민들을 공격했고 얼마 뒤 실제 전방에 투입되었다. 한국전쟁에서 벌어진 전투의 전 과정을 보더라도 국군이나 미군 지휘부의 태도는 여기에서 크게 벗어나지 않는다. 국군이나 미군은 "우리가 아니면 모두 적"이라는 전략을 갖고 있었고 반면 인민군은 "적이 아니면 모두 우리"라는 전략을 갖고 있었다.

비록 전쟁의 전선에서 멀리 떨어져 있는 남부 산악지대에서 벌어졌다고 해도 화순 도암면에서 벌어진 민간인 피해는 한국전쟁의 본질, 전투의 본질을 그대로 보여준다. 클라우제비츠는 "전쟁은 또 다른 수단에 의한 정치의 연장"이라고 했고, I.F. 스톤은 한국전쟁만큼 이 정의가 잘 맞아떨어지는 전쟁은 없다고 했다. 잘 알다시피 한국전쟁은 분단에서 초래된 재앙처럼 작동했다. 우리 주변의 강대국들은 전쟁이 일어날지 뻔히 알면서도 이를 정치적으로 이용하는 데 급급했고, 분단과 전쟁으로 치닫는 정치과정에서 국민들은 소외되고 말았다. 이제 우리는 70년 전에 겪었던 전쟁의 진실을 깨달아야 한다. 이는 곧 평화의 본질이기도 하고 우리의 미래가 추구해야 할 인권과 평등 그리고 연대 필요성의 근원이기도 하다.

죽은 자에게 드리운 '적'과 '평화'의 그림자,

부산의 〈유엔기념공원〉과 파주의 〈적군묘〉

정진아
건국대학교 통일인문학연구단 및 대학원 통일인문학과 교수

전쟁과 냉전, 그리고 잊힌 존재들

몇 년 전 DMZ 답사를 기획하다 파주에 북한군, 중국군 묘지가 있다는 사실을 알게 되었다. '적군묘', 다들 이곳을 그렇게 불렀다. 파주군 적성면 답곡리 산 56-1번지. 나는 적군묘를 답사 리스트의 최우선 순위에 올려놓았다. 답사 당일 적군묘를 찾는 건 쉽지 않았다. 적군묘는 인적이 드문 국도변에 위치하고 있었고, 내비게이션이 알려주는 도착 알림음 외에 이곳이 적군묘임을 알려주는 그 어떤 표식도 없었다. 시뻘건 흙이 그대로 노출된 진입로, 널브러진 설치물, 걸어 들어가면서도 난 '길을 잃은 건 아닐까?' 하는 의구심을 떨쳐버릴 수 없었다.

조금 더 걸어 들어가자 기묘한 풍경이 펼쳐졌다. 우거진 잡풀 속에 보이는 작은 봉분, 비목이라고도 부를 수조차 없는 초라한 하얀색 각목들. 분명 이곳은 묘지였지만, 일반적인 묘지와는 전혀 다른 모습이었다. 나는 잡풀 속으로 걸어 들어가 아무도 찾는 이 없이 외지고 적막한 공간에 누워 있는 사람들을 만났다. 과연 이 묘지의 주인공들은 누구일까?

'적군묘' 전경(2011)

나는 묘지의 주인공들에 대한 단서를 찾기 위해 주변을 둘러보았다. 초라한 입간판에는 간단하게 묘지의 조성 경위가 쓰여 있었다.

> "이곳은 6·25전쟁에서 전사한 북한군과 중국군 유해, 6·25전쟁 이후 수습된 북한군 유해를 안장한 묘지입니다. 대한민국 정부는 제네바협약과 인도주의 정신에 따라 1996년 6월에 묘역을 조성하였으며, 묘역은 총면적 6,099m^{2}로 제1묘역과 제2묘역으로 구분되어 있습니다."

묘역은 군사분계선에서 멀지 않은 파주시 적성면에 조성되었고, 비록 돌아가지는 못하지만 시신은 고향을 바라보도록 북향으로 배치되었다. 죽은 자들에 대한 유일한 배려였다.

구석에 놓인 표지석에서 이들의 신원에 대한 또 다른 단서를 발견할 수 있었다.

> "50사단 다부동 전투 · 불상(북한군) · 불상(6·25전투) · 낙동강 전투 전사자, 21사단 침투 무장공비, 동해안 무장공비, 3사단 침투 무장공비, 1사단 침투 무장공비, 대한항공 폭파범, 임진강 · 한강 표류 시체, 남해안 반잠수정 전사자."

그랬다. 이곳은 6·25전쟁 이후 '적'으로 규정된 사람들이 묻힌 공간이었다. 6·25전쟁에 참전한 북한군과 중국군 전사자뿐 아니라 이후 남북의 첨예한 대립 속에서 발생한 1·21사태, 울진삼척사건, 남해안 반잠수정사건, 대한항공 폭파사건 관련자, 심지어 임진강과 한강에 떠내려 온 시체 중에 북한사람의 것으로 추정되는 시신까지. 그들은 고향으로 돌아가지 못한 채 이곳에 묻혔다.

묘지 조성의 근거가 된 제네바협약은 1949년 8월 12일, 세계 각국이 전쟁 피해자를 보호하기 위해 체결한 협약이었다. 제2차 세계대전 당시 군인뿐 아니라 민간인까지 미증유의 전쟁폭력에 노출되자, 각국은 전쟁 피해자를 보호하기 위한 인도적인 조치를 논의하기에 이르렀다. 제네바협약은 1977년 제1추가의정서를 통해 전사자에 대한 규정도 마련했다. 그에 의하면 "적대행위의 결과로서 사망한 자의 유해는 존중되어야 하며", "그러한 사망자들의 묘지는 존중되고 유지되고 표시되어야 한다." 뿐만 아니라 충돌 당사국은 "가능한 한 신속히 사망자의 분묘에 그 유족이 찾아가는 것을 지원하고, 전투 중에 사망한 자의 유골과 개인 소유품을 송환하는 일을 도와야 한다."

이렇듯 제네바협약과 제1추가의정서는 아군뿐 아니라 적군일지라도 응당 전사자에 대한 보호 조치를 취해야 한다고 규정했다. 하지만 그 후로도 오랫동안 북한군과 중국군의 유해는 전국 곳곳의 공동묘지에 방치되었다. 한반도를 휩쓸고 간 전쟁과 냉전의 그림자가 전사자에 대한 인도적 조치마저 외면했기 때문이다. 제네바협약 제1추가의정서가 발표된 지 약 20년, 동서 냉전이 해체되고 한국에 민간정부가 들어서면서 비로소 북한군과 중국군의 묘지가 조성된 것이다.

처음에는 단일 묘역으로 조성할 계획이었지만, 제1묘역에 안치할 유해가 늘어나면서 2006년 6월에 제2묘역이 추가적으로 조성되었다. 제1묘역에는 북한군이, 제2묘역에는 북한군과 더불어 중국군이 안장되었다. 표식을 위해 꽂아놓은 각목의 사각 면에서는 각각 일련번호, 매장 일자, 계급과 이름, 유해가 수습된 장소가 적혀 있다. 묘지의 주인은 대부분 신원조차 확인되지 않은 채 '무명인'이라는 이름으로 묻혀 있지만, 잊힌 존재들이 서서히 우리에게 모습을 드러내는 순간이었다.

유엔군 묘지에서 유엔기념공원으로

유엔기념공원에 가게 된 것은 우연한 기회였다. 부산 지역의 청소년들에게 통일인문학 특강을 하기 위해 부산을 방문했다가 돌아오는 길이었다. 택시기사는 내 서울 말씨를 눈치채고는 “놀러 오셨어요?” 하고 물었다. “아니요. 강의를 하러 왔는데 기차 시간이 많이 남네요.” 택시는 대연동 유엔기념공원 부근을 막 들어서고 있었다. “혹시 유엔기념공원 가보셨습니꺼? 부산을 대표하는 곳이고, 세계 유일의 유엔군 묘지인데 안 가보셨으면 언제 꼭 한번 가보이소.” “기사님, 저 여기 내릴게요.” 유엔기념공원 정문이 보이자마자 나는 충동적으로 택시에서 내렸다.

기와 모양의 지붕과 육중한 느낌의 기둥을 가진 정문에 들어서자, 공원은 두 개의 공간으로 나뉘었다. 오른쪽에는 기념 건축물이 있는 공간이 있었고 왼쪽에는 묘역 공간이 있었다. 묘역 공간은 이국적인 색채가 짙었다. 참전 국가별로 영국, 호주, 캐나다, 프랑스, 네덜란드, 터키, 뉴질랜드, 노르웨이, 남아프리카공화국, 대한민국으로 구분된 묘역의 구획. 각국의 상징을 담은 기념비. 묘지 주인의 이름과 사망일자가 표시된 묘지석. 그 속에 잠들어 있는 전사자들은 봉분 없이 평장묘 형식으로 매장되어 있었다.

유엔기념공원 전경

조경에 상당히 공을 들인 듯 유엔기념공원은 깔끔하게 단장되어 있었고, 여름을 맞아 꽃들이 만발했다. 을씨년스러운 적군묘와 달리 흡사 공원에 온 것 같은 느낌이었다. 묘역의 끝자락에는 이곳이 유엔군 묘지라는 것을 모든 사람에게 알리듯, 높은 깃대 위에 참전 국가의 국기와 유엔기가 힘차게 펄럭이고 있었다. 전사자의 89%를 점하는 3만 6,492명의 미군 유해는 없었지만, 미군은 전사자의 이름이 적힌 기념 건축물, 유엔군전몰장병추모명비를 통해 위풍당당한 존재감을 여실히 드러내고 있었다.

유엔기념공원이 처음부터 이런 화려한 모습을 갖춘 것은 아니었다. 원래 경상남도 동래군 당곡리에 속했던 이 지역은 용도는 경작지였지만, 바닷물에 상습적으로 침수되는 갯벌이었다. 외지고 인구밀도가 낮으며 경작지로도 부적합한 곳을 메워 부랴부랴 유엔군 묘지를 만든 것이다. 십자 모양의 비목만 꽂혀 있던 버려진 묘지. 조성 당시 유엔군 묘지의 모습은 적군묘와 별다르지 않았다.

당시 유엔군 묘지의 조성은 급박한 전황과 관련되어 있었다. 내전으로 시작한 6·25전쟁은 1950년 9월의 인천상륙작전, 10월의 중국군 참전으로 국제전으로 비화했

유엔군전몰장병추모명비. 출처: 유엔기념공원 홈페이지

고, 중국군의 참전 이후에는 치열한 전투를 반영하듯 유엔군 전사자가 급증했다. 뿐만 아니라 제2차 세계대전 이후에는 사상자가 발생한 전쟁터와 매장지에 대한 접근이 용이했지만, 6·25전쟁 이후에는 그것이 가능할지 알 수가 없는 상황이었다. 장진호 전투를 비롯해서 북한 지역에서 벌어진 전투와 후퇴 과정에서 유엔군은 전사자의 유해를 수습하지 못한 채 후퇴했다. 전사자를 어떻게 처리해야 할지 대책이 강구되어야만 했다.

이에 1951년 1월 18일 유엔군사령부는 유엔군 묘지를 조성하기로 결정했다. 4월에 묘지가 완공되면서 개성, 인천, 대전, 대구, 밀양, 마산 등지에 가매장되었던 유엔군의 유해가 이곳 부산으로 이장되었다. 이장된 유해와 수습된 시신은 신원을 확인한 후, 유엔군 묘지에 임시로 안장했다가 본국으로 송환되거나, 혹은 영구 안장되었다. 6·25전쟁 중

조성 당시의 유엔군 묘지
출처: 유엔기념공원 홈페이지

에는 최대 1만 1,000명까지 안장되었으나, "전시 중 전사자 본국 송환" 원칙을 표방한 미국과 그리스, 룩셈부르크, 벨기에, 필리핀, 태국, 콜롬비아, 에티오피아 등 8개국의 유해가 본국으로 송환되면서 이곳에는 영국, 뉴질랜드, 호주, 캐나다, 네덜란드, 프랑스, 남아프리카공화국, 노르웨이, 한국(카투사) 10개국 전사자 2,300명의 묘지가 남았다. 제국주의 팽창의 역사 속에서 현지에 유해를 묻는 영국의 관습, 용병으로 참전했다가 전사한 식민지 출신자들의 집안 사정 등의 이유로 이들은 이곳에 남았다.

1955년 8월, 유엔 참전 15개국은 '유엔군 묘지'를 항구적인 '유엔묘지'로 만들어 성역화하고 예산을 지원할 것을 제안했다. 제안은 9월 30일 유엔총회에서 통과되었고, 11월 대한민국 국회 역시 유엔군의 희생을 보답하는 차원에서 유엔묘지의 토지를 유엔에 "영구히 기증"하는 한편, 묘지를 '성지'로 지정할 것을 의결했다. 1959년 11월 유엔과 대한민국 사이에 "유엔기념묘지 설치 및 관리 유지를 위한 대한민국과 유엔 간의 협정"이 체결됨에 따라 유엔묘지의 운영이 공식화되었다. 이렇게 유엔기념공원은 세계에서 유일한 유엔묘지가 되었고, 2001년 유엔묘지에서 유엔기념공원으로 이름을 바꾸면서 공원으로 운영되고 있다.

정치·경제적 이해관계를 위해 전사자들을 불러내다

2013년, 적군이라는 이유로 6·25전쟁이 끝난 후에도 43년간 방치되었고 1996년 묘역만 조성되었을 뿐 아무도 돌보지 않던 적군묘가 돌연 세간의 주목을 받기 시작했다. 2013년 6월 29일, 중국을 방문 중이었던 박근혜 대통령이 “올해가 정전 60주년이다. 중국군 유해 360구가 한국에 있다. 그동안 한국 정부가 ‘잘’ 관리해왔지만 중국의 유족들이 기다리고 있지 않느냐, 유해를 송환해드리려고 하는데 어떻게 생각하는가”라고 중국 정부의 의사를 타진하면서부터다.

박근혜 대통령은 취임사에서 북한의 핵 위협을 억제하고 한반도 신뢰 프로세스를 가동시키겠다는 의지를 표명했다. 북한을 압박하기 위해서라도 동북아시아 국가들, 특히 중국과의 돈독한 협력관계가 필수적이었지만 이명박 대통령 시기 한미 공조체제가 강화되면서 한중관계는 냉각된 상태였다. 한중관계 개선을 위한 돌파구가 필요했다. 이때 파주의 모 국회의원이 적군묘에 매장된 “중국군 유해 송환”이라는 묘수를 제안한 것으로 알려졌다. 중국군 유해 송환은 소원해진 한중관계를 회복하기 위한 유력한 카드였다.

한국 정부의 제안에 중국 정부가 “가족들이 유해가

돌아오기를 기다리고 있다. 한국 정부의 특별한 배려와 대통령의 우의에 감사한다"고 화답하면서 한중관계는 급물살을 타기 시작했다. 2014년부터 2018년까지 다섯 차례에 걸쳐 589구의 중국군 유해가 송환되었다. 송환된 유해는 중국 랴오닝성 선양 시내의 항미원조열사릉에 안치되었다. '적'에서 '열사'로의 전환이었다. 이를 계기로 박근혜 정부 시기 한중관계는 그 어느 때보다 돈독한 관계를 유지했다.

중국군 유해 송환을 준비하면서 한국 정부는 부랴부랴 묘역 재정비 작업에 나섰다. 다시 찾은 적군묘는 예전과는 다른 모습이었다. 묘비 역할을 하던 하얀 각목은 대리석으로 바뀌었고 무덤을 뒤덮고 있던 잡풀은 깔끔하게 정리되었다. 허물어진 봉분은 평장묘로 바뀌었다. 안내판에는 한국어뿐 아니라 중국어 안내문구도 추가되었다. 중국인 참배객들의 방문도 이어졌다. 국방부의 반대로 무산되었지만, 경기도와 파주시에서는 적군묘를 관광코스로 적극 개발하겠다는 의지를 피력하기도 했다.

새롭게 단장한 '적군묘'(2017)

'무명'의 북한군 묘지

정치·경제적인 이해관계로 전사자들을 호명하는 것은 유엔기념공원이라고 해서 다르지 않았다. 1966년부터 1968년까지 현대건설이 태국의 파타니–나라티와트 간 고속도로를 시공했다. 이는 한국 기업이 해외 건설사업에 진출한 첫 사례였다. 한국은 태국과의 경제협력 관계를 강화하는 과정에서 태국의 6·25전쟁 참전과 태국의 전사자들이 유엔기념공원에 임시 매장되었던 과거를 불러냈다. 한–태 경제관계의 강화는 혈맹으로 이어진 양국 관계의 당연한 결과물로 간주되었다. 태국 정부 관련자가 방한 중 유엔기념공원을 방문하고 공원 내에 한–태 우정의 다리를 조성한 것, 2005년 APEC 정상회담 당시 호주, 캐나다, 뉴질랜드 수상이 이곳을 방문하고 정상회담을 전후하여 참전국들이 자국의 참전을 기리는 기념비를 신설한 것은 경제협력을 강화하는 과정에서 유엔기념공원이 그 매개 역할을 톡톡히 하고 있음을 보여주는 장면이다.

무엇을 어떻게 기억하고 추모할 것인가?

유엔기념공원의 유엔참전기념탑에는 유엔군을 “십자군”으로 표현하고 있다. 유엔군이야말로 공산주의의 침략으로부터 대한민국의 자유와 평화를 지켜낸 존재라는 인식은 지금도 유엔기념공원의 기념물 곳곳에 투영되어 있다. 그들의 희생을 통해 대한민국이 존재하고, 유지·발전되고 있다는 진영 논리는 탈냉전과 평화통일을 추구하는 한반도의 미래 가치와 충돌하면서도 여전히 유지되고 있다. 한편, 1960년대 이후 부산이 개발되고 확장됨에 따라 유엔기념공원이 자리한 대연동에 공장과 아파트가 연이어 들어서자, 주민들은 거주지 주변에 자리한 묘지에 대한 거부감, 집값 문제 등을 들어 유엔기념공원의 이전을 요구하고 있다.

2013년부터 적군묘의 존재가 언론을 통해 알려지면서 중국인 관광객이 급증하자, 경기도와 파주시는 이곳을 관광지로 개발할 것을 적극 검토하기 시작했다. 국방부의 반대로 무산되었지만 파주시는 이곳에 기념관을 세우고 판문점, 도라산전망대와 연계하는 관광벨트를 만들겠다는 계획을 발표하기도 했다. 하지만 중국인 유해가 떠난 적군묘에는 이제 북한군의 묘지만 남아 찾는 이 없는 과거를 반복하고 있다.

6·25전쟁이 발발한 지 70여 년의 시간이 흐른 지금, 유엔기념공원과 북한군 묘지의 현실은 '무엇을 어떻게 기억하고 추모할 것인가?' 하는 숙제를 우리에게 남기고 있다. 정치·경제적 이해관계를 위해 전사자들을 이용하지 않으려면, 개발과 관광의 논리에 밀려 이들의 죽음을

관광 상품화하는 우를 범하지 않으려면, 이들의 숭고한 죽음을 기억하고 추모하면서 평화와 통일의 미래로 나아가려면 우리는 무엇을 어떻게 해야 하는 것일까?

우선 모든 죽음을 애도하면서 국제적으로 합의된 제네바협약 제1추가의정서의 "전사자 규정"을 준수하려는 노력을 기울여야 한다. 2000년 국방부 유해발굴감식단이 출범하면서 국군 전사자 유해발굴 작업이 본격적으로 진행되었다. 그 과정에서 국군과 유엔군뿐만 아니라 중국군과 북한군의 유해도 다수 발굴되고 있다. 전사자 규정에 따라 "적대 행위의 결과로서 사망한 자의 유해를 존중하고", 당장 송환이 어려운 유해는 유엔기념공원과 북한군 묘지에 매장해서 "유지하고 표시하며", 가능한 한 신속히 "전사자의 유골과 개인소유품을 송환"하여 70년이 넘는 시간을 기다린 가족의 품으로 돌아갈 수 있도록 협의해가야 한다. 협의는 정치·경제적 이해관계가 아니라 철저히 인도주의적 원칙에 의거해서 중단 없이 꾸준히 추진되어야 한다. 그것이야말로 진영 논리와 국가이익을 넘어 "사람"을 제일 우선의 가치에 놓아 평화와 화해를 모색해가는 방법이 될 것이다.

다음으로는 유엔기념공원과 북한군 묘지를 전쟁과 냉전의 논리에 갇혔던 우리의 과거를 성찰하는 장으로 만들어가야 한다. 최근 국방부와 경기도는 북한군 묘지의 소유권을 경기도로 이관하기로 합의했다. 이 과정에서 경기도는 전쟁과 분단을 상징해온 북한군 묘지를 평화와 화해를 의미하는 공간으로 새롭게 단장하겠다는 의지를 밝혔다. 전쟁에서 화해로의 드라마틱한 변화보다 더 중요한 것은 이 공간들이 어떻게 전쟁과 냉전 구도를 재생산하는 데 활용되어 왔는지를 기억하고 깊이 성찰하는 작업이다. 그래야만 정권과 지자체가 바뀔 때마다 공간의 서사도 바뀌는 악순환을 극복하고, 전쟁을 넘어 평화로 갈 수 있는 방법을 시민들 스스로 모색할 수 있을 것이다.

그런 다음 북한군과 중국군을 악마화하고 유엔군을 십자군으로 명명하는 냉전논리와 대결구도를 넘어서, 6·25전쟁에서 희생된 청년들의 숭고한 죽음을 평화와 통일의 마중물로 만들어가려고 노력해나가야 한다. 이를 위해서는 유엔기념공원과 북한군 묘지에 투영된 분단서사를 평화와 통일의 서사로 바꾸는 작업이 이어져야 한다. 그곳에서 국가의 참전 논리에 포획되지 않는 전사자 개개인의 삶을 기억하고, 그들과 우리가 '사람'과 '사람'으로 만나 전쟁의 상처와 폭력에 대해 대화할 수 있다면, 우리는 전사자들과 함께 전쟁 트라우마를 극복하고 평화와 통일의 미래로 나아가는 길을 찾을 수 있을 것이다.

〈교동도〉,
이산의 한과 전쟁의 기억

이기묘
민주평화통일 자문위원 성동 교류협력위원장, 6.15 남측위 서울본부 공동대표

한 맺힌 교동도

강화도에서 북서쪽으로 올라가 교동대교를 타고 바다 위를 나는 듯 가면 정면에는 북녘땅이, 왼쪽에는 교동도가 바로 나타난다. 교동도는 강화군의 면 소재지이고 군사시설 보호구역이며 민간인 출입통제구역이지만 탱크도 대포도 일체의 무장을 갖추지 않아 다르다. 전쟁 전 교동도와 함께 38선 남측에 있었던 황해도 연백은 전쟁 후 둘로 나뉘어 지금은 교동도의 북쪽으로는 배천군으로, 서쪽으로는 연안군으로 접경지대를 이루고 있다. 직선으로 갈라졌던 최초의 분단선인 38선이 전쟁을 치르

며 남측으로 더 내려와 교동도의 한을 키워 놓았다. 남과 북으로 뒤틀어진 서해안의 접경지대는 동부지역 육상 접경지대처럼 4km의 거리 띄움이 곤란하다. 밀물과 썰물로 인해 경계는 더 불분명하여 서해5도는 분쟁의 도화선이 되고 있다. 다행히 교동도부터 파주시 탄현면 성동리 앞까지의 오두산전망대가 있는 강역은 정전회담 제1조 5항에서 한강하구 중립수역으로 규정되어 있어 무장할 수 없게 하고 민용 선박이 항행할 수 있도록 하여 원천적으로 분쟁을 막아낼 수 있는 곳으로 되어 있다.

전쟁 전 교동도는 1만 명이 살던 곳인데, 전쟁 중에는 3만 명으로 늘었다가 지금은 3,000명이 살고 있다. 전쟁 기간 동안 교동도의 남동쪽에 위치한 대룡리는 온통 사람들로 북적였고 갑자기 밀려온 피난민들로 인해 먹을 것은 부족했다. 피난민의 대다수는 교동도의 바로 서쪽 옆과 북쪽 위인 황해도 연백군에서 피난 온 사람들이었고, 정전회담 중에 내려온 사람들이 많았다. 교동도의 대룡시장은 피난 온 사람들이 황해도 연백의 어느 시장을 생각하며 고향으로 가기 전까지 임시로 만들었다고 한다. 전쟁이 끝나면 다시 고향에 갈 수 있다고 믿었다는데, 당시에는 이렇게 오랫동안 막힐 줄은 상상조차 할 수 없었다고 한다. 자연스럽게 대룡시장의 상인들은 교동도를 둘러싸고 있는 가장 가까운 연백에서 내려온 사람들이 많았다.

교동도의 피난 1세대는 고향에 있을 가족과의 만남을 기다리다 지치고 세월의 무게를 견디지 못해 지금은 돌아가신 분들이 많다. 시계포 아저씨 등 뵐 수 없는 분들이 점차 늘어만 간다. 고향을 못 가고 가족을 못 만난 평생의 한을 안고 살다가 죽기 전에 단 한 번이라도 부모님과 형제자매를 보고 싶은 인간 본연의 소원조차 이루지 못한 것이다. 교동도 사람들이 만든 〈격강천리〉라는 구술 모음집이 있다. 한의 역사를 남기고자 시작된 일이었다. 지척에 고향을 두고 못 가는 사람들의 한을 담은 이야기들이 수록되어 있다. "격강천리라더니 바라보고도 못 가는 고향일세"라는 서시로 시작된 이 책은 구술했던 분들과 그 가족들의 걱정을 고려해 상당 부분을 삭제할 수밖에 없었다니, 미완성의 책이다. 분단은 사실들과 솔직함까지 우리의 삶에서 갈라지게 하였다.

대룡시장 안 점포 위 지붕은 매우 낮은 편이다. 눈높이가 맞아 정겨운 옛날식 건물들로 이어져 있다. 지붕 바로 밑 처마에는 제비집이 지어져 있다. 대룡시장 제비는 교동도에서 바로 보이는 북한의 연백 땅을 오가며 이산가족의 한을 달래주는 전령사이기도 하다. 제비집을 짓는 흙과 지푸라기는 이곳 사람들의 고향 땅 연백에서 물고 온 것일 수도 있다. 불행히도 제비의 모습은 이제 볼 수 없게 되었다. 마주 보는 지붕을 잇는 공사가 이루어지면서 더 이상 제비가 처마를 찾을 수 없게 되었기 때

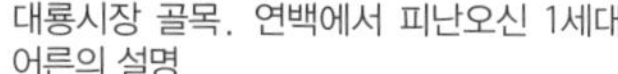

대룡시장 골목. 연백에서 피난오신 1세대 어른의 설명

대룡시장 내 대성 양복점은 연백 1세대 분이 70년 전 피난 와 머문 곳이다

문이다. 피난 1세대가 많이 살아 있었다면 공사는 허락하지 않았을지도 모른다. 대룡시장은 전쟁과 이산의 한을 안고 살아온 사람들의 이야기들로 가득 찬 생활사 박물관이니 그 뜻을 잘 새겨서 잘 보존하고 교훈으로 남기를 바란다.

전쟁이 남긴 적대와 이산

피난 1세대이신 한 어르신의 이야기를 들어보자. 어르신이 피난 나온 때는 1952년이니 정전회담이 진행되던 때였다. 정전회담은 전쟁을 멈추고 평화로 이어가는 과정으로 생각했는데, 정전회담 중에 더 큰 불행이 초래되었다. 전쟁을 끝내자고 해서 제기된 정전회담의 전선은 당초 38선으로 돌아가거나 정전회담이 시작되는 날로 하자고 했다가, 최종적으로 정전회담의 합의문을 조인하는 날로 하자고 정했기 때문에 더 잔혹한 땅따먹기 전쟁이

회담 중에도 계속되었던 것이다. 정전회담 중에 벌어진 전쟁은 전국화되지는 않았지만, 전쟁 초기를 상회하는 살육 잔혹사는 계속되었다. 종전도 아닌 정전에 불과한 합의문을 조인하기 위해 2년이 걸렸다. 그동안 잔혹한 전쟁은 계속되었다. 1952년 고향 연백의 하늘에선 미 공군기 폭격이 재개되었고 서해에선 연합군의 함포가 불을 뿜었다.

멀쩡한 집들이 폭격을 당하며 없어지는 상황에서 누가 언제 어떻게 될지 모르는 상황이었다. 집안 어른들이 가족을 나누어 흩어져 살도록 하자는 제안을 했다. 지금은 폭격이 심하지만 전쟁이 오래갈 수 없을 테니 그때까지 가족들을 나누어 살도록 해야 누군가는 살아남아 고향을 지키지 않겠느냐는 제안이었다. 그 말은 단순히 "남이 좋아? 북이 좋아?" 하는 식으로 들은 것과는 또 다른 이야기였다. 남과 북이 왜 갈라져서 왜 싸워야 하는지를 알 수 없었던 사람들에게 어디서든 살아남기 위한 선택과 지혜는 필수였다. 조상 대대로 살아온 명맥을 이어가자는 선택이 더 절박한 피난의 이유였다. 조부모

무학리에서 고향 대릉리 방향을 가리키신다

대릉리가 보이는 언덕에서 내려오면서 냉이를 캤다

무학리에 있는 천년 넘은 은행나무

님과 어머니, 아직 어린 동생들 4명은 고향인 연백에 남고 부친과 큰형과 이 분만 가까이 보이는 동쪽의 교동도로 왔다. 교동도에 가면 미 공군의 폭격은 피할 수 있다고 본 것이다. 어디 가서든 무얼 해서라도 생존 가능성이 높은 남자들 세 명이서 교동도로 왔다. 삶과 죽음이 넘나드는 전쟁 와중에도 오가는 것은 가능했던 것 같다. 당시 교동도 거리는 온통 피난 내려온 사람들로 북적였고 먹을 것은 부족하기만 했다. 전쟁 전 교동도 사람들조차 연백평야에서 먹을 것을 의지하던 상황이었다고 하니 당연히 먹을 것이 부족할 수밖에 없었다. 그분은 먹거리 조달을 위해 그믐날 칠흑같이 어두운 밤에 배를 띄우고 고향 연백으로 갔다. 고향에 가서 머물려고 하면 어머니와 할아버지, 할머니가 기다렸다는 듯이 곡식을 내주고는 위험하니 얼른 가라고 하는 것을 달마다 겪었다고 한다. 현실이 더 영화스럽다는 말이 분단된 나라에는 도처에 숨어 있지 아니한가?

피난 1세대 어르신과 교동도의 북쪽인 지석리 망향대를 거쳐 그분의 고향이 바로 보인다는 교동도 서쪽의 무학리(舞鶴里)로 갔다. 무학리는 학이 춤춘다는 마을로,

인근 산에는 온통 학들이 모여 살아 나무들은 가지만 남겨 놓고 있다. 그분의 고향은 황해도 연백군 해성면 대릉리이다. 당시 황해도 연백군은 지금 황해남도 연안군과 배천군으로 나뉘어 있었으니 그분의 정확한 고향은 교동도의 서쪽인 연안군이다. 폭격을 피해 잠시 피난 내려온다고 해서 왔다가, 전쟁이 끝나면 만날 줄 알았던 가족들과 만날 수 없게 된 지 70년이 넘었다.

어르신의 뒤로 자그마한 동산이 보인다. 고향 뒷산인 자단산에서 대보름 전날 연을 띄워 날리면 바로 그 동산에 떨어졌다고 한다. 무학리에서 고향을 바라보던 어르신이 땅을 내려다보며 말을 꺼낸다. 고향 연백에서 이때쯤 밭에 있는 냉이를 캐어 먹으면 무척 맛있었다고, 이곳 냉이는 고향 땅 연백에서 날아온 냉이 홀씨도 함께 땅에 떨어져 자란 것 같다며, 어머니의 흔적이 남아 있는 것 같다며 울먹이듯 말했다. 겨울잠을 준비하는 늦가을 냉이는 봄 냉이보다 훨씬 영양가도 많고 맛도 좋다는 설명도 한다. 일행은 냉이 캐는 일에 잠시 집중했다. 70년이나 만나지 못한 그분의 어머니가 보내주었을 것 같은 냉이 된장국은 향이 진했고 맛도 좋았다.

무학리 마을 한편에는 천년 넘은 은행나무가 보호수로 지정되어 있다. 은행나무 앞 오른쪽에는 이런 글이 쓰여 있었다.

"이 나무는 암나무이며 수나무는 북한의 연백군에 위치하여 여름이면 꽃가루가 날아와 지금도 은행이 가지마다 많이 열리곤 한다. 이 나무 아래는 무학리 주민들이 여름철 피서지로 사용하고 있다."

안내판에 쓰여 있던 수나무는 그분이 살던 고향 집 바로 뒤에 있었다고 한다. 그런데 어느 날 무학리 안내판이 다른 것으로 교체되어 있었고, 이전 안내판의 글은 모두 삭제되어 있었다. 교동면사무소에 어른과 함께 들러 바로잡아 달라고 이야기를 전달했는데 바로잡혔기를 바란다. 나중에 다시 강화도와 교동도를 찾아와 보니, 다른 나무들의 안내판도 간단한 내용이 적힌 것들로 바뀌고 있음을 발견하고 놀라움을 금치 못했다. 지역마다 나무들의 유래를 아는 분들이 전면적으로 문제의식을 갖고 살펴봐주시길 요청드린다.

강화도의 일부가 된 교동도는 역사 이래 황해도 연백과 뗄 수 없는 운명의 생활권을 유지해 온 곳이다. 전쟁 후 남과 북으로 갈리고 남북 적대까지 계속되면서, 교류와 협력이 진전되지 못하는 상황은 더욱 안타까울 뿐이다. 교동도 사람들은 황해도 연백평야에서 먹거리를 조달하면서 물류를 담당했고 고기잡이도 했던 곳인데, 전쟁과 분단과 적대는 그 일들을 중단시키고 이산의 한도 치유되지 못하게 하고 있다. 역할이 줄어든 교동도의 인구는 이제 3,000명으로 줄어들었다. 교동도는 정전협정에서도 인정하는 중립수역이 이어지는 곳이다. 군사적 이유를 배제하고 남북이 계속 이용할 수 있도록 하여, 무장해서는 안 되는 평화의 섬으로 남아 있는 곳이다. 접경지대에 철조망은 쳐져 있지만 무장한 모습은 볼 수 없다. 철조망조차 전쟁 직후에는 없었는데, 중립수역에 대한 이해가 부족한 분단정치가 철조망을 겹겹이 둘러싸 놓았다. 교동도는 한강하구로 연결되는 지점으로 서울까지의 물류 이동과 기수역에 해당하여 풍부한 어족자원을 토대로 고기잡이를 담당하면서 황해도 연백과 동반자 관계를 유지해왔다. 남북이 상호 협의해서 항로가 개설되면 교류와 함께 이산의 한도 해결될 수 있는 소통과 치유의 공간이 될 수 있을 것이다.

전쟁의 기억

교동대교를 건너 대룡시장으로 가는 길에 바다처럼 넓은 저수지가 나온다. 농사에 물을 대려고 만들었지만 낚시터로도 이용한다. 그 저수지를 끼고 오른쪽으로 들어가는 길 입구 왼편에 표지판이 서 있다.

UN8240 乙支타이거여단 충혼비 1.5㎞ ⇨

이 안내판을 유심히 봤거나 그 내막까지 아는 사람은 얼마나 될까? 교동면 고구리 8-2로 나오는 지역에 도착해보니 왼편 입구에는 태극기, 유엔기, 미국기가 함께 게양되어 있다. 중앙에는 "유격군 충혼 전적비(遊擊軍 忠魂 戰績碑)"라고 한자로 크게 쓰인 비가 서 있다. 충혼비 앞으로는 묘비들이 서 있다. 실명이 나오는 비석엔 "유격군 용사 ○○○ 지묘" 또는 "유격군 무명 용사 지묘"라고 되어 있다.

갑자기 교동도로 피난을 왔으니 사람은 많은데 먹을 것은 없는 그때, 미군이 주도한 타이거 여단에서 소년병을 모집한다고 했다. 소년들이 많이 모여들었고, 16세 이상 되는 소년들이 차출되면서 그 분의 큰형도 포함되었다. 아직 세상을 잘 모르는 소년들이 배고픔 해소와 더불어 영웅(?)이 되고자 모여든 것이다. 그러나 소년들은 군이 아닌 민간인 신분으로 임무를 수행하게 되었다. 군인이 될 수 없는 어린 나이도 이유였을 것이다. 주 임무는 교동도에서 가까운 황해도 연백이나 개풍군 등으로 침투해서 유격대 임무를 수행하게 한 것이다. 그 영향이었을까? 북은 타이거 여단이 있는 읍내리를 향해 대포를 쏘았는데 대룡시장 앞까지 포탄이 떨어져 굉음을 울렸다고 한다. 소년들은 자기들이 떠나온 고향일 수도 있는 곳으로 침투해 들어가 주요 시설을 폭파하거나 요인을 암살하고 전투도 하는 등의 임무를 수행했다. 그때 소년들을 차출하여 유격군으로 조직한 부대는 8240부대로도 불리고 타이거 여단이라고도 불리고 켈로부대라고 불리기도 했다. 타이거 여단 본부 또는 8240부대는 지금의 교동도 읍내리에서 남산포로 가는 지역에 크게 자리 잡고 있었다는데, 현재에는 아무런 자취도 없다. 타이거 여단의 책임자인 단장 역시 군인이 아닌 민간인이었다 한다. 황해도 연백에서 그 어르신이 피난 오기 전 학교 선생님을 했거나 농협 일을 했던 사람이 타이거 여단장을 맡은 것 같다며 충혼탑 벽면에 쓰여 있는 책임자들의 이름을 가리킨다. 사진들 중앙에 "최훈"이라고 나오는 분이 어르신의 큰형이라고 한다.

한쪽에선 떠나온 고향과 흩어진 가족을 그리는 한이 응어리져 있는데, 또 한쪽에선 떠나온 고향을 향해 영웅담을 펼쳤던 적대가 흐른다. 지금의 대룡시장이 있는 대

타이거 여단 표지

타이거 여단 충혼탑

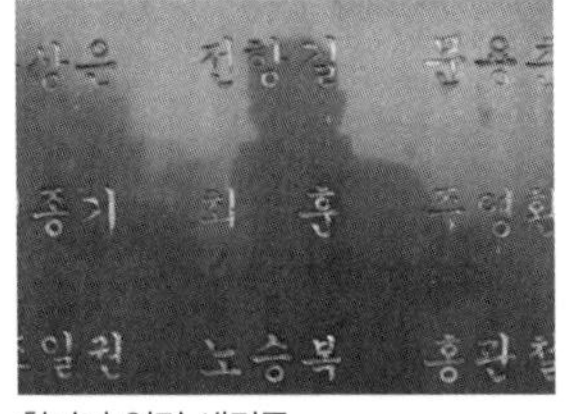

참가자 인명 새김돌

룡리에서 읍내리 8240부대로 가는 길옆 등 교동도 곳곳에는 부역자 등을 이유로 학살한 터도 있고 진실과화해위원회가 확인하여 푯말을 세운 곳도 있다고 교동지에 나오는데, 누군가 푯말을 뽑아 없애서 사전 지식이 없거나 안내를 받지 않으면 일반 통행인은 확인이 곤란하다고 한다. 철조망과 지뢰보다 선입견과 트라우마에 매여 있는 분단의 상흔은 더욱 깊다. 전쟁과 분단과 이산의 한과 트라우마로 얼룩진 교동도는 서로 다른 갈등과 고통을 안고 신음하는 동시에, 소통과 치유와 배려와 존중을 기다리는 곳이다. 아마도 분단과 전쟁과 적대는 교동도와 같은 트라우마를 전국적으로 확산시켰을지 모른다.

평화의 섬,
소통의 섬으로

한강하구는 한강과 임진강과 예성강, 이 세 강이 파주로부터 서해로 흘러가며 모이는 곳이다. 교동도에서 동북쪽 위로는 북측의 예성강이 보이고 오른쪽으로는 황해북도 개풍군이 있다. 전쟁 전 교동도는 교동도를 거쳐 영등포를 지나 마포까지 뱃길이 연결되는 물류의 요충지였고 강화도 갑곶과 함께 서해안 물류의 중요한 역할을 담당하고 있었다. 뱃길 이용이 많다 보니 교동도 사람과 마포 사람은 서로 만나 친하게 지내고 사돈을 맺는 일도 많았다고 한다.

정전협정 제1조 5항은 교동도를 포함하여 한강하구 중립수역 규정을 두고 있다. 남쪽은 파주시 탄현면 성동리에서 강화군 서도면 말도까지, 북쪽은 개성시 판문군 임한리에서 황해남도 연안군 해남리 수역까지 67km를 한강하구 중립수역으로 잡고 있다. 동쪽의 한강과 임진강이 합수되어 흘러오다가 북쪽의 예성강과도 만나는 곳이다. 할아버지 강이라는 뜻의 조강(祖江)으로도 불리는 강이면서 바다와 함께 교동도를 싸고 흐른다. 교동도는 중립지역으로 전쟁 무기나 무장군인이 배치되지 않는 평화의 섬이다. 2005년부터 민간차원에서 '한강하구 평화의 배 띄우기' 행사를 하면서 한강하구가 중립수역이며 민간에게 항행이 개방된 곳이라는 사실을 널리 알리는 동시에 '평화지대'를 현실화시키려는 노력을 해왔다. 그러나 유엔의 소속이 아닌 유엔사와 국방부의 견해 차이로 평화의 배는 교동도 월선포와 강화도 창후리 포구를 연결하는 북방어로 한계선까지만 띄워지고 말았다. 정전협정과 실질상 종전된 상황을 내세워 당당하게 바로잡아 나가야 할 주요 과제다. 이 땅에 사는 사람들의 생존은

외세가 아닌 우리의 과제이기 때문이다.

2018년 남북은 4·27 판문점선언에 이어 9·19 평양공동선언에서 군사협의를 체결한 바에 따라 수로 조사를 하였다. 2018년 11월 5일, 한강하구 공동이용수역 남북공동수로 조사를 위해 남측과 북측의 해양전문가가 참석하였다. 12월 9일까지 남측은 김포반도 동북쪽에서 교동도 서남쪽까지, 북측은 개성시 판문군 임한리에서 황해남도 연안군 해남리까지 모두 70km, 연면적 280km^2를 조사하여 한강하구 중립수역의 수로를 공동으로 이용하기 위한 임시 해도를 작성한다는 것이 주요 내용이었다. 그러나 이 또한 진척 없이 답보상태에 놓여 있다. 정전협정 제1조 5항은 "각방 민용선박이 항행함에 있어서 자기측의 군사통제하에 있는 륙지에 배를 대는 것은 제한받지 않는다"고 규정한 것에 모두 위반되는 것이다. 10·4 평양공동선언에 이은 4·27 판문점선언에 합의된 이행은 우리끼리 한 약속이니 실천되어야 할 일이다.

피난 1세대의 구술을 담은 "어머니에게 보내는 편지"

어머니 불효자 인사드립니다. 어머니를 마지막으로 뵌 때가 1953년 정전회담 직전이었으니 68년이나 됩니다. 38선이 그어졌을 때도 어머니와 같이 살던 고향인데, 휴전선을 그어서 못 가게 만들었습니다.

전쟁이 나고도 저는 어머니와 고향에 살았었지요. 1952년 정전회담이 진행되던 무렵이에요. 고향 하늘엔 미군 폭격기가 포탄을 투하하고 바다에서는 연합군의 함포가 계속 포탄을 쏘는 상황이었으니, 너희라도 살아남아야 한다는 할아버지 할머니의 말씀에 따라 아버님과 큰형님과 저 이렇게 셋이서만 고향 땅 바로 동쪽 교동도로 내려갔지요.

교동도로 갔지만 먹을 것이 없어서 어머니 계신 고향을 여러 번 찾아갔던 일 기억하시지요? 달이 없어 깜깜해진 저녁을 이용해서 배를 띄우고 고향을 찾아갔던 일 말이에요. 어머니는 보자마자 얼마나 배고팠냐며 먹을 것을 챙겨주시며, "여기 더 있다가 누구 눈에 띄면 위험하니 얼른 떠나라"는 할아버지 말씀을 듣고는 무거운 발길을 돌려 나오곤 했었어요. 그러던 것이 이렇게 오래 못 만날 줄은 상상도 못했어요. 도대체 어떻게 이런 일이 있냐구요? 어머니!

우리가 잘못해서 분단된 것이 아니고 우리가 잘못해서 헤어진 게 아닙니다. 그러면 헤어진 가족들 만나게 해주어야지요. 왜 제가 어머니를 만날 수 없었단 말인가요? 제가 어째서 할아버지, 할머니, 동생들을 만날 수 없다는 말인가요? 전쟁이 끝나면 곧 만날 수 있는 줄 알았는데 고향을 지척에 두고 도대체 이것이 무슨 일입니까? 우리가 무슨 잘못을 했기에 그렇다는 건가요? 북에 계신 어머님과 동생을 만나려고 이산가족 신청을 했으나 연락을 못 받아 한스러웠죠. 지금도 틈만 나면 교동도를 가서 고향을 쳐다보다가 옵니다. 어떻게 단 한 번만이라도 가족을 만날 수 있으면 여한이 없겠어요. 어머니! 엄마! 어머니!

—2020.10.27 구술 정리 이기묘

4

제주4·3평화공원 야외 전시 - 비설(飛雪)

국가폭력,

저항의 공간과 민주주의 · 인권

서울 명동성당

광주 광주관광호텔, 광주교도소

서울 남영동 민주인권기념관

제주 제주4 · 3평화공원

〈명동성당〉,
화해와 치유를 위한 민주화의 성지

도지인
건국대학교 통일인문학연구단 HK교수 및 대학원 통일인문학과 교수

민주화의 성지로 거듭난 명동성당

반민주적, 반민중적, 반민족적 독재정권에 항거하는 민주세력의 투쟁은 1980년대 거대한 전환점을 맞았다. 대통령직선제개헌을 골자로 하는 1987년 '6·29 선언'은 민주화를 향한 아래로부터의 열망을 실천에 옮기기 위해 많은 사람들이 희생한 결과였다. 한국의 1980년대는 인간의 자유의지가 있는 한, 정의와 인권에 대한 군사독재의 탄압에 유효기간이 있을 수밖에 없다는 것을 보여준 역전의 시기였다.

민주화의 공로와 관련해서 우선 떠오르는 인물은 김

대중이나 김영삼과 같은 거물급 정치인들이다. 이 글에서 다루는 1980년대는 이미 전 세계적으로 냉전 해체가 예견되고 있었고 국내에서도 경제 성장, 교육 확대, 문화적 다양화로 인해 오랜 독재정치의 기반이 약화되고 있었다. 그러나 분단 한국에서 이것만으로는 예견된 변화들이 실현될 수 없었다. 1980년대 한국을 민주화로 이끌었던 핵심 동력은 냉전개발주의와 반공주의가 주조한 기득권 질서에서 소외되었음에도 불구하고, 또는 어쩌면 바로 그러한 취약한 위치 때문에, 사회정의와 민주화를 위한 투쟁에 뛰어들게 된 평범한 노동자, 대학생, 지식인, 그리고 그들의 가족과 동지들이었다. 1960년대부터 성장제일주의의 폐해에 직접 노출된 우리 사회의 약한 사람들이 스스로 큰 희생을 자처했기 때문에 한국은 민주화로 이행할 수 있었다. 비록 낮은 자리에 있었지만 그들이 함께 더 잘 사는 세상에 대한 기대를 버리지 않았기 때문에 우리 역사는 진보할 수 있었다.

군사독재에 충실히 복무한 사람들이 냉전개발주의에서 파생되는 특권과 이익, 기회와 보상을 독점하던 1980년대 한국에서 이들과 갈등관계에 놓여 있는 사회적 약자들이 기댈 곳은 많지 않았다. 그런 상황에서 천주교계가 천주교 서울대교구 주교좌 명동대성당(이하 명동성당)을 중심으로 독재정권과의 대척점에서 서서, 민주세력의 신념과 희생에 대해 지지를 선언하고 국내적 여론 확산과

명동성당의 전경

국제적 공감대를 넓히기 위해 노력했던 것은 한국의 가톨릭교회사뿐만 아니라 정치사에서도 특별한 의미가 있다. 천주교정의구현전국사제단(이하 정의구현사제단)과 김수환 추기경이 지지했던 체제비판세력의 활동은 명동성당을 중심으로 이루어졌다. 이로 인해 명동성당은 독재와 불의, 인권 탄압에 저항하고 민주주의와 정의를 소망하는 모든 한국인들의 연대의 장으로 자리매김하게 되었다. 이로써 1980년대 명동성당은 민주화의 성지가 되었고 "행동하는 양심" 세력의 대표적 상징성을 갖게 되었다.

1980년대 이전 명동성당

한반도에서 초기 기독교 복음의 전파는 기득권세력에 대한 저항과 갈등의 관계와 떨어져서 생각할 수 없다. 그러나 가톨릭교회는 1960년대 이전까지는 정치 문제나 사회정의 문제에 뚜렷하게 개입하지 않았다. 일제시대 때 명동성당은 복음전파와 문화공간으로 주로 활용되었다. 명동성당 안에서 양로원과 보육원이 운영되었고, 1930년대에는 가톨릭 청년운동과 문화운동의 중심이 되어 월간지 『가톨릭청년』이 창간되었다. 『가톨릭청년』은 〈향수〉의 시인 정지용 프란치스코가 편집을 맡았고, 장면과 같은 가톨릭 지성의 활동으로 성장해갔다. 해방이 되자 명동성당 문화관에서는 "대한독립촉성 종교단체 연합대회"가 열렸고, 1946년 삼일절에는 이곳에서 '기미독립선언 전국대회'가, 1949년에는 "남북통일촉성 종교단체 연합회'가 개최되는 등 나라의 방향을 설정하는 종교계의 토론의 장으로 활용되기도 했다. 그러나 1962~1965년에 개최된 제2차 바티칸 공의회(Second Vatican Council)가 교회의 현대화를 선언하면서 사회적 역할을 강조하고, 이러한 공의회 정신을 김수환 추기경이 특별한 관심을 갖고 국내에 소개하기 전에는 가톨릭교회가 특별한 공적 역할을 수행하길 자임했다고 보기는 어렵다.

제2차 바티칸 공의회 이후 1960년대 말부터 한국 가톨릭교회 일각에서는 독재정치 종식, 정보정치 철폐, 인권유린 반대, 부정부패 추방, 기본생존권 보장과 같은 문제에 관심을 갖기 시작했다. 물론 가톨릭교회 전체가 일치된 입장으로 독재정권의 견제와 비판의 역할을 수행한 것은 아니며 군부독재시기 전반에 걸쳐 꾸준히 체제비판적인 활동을 활발하게 전개한 것도 아니다. 광주항쟁 당시 1980년 5월 27일을 전후한 시기부터 그해 6~7월까지, 약 2개월에 걸쳐 천주교는 다른 어느 종교나 단체보다 큰 역할을 했으나 이는 주로 광주대교구 및 전주교구 중심으로 이루어졌다. 이와 반대로 대구대교구의 두 사제가 입법회의에 참가해 전두환·신군부정권의 수립을 지지한 사례도 있었다.

그럼에도 불구하고 가톨릭교회가 제2차 바티칸 공의회의 정신이 한국에서 수용되기 시작하는 1960년대 중후반부터 이전과는 다른 모습을 보여주게 된 것을 부인할 수는 없다. 이 시기는 박정희 정권의 '선경제-후통일' 기조, 재벌기업 중심의 특권경제, 저임금 노동집약적 상품의 수출주도형 경제성장정책과 같은 정책들이 가속화되고 있는 남북의 체제경쟁 속에서 노동3권 억압, 노사분규, 여성차별, 사회적 양극화 등 갖가지 부조리를 심화시키고 있었다. 이와 같은 상황에서 가톨릭 노동청년회 활동이 활성화되었고 가톨릭농민회가 조직되었다. 1970년 8월 24일 주교회의 산하 공식기구로 한국정의평화위원회가 발족되었고, 한국평신도사도직협의회의에서는 "천주교와 사회개발"을 주제로 한 연구모임이 결성되었으며, 1971년에는 서울대교구 산업사목위원회가 조직되었다.

1974년 7월 10일 전국민주청년학생총동맹 사건으로 지학순 주교가 구속된 것을 계기로 같은 해 9월 26일에는 정의구현사제단이 발족되었고 잇따른 시국성명들이 발표되었다. 정의구현사제단의 출범으로 인해, 민주화운동만을 목적으로 하는 다른 나라에서도 그 유례를 찾기 힘든 대규모 성직자 조직이 한국에서 등장하게 되었다.

1980년대와 명동성당
-화해를 위한 민주화, 상처받은 자를 위한 치유

12·12 쿠데타를 통하여 군권을 장악한 신군부는 집권을 위하여 1980년 5월 17일 자정 비상계엄령 전국 확대 조치를 단행했다. 이에 반발하는 광주 시민들과 그들을 강경 진압한 계엄군 간의 충돌로 한국 현대사의 분수령이 된 5·18항쟁이 발생했다. 천주교 광주대교구 정의평화위원회는 "광주민주화운동에서 계엄군에 가장 철저하게 저항한 세력은 기층민중이었으며, 따라서 5·18은 민중이 주체가 된 민주화운동이었다"고 5·18항쟁의 성격을 규정했다.

명동성당은 5·18항쟁 당시 나라의 안정과 평화를 기원하는 철야기도회의 장소였다. 5월 23일 주교회의 상임위원회에서 신자들에게 광주항쟁에 대해 특별기도를 요청하는 서한을 발송한 이래, 6월 25일 김수환 추기경이 시국 관련 담화문을 발표하였고, 광주항쟁에 대한 해결을 요청하는 편지를 발송하였다. 특히 1981년 성소 주일인 5월 10일에는 당시 광구교구장이었던 윤공희 대주교가 명동성당에서 광주항쟁에 대한 강론을 펼치는 드문 사건이 일어났다. 원래 김수환 추기경 자신이 집전하기로 되어 있었던 미사를 윤공희 대주교에게 양보하였고, 윤 대주교는 이 자리에서 "광주사태는 처음에는 평화적인 학생들의 시위였는데, 이것을 진압하는 단계에서 공수 특전단이 너무나도 잔악한 만행을 저지르는 바람에 이에 격노한 시민들이 궐기하고 무기까지 탈취해 가지고 항거하게 된 것입니다"라고 항쟁의 원인을 명확히 밝혔다. 이 자리에서는 유인물도 배포했는데, 이로써 광주항쟁의 진상이 서울 사람들에게 폭넓게 알려지게 되었다.

이후 1982년 3월 18일 발생한 부산 미국문화원 방화사건의 피의자들이 원주교구에 피신을 요청하고 최기식 신부가 이를 받아들임으로써 최 신부가 구속되는 사건이 일어났다. 이는 광주항쟁에서의 미국의 역할에 대한 항의를 표시하기 위함이었다. 김수환 추기경은 이에 대해 4월 7일 명동대성당에서 봉헌된 성유축성미사 중 강론을 통해 "최 신부의 행동은 가톨릭 사제로서 정당하고 합당한 행동"이라고 인정하였다. 또한 4월 26일 명동성당에서 「최기식 신부와 구속자들을 위한 특별미사」가 한국

정의평화위원회 주관으로 봉헌되었다. 이날 강론을 맡은 윤공희 대주교는 "최기식 신부가 겪고 있는 고통은 최 신부 개인의 고통이 아니라 우리 교회와 사회 전체의 고통이며 더 나아가 이 시대를 대변하는 아픔이자 표징"이라며 "우리 모든 신자들은 이번 사건을 계기로 폭력은 미워하되 사람을 미워하지 않는 교회정신을 깊이 깨닫고 최 신부와 모든 관련자들의 아픔에 동참하면서 그들을 위해 기도하자"고 호소했다. 이들을 포함해 수많은 사제들과 수녀들이 광주의 진실을 알리기 위해 투쟁했고, 고통당했다. 보안사에 연행되어 심한 고문으로 하반신 마비를 경험한 정 마리안느 수녀, 전두환의 살육 작전이라는 유인물을 배포하여 군인으로 보이는 괴청년들에게 테러를 당한 박창신 신부, 수습위원 및 죽음의 행진에 참여했다가 구속된 김성용 신부, 조비오 신부의 인신구속 등이 대표적이다.

이들 외에 명동성당을 민주화의 성지로 만든 가장 잘 알려진 인사는 역시 김수환 추기경이다. 2009년 선종 이후 꾸준히 '가장 영향력 있는 종교인' 1위로 선정되었던 김수환 추기경을 애도하기 위해 40만 명의 인파가 모였던 곳도, 그리고 1987년 5월 18일 김수환 추기경 집전으로 「5·18광주항쟁 추모미사」가 끝난 후 정의구현사제단에 의해 "박종철군 고문치사사건의 진상이 조작되었다"는 결정적인 폭로가 이루어진 곳도 명동성당이다. 광

명동성당 역사관

명동성당 역사관에 전시되어 있는 1987년 민주화 시위대와 명동성당

주의 진실을 알리는 데 대다수 교구가 침묵하고 있었던 시점에서 김수환 추기경의 기도와 눈물, 위로와 참회는 폭넓은 호소력을 발휘했다. 1980년 7월 계엄사가 광주대교구 사제 8명, 서울대교구 사제 5명, 명동성당 노동문제상담소 여직원 1명을 연행한 후 "광주사태의 진상을 고의적으로 왜곡, 허위사실을 유인물로 대량 제작, 일반 시민들에게 유포한 신부들을 연행, 조사하고 있다"고 발표하자, 이에 분노한 김수환 추기경은 「광주 시민의 아픔에 동참하며」 라는 담화문을 발표했다.

이후 김 추기경은 광주항쟁의 진실을 알리기 위해 1984년 방한한 교황 요한 바오로 2세(Pope John Paul II)의 방문지를 선정할 때 광주를 가장 먼저 고려했다. 첫 공식 일정을 광주에서 시작한 교황은 미사가 예정됐던 북구 임동 무등경기장으로 곧바로 가지 않고, 시민들이 계엄군에 의해 무참히 희생된 장소인 금남로와 전남도청 앞 광장을 차로 한 바퀴 돌며 시민들에게 화답했다. 2005년에 방영된 MBC의 한 다큐멘터리에 따르면, 교황은 방한 전에 광주에 대한 보고를 받고 상황을 파악하고 있었다. 당시 한국의 주류 보수 매체들은 교황이 "화해" 또는 "용서"의 메시지를 설파했다는 보도를 무차별적으로 쏟아냈으나, 도대체 누구와 누구 사이의 "화해"와 "용서를" 말했다는 것인지 분명히 처리하지 않으면서 독재정권에 유리한 논조를 형성했다. 이에 반해 외신보도가 주목한 점은 고통받은 이들과의 연대와 공감이었다. 특히 전두환 정권과의 관계에서 직접적인 정치적 메시지를 표명할 수 없었던 바오로 교황은 광주의 상처를 위로하기 위한 하나의 메시지로 한센인들이 거주하고 있었던 소록도를 방문하였다.

교황의 소록도 방문이 그러했듯이, 김수환 추기경 역시 명시적으로 정치적 입장을 표명하기에는 많은 위험과 어려움이 있었다. 따라서 김 추기경도 직접적으로 진상규명을 요구하기보다는 주로 복음의 정신에 초점을 맞추어서 민주화의 당위성을 호소했다. 당파적 입장에서보다는 교리에 비추어서 민주화를 설파했던 김수환 추기경의 핵심 메시지는 바로 "하느님과의 화해"였다. 1986년 3월 9일 명동성당에서 「민주화 하느님과 화해하는 길」이라는 제목의 메시지를 통해 "고문과 폭력으로 사람의 인격을 파괴하는 사람들은 하느님이 보고 계심을 깨달아야 하며, 법조문을 절대시하고 무분별하게 적용하여 인간이 갖는 기본적인 자유를 제한하는 이들은 모든 법의 근원이신 하느님을 두려워할 줄 알아야 한다"고 말했다. 김 추기경은 "민주화는 바로 하느님과 화해하는 길이며 이렇게 먼저 하느님과 진정한 화해가 이루어지지 않으면 대립세력과의 정치적 대화를 아무리 반복하여도 그 결과는 끊임없는 투쟁과 반목과 보복의 악순환뿐일 것"이라고 말했다. 이러한 입장에서 그는 좌우를 포함한 모든 정치 세력에 대해 신중한 언행을 유지했다. 3월 8일 명동성당에서 열린 「민주화와 회개를 위한 9일기도회」를 마치고 가진 미사강론에서 그는 "오늘날 이른바 좌경학생들이 생기게 된 근본 원인은 정부의 강권정책과 금력을 가진 사람들의 횡포, 사회의 빈부격차등 구조적인 부조리에서 비롯됐다"고 하면서 "학생들을 공산주의로부터 보호하려면 정치의 민주화가 선행되고 정부 여당이 민주화를 과감히 실천해야 한다"고 말했다.

그러나 1987년 6월 항쟁의 직접적인 도화선이 된 박종철 군 고문치사사건을 계기로, 김수환 추기경은 오랫동안 광주항쟁에 대한 직접적인 언급을 하지 않았던 신중한 태도로부터 전환하여 "80년 5월 광주에서 잔학한 짓을 한 것으로도 모자라 계속 학생과 젊은이들을 잡아들여 가혹한 고문을 하는 형태는 종식되어야 했다"고 선언했다. 1987년 5월 김수환 추기경은 「5·18 항쟁 희생자 7주기 추모 미사」를 직접 주례했다. 그동안 광주 민주화 운동에 대해서는 매해 강론을 했어도, 5월 18일에 미사를 올리는 것은 처음이었다. 김수환 추기경은 강론을 통해 “정권이 광주사태의 진실을 밝히고 참으로 회개하는 것만이 그들 자신을 구하고 나라를 위하는 길”이라고 촉구했다. 이후 6월 22일 정의구현사제단 김승훈 신부가 명동성당에서 박종철 군 고문치사사건 축소조작 관련 기자회견을 갖고「진실이 밝혀지기보다는 은폐되고 있다」는 제목의 성명서를 발표했다. 사제단 명의의 이 성명은 “검찰의 5월 29일 발표는 전후좌우의 모순과 허점으로 점철되어 있어 진실의 규명보다는 오히려 사건의 종결과 호도에만 급급한 인상”이라고 지적했고 “무엇보다 검찰의 발표가 진실인 것으로 확인되기 위해서는 객관적인 제3자의 검증 즉, 국정조사권 발동과 대한변협의 자유로운 조사활동이 보장되어야 한다”고 주장했다.

1987년 2월 7일 명동성당에서는 박종철 군의 국민추도회가 열렸다. 추도회준비위원회가 나눠준「고문 없는 나라에서 살고 싶다」는 전단은 “모든 인권유린행위를 추방하는 운동을 다함께 전개하자”고 주장했고「고문 뿌리 뽑고 민주화를 이룩하기 위해 천만농민이여, 모두 떨쳐 일어나자」는 유인물은 “박종철군 고문살해에 대한 진상규명과 밀실수사를 중단할 것”과 “경찰중립화와 언론자유”등을 요구했다. 이후 그해 4월 명동성당에서 상계동 철거민들의 집단 천막생활이 시작되고 6·10 시민항쟁 도중 학생 시민시위대의 ‘해방구’ 역할을 하게 되면서,

어느덧 명동성당은 한국사회 각계각층의 온갖 부조리를 규탄하고 온갖 권리를 청원하는 '아고라(광장)'로 변신하였다.

6월 15일 명동성당에서는 김수환 추기경의 집전으로 「나라와 민주화를 위한 특별미사」가 전국교구의사제 300여 명과 1,000여 명의 수녀 및 신자 등 모두 5,000여 명이 참석한 가운데 열렸다. 2시간 동안 진행된 미사에 성당 밖 마당에 있던 3,000여 신자는 비가 내리는데도 자리를 지켰다. 성당 측은 본당 내에 들어오지 못한 신자들을 위해 성당 앞마당에 제대와 옥외 스피커를 설치했다. 밤 10시쯤 영성체를 마지막으로 미사가 끝나자 신부, 수녀, 신자 등 5,000여 명이 한 손에 촛불을 들고 한 손으로는 V자를 그리며 행진에 들어갔다. 성당 밖에 있던 학생과 시민 1만여 명도 뒤따라 1만 5,000여 명으로 불어난 촛불시위대는 중앙극장 앞과 코스모스 백화점 앞까지 행진, 경찰과 대치하다 성당으로 돌아와 해산했다. 1987년 민주화 이행의 목전에서 각계각층의 시민들은 명동성당에서 들려오는 정의와 진리, 평화와 화해의 메시지에 주목했다. 그리고 많은 이들이 자신들의 믿음과 희망을 실천에 옮기기 위해 명동성당으로 모여들었다.

명동성당에서의 단상
-평화를 위한 통일인문학

식민, 이산, 분단, 전쟁, 그리고 독재를 경험하는 동안 한반도에 살고 있던 사람들은 극단적인 불일치, 반대, 갈등, 반목의 삶을 살게 되었다. 전근대적 양반과 상놈의 구분이 없어진 자리에 정치적, 경제적, 그리고 이념적 입장이 생겨나면서 이에 따라 적과 동지가 갈라졌고, 있는 자와 없는 자가 적대하고, 전라도와 경상도로 반목하고, 서울과 지방이 양분되는 가운데 반북과 친북, 친미와 반미, 친일과 반일 등의 구도가 가세했다. 남북분단과 체제경쟁하의 독재체제는 이러한 갈등구조에서 돈, 물리력, 정보를 독점하는 사람들의 암묵적이거나 명시적인 지지를 기반으로 해서 유지될 수 있었다. 이 구조에서 뒤처진 사람, 소외된 사람, 느리게 가는 사람, 다르게 가는 사람, 그리고 비판하는 사람은 불리하고, 위험하고, 궁핍한 삶을 살 수밖에 없었다.

그러나 창조주 하느님의 시각에서 보면 이 대립구도에서 이기는 사람과 지는 사람, 덕 보는 사람과 손해 보는 사람, 있는 사람과 없는 사람은 고정된 것도 아니고 명확하게 구분되는 것도 아니다. 인간은 모두 하느님의 구원을 갈망하도록 지어졌고, 삶의 조건이 다를 뿐 모두가 평등하게 죄인이다. 그러나 하느님의 뜻과 의를 구하는 자에게 자비도 공평하게 주어진다. 즉 인간이 정의를 실현하여 참된 평화를 구함으로 하느님과의 화해를 이룬다면, 그의 자비와 사랑은 모두에게 열려 있다. 그럼에도 불구하고 인간들의 세상에서는 약자들이 치유의 기회를 부정당하고 자유가 억압되며 침묵을 강요당한다. 때문에 이들의 편에서 정의와 평화, 화해와 일치를 강조한 가톨릭교회의 역할과 명동성당의 상징성을 주목하게 된다. 그리고 이 관점에서 통일인문학이 소통, 치유, 통합의 패러다임을 완성해가기 위해서는 어떤 접근과 시각을 견지할 것인지, 그리고 누구와 함께 무엇을 할 것인지 생각해보게 된다.

통일인문학은 기존의 정치와 제도 중심의 시각에서 벗어나 '사람의 통일' '과정으로서의 통일'에 주목하면서, 사람들이 서로 적대시하게 되는 구체적 삶의 조건들과 역사 속의 원인들, 그리고 생활 문화적 결과들을 인문학적으로 조명하고 남북 주민들과 코리안 디아스포라 사이의 소통과 치유, 통합을 위한 비전과 방법을 제시한다. 이와 같은 새롭고 또 세밀한 인문학적 접근은 기존에 주목받지 못했던 주체들의 의미를 밝힐 수 있으며, 이와 동시에 왜곡되었거나 오인되었던 사안들을 바로잡을 수 있다. 통일인문학이 더욱 분석력을 높이고 공감대를 확대하기 위해서는 양분되어 있지만(binary) 대립적(oppositional)이지는 않은 시각이 필요하다는 점을 명동성당의 역사성에서 확인할 수 있다. 1980년대 명동성당에서 사제들이 설파한 "하느님과의 화해"가 모두에게 공통으로 주어지는 선물이자 의무인 것과 같이, 통일인문학의 "소통, 치유, 통합"은 남과 북, 좌와 우의 구분을 인정하면서도 화해의 가능성을 여는 분석과 실천을 추구해야 한다. 이렇게 할 때 학문적 이론으로서 설득력을 높일 수 있으며, 갈등 해소와 평화를 위한 삶의 방식으로서 호소력을 가질 수 있을 것이다.

마지막으로 생각해보는 것은 누구를 위한 통일인문학인가 하는 것이다. 1980년대 가톨릭교회가 명동성당을 중심으로 펼쳤던 사회정의구현의 교훈은 약자들의 희생을 되새겨보게 한다. 당시 민주화 운동에 가담했던 학생, 노동자, 농민들은 우리 사회에서 인간 대접을 받지 못했던 가난하고 약한 사람들, 버림받고 소외된 사람들이거나 이들의 존재로 인해 한국 자본주의, 분단체제의 모순과 부조리에 대해 비판적 시각을 갖게 된 사람들이었다. 현실 속에서 자기 한 몸 건사하기에도 늘 빠듯한 사람들이었다. 그러나 이들은 자신의 고난에도 불구하고 공동선을 갈망했고, 실제로 공동선을 위해서 투쟁을 실천했다. 예수가 세상 속에서 버림받았지만 구원 역사의 주인이 되었듯이, 이들은 세상 속에서는 고통 받았지만 우리나라 민주화의 주역이 되었다. 이들이 바로 김수환 추기경이 말한 "자신을 사랑으로 남김없이 주면 줄수록 스스로도 풍요해진" 사람들일 것이다. 민주화 투쟁에 헌신했던 사람들이 개인적으로 풍요로워졌는지는 알 수 없지만, 그들의 희생이 맺은 값진 열매는 우리 역사 속에서 여전히 진행 중이다. 낮은 자들, 소외 받은 자들, 차별 받은 자들이 자신보다는 공동체를 생각했기 때문에 우리 역사는 진보했다. 이들의 노력과 유산에 대한 더 큰 관심을 통해 소통, 치유, 통합의 패러다임을 풍부하게 만들어나가는 통일인문학이 되기를, 명동성당에서 소망해 본다.

5·18을 기억하는 두 공간, 〈광주관광호텔〉과 〈광주교도소〉

김정한
서강대학교 트랜스내셔널인문학연구소 HK연구교수

높은 곳에서 본 5·18

1980년 광주에서 가장 높은 건물은 10층짜리 전일빌딩이었다. 금남로와 옛 전남도청이 이어지는 자리에 위치한 전일빌딩은 5·18 당시 계엄군의 헬기 사격을 입증하는 탄흔이 발견된 곳이다. 헬기 사격을 목격했다는 증언들이 있었지만 물질적인 증거가 없어서 진상규명이 진척되지 않던 차에, 전일빌딩에서 찾은 탄흔은 지상이 아니라 공중에서 사격할 때 생길 수 있는 하향 탄도를 분명하게 보여주었다. 전일빌딩보다 더 높은 건물은 없었기 때문에 헬기에서 사격한 게 아니면 설명될 수 없는 흔적이다. 2018년 2월 8일 5·18특별조사위원회는 헬기 사격 의혹에 관한 조사결과를 발표해 헬기 사격이 실재했음을 밝혔고, 2020년 11월 30일 광주지법 재판부는 헬기 사격을 증언한 고 조비오 신부에 대한 전두환의 사자명예훼손 소송 재판에서 헬기 사격이 있었다고 판결해 전두환에게 유죄를 선고했다.

5·18의 대규모 저항을 진압하기 위해 무장 헬기를 동원해 사격했다는 사실은 단순히 계엄군의 만행을 폭로하는 것만이 아니다. 12·12쿠데타로 정권을 장악하고 5·18항쟁을 무력 진압한 신군부는 수많은 사람들을 학살한 집단 발포를 하고도, 사병들이 시민들의 폭력에 생명의 위험을 느껴서 자위권을 자체적으로 발동했다는 논리로 변명해왔다. 발포 명령이나 그에 준하는 지휘권 행사는 없었다는 것이다. 그러나 헬기 사격은 자위권 발동에 의한 발포라는 논변이 허구에 불과하다는 사실을 밝혀준다. 발포를 포함하는 작전 명령이 하달되지 않았다면 광주에 급파된 무장 헬기의 사

도청에서 본 전일빌딩 245(2020년)

격은 설명될 수 없다. 현재 전일빌딩은 '전일빌딩 245'로 리모델링되어 5·18을 기념하고 기억하는 공간으로 활용되고 있다. '245'는 전일빌딩에서 발견된 총탄 흔적의 숫자이다.

전일빌딩의 우측 맞은편에는 광주관광호텔이 있었다. 광주에서 전일빌딩 다음으로 높은 8층 건물이었다. 관광호텔은 1960년대부터 관광사업을 진흥한다는 명목으로 전국 주요 도시에 건축되었고, 대통령이 지방 시찰을 하면 숙박하는 대통령 전용실이 마련되어 있었다. 1965년 한일수교와 더불어 개업한 광주관광호텔도 대통령 VIP룸과 외국인을 상대하는 카지노가 있는 당시 광주의 최고급 호텔이었다. 6층 VIP룸에서 보면 도청과 분수대 광장, 금남로를 한눈에 전망할 수 있었다. 하지만 5·18 당시 외신기자들이 취재하기 위해 머물렀다는 사실 외에는 그동안 광주관광호텔에 관해 알려진 바가 없었다. 현재 광주관광호텔은 다른 장소로 옮겨져 있고, 당시 건물은 다른 용도로 사용되고 있다.

2020년 5·18 40주년을 앞두고 5·18 당시 광주관광호텔에서 영업과장을 맡고 있던 새로운 증언자가 세상에 알려졌다(홍성표·안길정, 「호텔리어의 오월 노래: 광주관광호텔에서 본 5·18」, 빨간소금, 2020). 5·17 비상계엄 전국 확대가 선포되고 5월 18일 공수부대와 시위대의 격전이 벌어지자 관광호텔은 영업을 폐쇄했지만, 그는 5월 27일 새벽에 계엄군이 관광호텔을 점령할 때까지 남아서 5·18의 열흘을 목격했다. 그동안 알려지지 않았던 높은 공간에서 금남로와 도청 광장의 변화하는 상황을 직접 목격한 만큼 그의 증언은 새로운 진실을 담고 있다. 높은 공간에서 위에서 아래를 내려다보면 아래에서 볼 수 없는 것을 볼 수 있었다. 또한 그는 시위에 적극적으로 참여하지는 않았기 때문에 시위 군중 속에서는 볼 수 없던 것을 볼 수 있었다.

무엇보다 5월 21일 1시 금남로의 집단 발포와 저격수들의 조준사격, 그리고 5월 27일 새벽에 벌어진 전일빌딩을 향한 헬기 사격은 오직 그만이 볼 수 있는 장면이었다. 당시 금남로 주변 옥상에서 저격수들이 조준사격을 했다는 자료는 존재한다. 그러나 저격수들이 사격하는 모습을 직접 목격한 사람은 없었다. 공수부대가 발포하는 급박한 상황에서 아래에서 위를 보기는 쉽지 않고, 본다 해도 옥상 사정까지 알 수는 없기 때문이다. "벽에 기대어 앉아 앞을 보니 건너편 수협 옥상에 군인 2명이 보였다. 옥상 환기구 주위에 총을 걸치고 우체국 쪽을 향해 사격하는 사수도 보였다(「호텔리어의 오월 노래」, 125쪽)." 더구나 그는 저격수의 총에 가슴을 맞은 피해자가 피를 흘리며 운명하는 순간에 함께 있었고 마지막 유언을 들었다. 국방부과거사진상규명위원회의 「조사결과 보고서」(2007)에는 도청 주변 건물에 저격병을 배치했다는 현지 지휘관의 진술과 관광호텔 옥상에서 조준사격을 했다는 사병의 진술이 실려 있지만, 당시 관광호텔 옥상에는 저격수가 없었다는 것도 그의 증언으로 확인할 수 있다.

또한 그는 5월 27일 새벽 공수부대가 광주 외곽에서 시내로 재진입해 무력 진압을 자행할 때 전망이 가장 좋은 6층 VIP룸에 숨어 있었다. 그곳에서 전일빌딩으로 날아가는 사격 섬광과 기관총 광음을 보고 들었다. "호텔 건너편 전일빌딩 쪽을 보니, 광주우체국 방향에서 전일빌딩 위를 향해 섬광이 연속해서 날아가는 것이 보였다. 공중에서 날아가는 탄환이었다. 광음이 들려왔다. 기관총 소리였다. 카빈총이나 M16과는 명백히 다른 둔중하고 묵직한 소리, 탄착점은 전일빌딩이었다. 호텔 위 공중에서 전일빌딩 고층을 향해 쏘는 기관총 소리가 분명했다(『호텔리어의 오월 노래』, 155–156쪽)." 6층보다 더 높은 곳에서 날아가는 탄환의 섬광은 헬기 사격이 아니면 설명되지 않는다. 그의 증언은 5·18특별조사위원회의 「조사결과보고서」(2018)에 수록되어 있다. 5월 21일의 헬기 사격을 목격한 사람은 조비오 신부와 아널드 목사를 포함해 여럿이지만, 5월 27일 전일빌딩을 향

광주관광호텔(1984년). 출처: 민주화운동기념사업회 오픈아카이브

한 헬기 사격의 목격자는 그가 유일하다.

5·18이 일어난 후 40년이 되어서야 그가 비로소 세상에 증언한 이유는 역사적 트라우마가 있었기 때문이다. 1989년 5·18청문회에서 조준사격의 피해자 가족은 그에게 증언해줄 것을 요청했지만 그는 청문회에 출석하지 못했다. 민주화가 되었다고는 해도 5·18의 학살자 중 한 명인 노태우가 대통령을 하고 있었기 때문에 증언할 용기를 내지 못했지만, 5·18에 대한 폄훼와 왜곡이 격해지는 와중에 더는 거짓말을 방치할 수 없다고 생각했다. 그는 진실을 말함으로써 40년 동안 묻어두고 살아온 기억으로부터 자유를 얻었다.

트럭에 실려가 사라진 곳

새로운 증언자의 생생한 기억으로 40년이 지나 알려진 진실이 있다면, 여전히 규명되지 못한 진상도 있다. 예컨대 1980년대에 널리 불렸던 〈오월의 노래 2〉에는 "왜 쏘았지, 왜 찔렀지, 트럭에 싣고 어디 갔지"라는 가사가 있다. 5·18의 잔혹한 폭력과 학살에 대한 비판이자 밝혀지지 않은 진실에 대한 열망의 표현이었다. 지금까지 알려진 바로는, 5·18 당시 무차별 체포한 사람들을 트럭에 싣고 간 곳은 광주교도소이다.

1980년 5월 20일 저녁부터 다음날 새벽까지 택시와 버스가 대규모 차량 시위를 하고 방송국과 세무서가 불타는 등 광주의 격렬한 저항이 일어났다. 계엄군은 5월 21일 오전 4시경부터 연속적인 긴급회의를 열어 일시 철수를 논의하고, 1시 집단 발포로 인해 시민들이 무장하는 상황에 대응해 신속한 진압에서 외곽 봉쇄로 전환했다. 전남대를 담당했던 3공수여단이 철수한 곳이 광주교도소였다. 3공수여단은 철수하면서 수많은 사람들을 연행해 트럭에 실었고, 수송 과정에서 야만적인 폭력으로 다수가 사망했다. "3공수여단은 광주교도소로 이동하면서 수십 명의 연행 시위대를 천막을 씌운 트럭으로 수송하였는데, 광주역, 전남대 등 격렬했던 시위대와의 충돌 과정에서 흥분한 일부 공수부대원들이 호송 트럭 안으로 최루탄과 가스를 집어넣고, 연행자들을 진압봉으로 가격하고, 군홧발로 구타하였으며, 그 과정에서 연행자 수 명이 사망하였음(서울지방검찰청 · 국방부검찰부, 「5 · 18 관련 사건 수사결과」, 1995. 7. 18, 106쪽)." 당시 전남대에서 광주교도소까지 트럭으로 이동하면 채 20여 분밖에 걸리지 않았다. 이 짧은 시간에 트럭에 실린 연행자들을 진압봉으로 구타하고 천막을 덮은 채 안으로 최루탄을 터뜨려 질식사 시켰다. 게다가 교도소에 도착한 후에도 진압봉 구타는 계속되어 사망자는 더 늘어났다. "3공수여단 5개 대대가

옛 광주교도소 본관(2020년)

옛 광주교도소 감시탑(2020년)

5. 21. 광주교도소로 철수하는 과정에서 그동안 연행했던 시위대 수십 명을 천막 등으로 덮은 트럭에 실어 호송하면서 더운 날씨에 차량 안으로 과다한 인원을 탑승시키고 최루탄을 터뜨려 화상 환자를 발생시켰고, 교도소 도착 후에도 진압봉 등으로 구타하였으며, 교도소 도착 당시 차량에는 질식사 등으로 사망한 5-6구의 사체가 있었음이 확인되었으며 … 철수 과정에서 발생한 사체 및 교전 과정 또는 부상자 치료 과정에서 사망한 사체 등 모두 12구의 사체를 교도소 부근에 가매장한 사실이 확인되었다(「5·18관련 사건 수사결과」, 213쪽)."

진상규명이 불충분했던 1995년 검찰 조사에 근거해도 공수여단이 트럭으로 철수하는 도중에 연행자 5-6명이 사망했고, 이를 포함해 광주교도소 부근에 '가매장'한 시신이 12구가 있었다. 그러나 5·18 관련 단체들은 치료 외면, 고문, 사망 방치 등으로 사망한 민간인을 병원에 안치하지 않고 야산에 묻은 행위는 시신을 은폐하기 위한 '암매장'이며, 여러 자료와 증언을 종합해 보면 광주교도소 인근에 암매장된 시신이 더 있을 것으로 추정하고 있다. 더구나 5·18 이후 행방불명자로 접수된 인원은 242명이고, 그 가운데 78명의 시신은 발견되지 못한 상태이다. 이는 광주교도소만이 아니라 장소를 특정할 수 없는 곳에서 암매장이 이루어졌을 가능성을 시사한다. 또한 부랑자 수용시설인 무등갱생원에 수용되어 있다가 시민군으로 참여한 원생들처럼 당시 항쟁에 참여한 시민군 가운데에는 고아, 부랑자, 넝마주이 등이 많았고, 이들은 신원이 불확실했기 때문에 계엄군에 의해 사망했다 해도 사실상 행방불명자로도 등록될 수 없는 존재였다. 암매장과 행방불명을 제외하고 5·18 과정의 공식 사망자는 165명으로 집계되고 있다.

이와 같이 트럭에 실려 끌려간 곳 가운데 하나가 광주교도소이고 그 인근에 암매장된 시신이 있다는 사실은 알려졌지만, 지금까지도 그 밖의 수많은 사람들이 어떻게 죽었고 어디에 묻혔는지 명백하게 밝혀지지 않고 있다. 2019년 영화 〈김군〉으로 널리 알려진 넝마주이 '김군'이 그 한 명이다. 1980년 5월 24일 효천역 야산에 매복하던 전교사 보병학교 교도대 병력은 주남마을에 주둔하던 11공수여단이 이동하는 것을 보고 시민군으로 오인해 일제 사격을 가하고 수류탄까지 터뜨렸고, 이에 11공수여단이 반격해 30분 넘게 교전이 벌어졌다. 이 오인 전투에서 11공수여단은 9명 사망, 38명 중경상의 큰 피해를 입었다. 그리고는 인근 송암동 마을에서 주민들에게 분풀이 살상을 자행했다. 이른바 송암동 학살 사건이다. 광주의 외곽봉쇄 과정에서 일어난 민간인 학살은 베트남전쟁에 참전한 한국군의 민간인 학살과 유사했다(김정한, 「광주학살의 내재성: 쿠데타, 베트남전쟁, 내전」, 「역사비평」 131권, 2020).

당시 기동순찰대에 참여했다가 사건 현장에 출동한 최진수는 11공수부대원들을 피해 민가에 숨어 있다가 발각된 상황을 증언했다. "문을 열고 나가자마자 집단 구타를 시작하더라고요. 그래 거지고 일어날 수 없을 정도로 엎드려져서 말입니다. 계속 짓밟는 대로 밟히고 있다 보니까 일으켜 세우더라고요 … 그 친구를 갖다 말입니다. 관자놀이에 대고 하사가 '식스틴'으로 그냥 쏴버리더라고요. 그래 가지고 그냥 죽었습니다. 그 친구는 … (그 이름은? 친구 이름은?) 김 뭐라고만 알고 있습니다(강상우, 「김군을 찾아서」, 후마니타스, 2020, 243-244쪽)." 만일 최진수의 증언이 없었다면, 이름조차 알 수 없는 '김군'의 존재는 사회적 기억에서 사라졌을 것이다.

최근 출범한 5·18진상규명조사위원회는 광주에 투입된 공수부대원들의 전수 조사를 계획하고 있다. 이는 상급 지휘관들에 대한 조사에 집중했던 기존 진상규명의 한계를 극복하려는 노력이다. 그러나 더욱 절실한 것은 새로운 증언자이다. 항쟁에 참여한 이들만이 아니라 진압과 학살에 동원된 이들이 당시의 기억을 증언할 때 5·18의 진실은 보다 온전하게 밝혀질 수 있다. 아마 그들 또한 역사적 트라우마로 고통을 겪었을 것이고, 이제라도 진실을 말한다면 오래 숨겨진 기억에서 자유로워질 수 있을 것이다.

기억의 공간과 포스트메모리

어떤 공간과 장소에는 기억이 내재되어 있다. 전일빌딩처럼 기념 공간으로 재구성된 공간만이 아니라, 광주관광호텔처럼 지금은 사라진 공간이나 광주교도소처럼 현장을 보존하는 터로 남은 공간도 마찬가지이다. 공간과 장소는 기억을 증거할 뿐 아니라 기억에 지속성을 부여하는 기억의 힘을 갖고 있다. "장소는 기억의 기반을 확고히 하면서 동시에 기억을 명확하게 증명한다는 것 이상의 의미가 있다. 장소들은 회상을 구체적으로 지상에 위치시키면서 그 회상을 공고히 하고 증거할 뿐 아니라 인공물로 구체화된 개인과 시대, 그리고 문화의 다른 것에 비해 비교적 단기적인 기억을 능가하는 지속성을 구현한다(알라이다 아스만, 변학수·채연숙 옮김, 「기억의 공간: 문화적 기억의 형식과 변천」, 그린비, 411쪽)."

따라서 기억의 공간은 포스트메모리(postmemory)에도 중요하게 작용한다. 포스트메모리는 트라우마적 역사를 직접 체험하지 않은 후세대에게 기억이 전승되면서도 변형되고, 트라우마적 사건과 거리감을 가지면서도 공감하는 과정을 포착하기 위한 개념이다(배주연, 「포스트메모리와 5·18: 다큐멘터리 영화 '김군'을 중심으로」, 「서강인문논총」 57집, 2020, 12-13쪽). 공간에 내재하는 기억과 트라우마는 다음 세대의 포스트메모리가 어떻게 형성될 수 있는지를 질문한다. 광주관광호텔과 광주교도소라는 두 공간도 마찬가지이다. 새로운 증언으로 공간의 기억이 역사적 진실에 가까이 다가가는 경우도 있고, 증언의 부재로 공간의 트라우마가 지속되는 경우도 있다.

더구나 포스트메모리는 새로운 증언 주체를 구성할 수 있다. 아우슈비츠의 생존자인 프리모 레비는 자신이 무젤만을 대신하는 대리인으로서 말하고 있다는 것을 고통스러워했다. 하지만 그의 말대로 증언은 또한 죽은 자를 대신해서 말하는 것이다. "우리는 … 가라앉은 사람들의 운명에 대해 이야기하려고 노력했다. 그러나 그것은 '제3자를 대신한' 이야기, 자신이 직접 체험한 것들이 아니라 가까이서 본 것들에 대한 이야기였다. 최후의 말살, 그 완결된 작업에 대해서는 아무도 말하지 않았다. 자신의 죽음에 대해 말하기 위해 돌아온 사람은 아무도 없었던 것처럼 말이다. 가라앉은 사람들은 설령 종이와 펜이 있었다 하더라도 증언하지 못했을 것이다. 왜냐하면 그들의 죽음은 육신의 죽음에 앞서 시작되었기 때문이다. 죽기 수주, 또는 수개월 전에 그들은 이미 관찰하고, 기억하고, 가늠하고, 표현하는 능력을 잃었다. 그들 대신, 대리인으로서 우리가 말하고 있는 것이다(프리모 레비, 이소영 옮김, 「가라앉은 자와 구조된 자」, 돌베개, 2014, 99쪽)." 5·18의 증언들을 기억하는 후세대는 또 다른 대리인으로서 증인 주체가 될 수 있는 잠재력을 갖고 있으며, 광주관광호텔과 광주교도소와 같은 기억의 공간은 그 잠재력의 현실화를 촉발할 수 있다. 물론 그것은 트라우마의 기억에 묶여 있는 이들이 진실을 말함으로써 기억에서 자유로워질 수 있는지, 그리고 우리가 증언자와 어떤 관계를 맺을 것인지에 달려 있다.

남영동 〈민주인권기념관〉,

고문의 장소에서 인권을 지키는 기억의 장소로

박성은
건국대학교 대학원 통일인문학과 박사

고문은 수사의 한 방법이다?

어릴 적 3·1절이나 8·15광복절에는 일제시대 독립운동을 다룬 특집 드라마가 방영되곤 했다. 드라마마다 빠지지 않았던 단골 소재는 잔인한 고문이었다. 의자에 사람을 묶어두고 때리기, 인두로 살 지지기, 잠 안 재우기, 얼굴을 천으로 덮고 입과 코에 쉴 새 없이 물 붓기 등 일본 순사들은 다양한 수단으로 독립운동가를 모질게 고문했다. 그들은 마치 사냥감을 앞에 둔 사냥꾼처럼 고문을 당하는 조선인들이 굴복하기를 즐거운 마음으로 기다렸다. 그 잔악한 표정이라니. 다른 민족이라서 그토록 잔인하게 고문해도 죄책감이 들지 않는 건가 싶었다. 어린 마음에 해방된 나라에서는 고문 같은 일은 다시 일어나지 않는 줄 알았다.

그러나 해방 후 1980년대까지 약 40여 년 동안 수사기관에서 자행되는 고문은 멈춘 적이 없었고 비밀도 아니었다. 간첩으로 의심받는 사람들은 물론이고 민주화운동, 학생운동, 노동운동을 하는 사람들이 수사기관에 잡혀가면 으레 고문을 당하는 것으로 알았다. 그렇다고 고문이 합법적인 수사기법이었던 것은 아니다. 당연히 불법이다. 그런데도 고문이 그토록 공공연하게 자행될 수 있었던 이유는 고문이 있었다는 사실을 입증할 방법이 없었기 때문이다. 1980년대까지도 고문 피해자의 몸에 생긴 상처는 고문의 증거로 인정받지 못했다. 그래서 고문 피해자가 고문을 받은 장소와 고문한 가해자를 찾아내거나 고문 사실을 증언해줄 증인을 세우는 등 고문이 행해졌다는 증거를 제시해야 했다. 왜? 수사기관이 고문한 사실이 없다고 발뺌을 하면 사법기관은 수사기관의 손을 들어주는 것이 당연했던 시절이었기 때문이다. 그리고 수사기관은 피해자가 절대로 고문하는 장소와 고문하는 사람, 고문하는 것을 본 증인을 찾지 못할 것이라는 자신감이 있었다.

남영동 대공분실은 고문을 전문으로 하는 수사실이 있던 곳 중 하나다. 이곳이 최초로 공개된 것은 1985년

김근태 당시 민청련(민주화운동청년연합) 의장이 당한 전기 고문의 실체가 외신에 알려지게 되면서였다. 그 후 1987년 1월 14일 발생한 박종철 고문치사사건이 나면서 일반에게도 이곳의 정체가 알려지게 되었다.

박종철은 남영동 대공분실 509호에서 물고문을 받던 중 사망했다. 그의 죽음으로 알려진 남영동 대공분실의 실체는 경악 그 자체였다. 비단 509호라는 방 하나를 말하는 게 아니다. 5층에 있는 15개의 방이 모두 고문실이었다는 것에 그치는 것도 아니다(그중 2개의 방은 다른 방들보다 넓게 만들어져 전기고문 전용 방으로 사용되었다). 이 건물 자체가 고문을 당하는 사람의 공포감을 극대화하기 위해 특별히 만들어졌다는 데 그 놀라움이 있다.

당신이 붙잡히는 순간부터 고문은 시작된다

남영동 대공분실의 실체를 알아보려면 이 글을 읽는 당신의 상상력이 필요하다. 당신은 1980년대 초중반 민주화운동을 하는 대학생이다. 학교에 가기 위해 집을 나선 당신이 골목길을 돌아서자 건장한 체구의 남자가 당신을 막아서며 묻는다. “너 ㅇㅇㅇ이지?” 당신은 그가 경찰이라는 사실을 직감하고 도망치기 위해 반대쪽으로 몸을 돌린 순간 또 한 명의 경찰이 눈앞에 있음을 발견한다. "조사할 게 있으니 우리랑 함께 가지." 그들은 당신의 양팔을 붙잡아 끼고 몸을 밀착시킨다. 꼼짝없이 그들 사이에 끼어 바로 앞 대로변으로 나간다. 도로에 까만 승용차가 서 있다. 그들은 차의 뒷문을 열어 당신을 밀어 넣고는 당신의 양쪽에 한 명씩 앉는다.

차 문이 닫히자 그들 중 한 명이 당신의 뒤통수를 앞으로 꺾어 찍어누르고 다른 한 명은 당신의 등 뒤로 양팔을 잡아 모아 수갑을 채운다. 곧이어 당신의 눈은 검은 천으로 가려진다. 당신은 이제 아무것도 볼 수 없다. 당신을 태운 차는 시내의 도로를 주행하고 있는데 자주 방향을 바꿔서 어디로 가는지 알 수 없다. 얼마쯤 지나자 차가 멈추고 바깥에서 철문이 열리는 소리가 들린다. 목적지에 도착한 것 같다. 차가 서서히 움직여 어딘가로 들어가니 뒤에서 철문이 닫힌다. 곧이어 육중한 뭔가가 레일을 따라 움직이는 소리가 들린다. 저건 또 뭔가, 이중문인가? 드르르륵 쿠웅! 또 하나의 육중한 무엇이 어딘가에 닿더니 멈춘다(실제로 두꺼운 철문이 있다). 그 소리는 마치 "너는 이제 여기에 갇혔다. 스스로의 힘으로는 빠져나가지 못할 거다."라는 선고처럼 들린다.

차가 다시 서서히 움직이더니 금방 왼쪽으로 살짝 꺾어 들어가 멈춘다. 차문이 열리자 누군가 당신의 목덜미를 붙들더니 내리라고 잡아끈다. 당신도 따라 내린다.

나선형 계단

눈이 가려진 데다가 손마저 등 뒤로 묶여 있으니 중심을 잡기가 어렵다. 우악스럽게 목덜미를 잡은 손이 이끄는 대로 걷는다. "계단 있다." 두 개의 계단을 올라가자 문이 열리는 소리가 들린다. 안에서 서늘한 실내의 공기가 바깥으로 훅 끼친다. 지하실의 쿰쿰한 냄새 같기도 하다. 지하로 끌려가는 건가 싫었는데 등 뒤에 선 남자가 말한다. "이제부터 계단을 올라간다. 정신 똑바로 차리고 걸어!"

지하가 아니라서 다행이라는 생각이 스치고 당신은 오른발로 앞을 더듬어 계단을 찾는다. 발끝에 무언가가 닿는다. 계단인가보다. 엇, 이상하다. 발바닥이 절반도 계단에 닿지 않는다. 발바닥을 오른쪽으로 더듬어보니 더 좁은 것 같아 얼른 왼쪽으로 옮겨 디딘다. 왼발을 다음 계단에 내딛었다. '텅' 소리가 난다. 철계단이다. 다행히 왼발은 절반 이상 발바닥이 닿는다. 다시 오른발을 앞으로 딛고 올라가려고 하니 왼쪽 어깨가 벽에 부딪힌다. "야, 나선형 계단이잖아. 몸을 오른쪽으로 돌려!"

나선형 계단? 그렇구나. 오른쪽 계단의 폭은 좁고 왼쪽으로 갈수록 부채꼴로 조금씩 넓어진다. 오른발을 디딜 때마다 신경이 곤두선다. 잘못 디디면 두 손이 묶인 몸이 중심을 잃고 넘어질 듯 기우뚱하게 된다. 얼마나 올라왔을까. 얼마나 더 올라가야 할까. 이제 당신은 시간감각, 방향감각, 거리감각을 모두 잃어버린 채 오직 몸의 중심만을 잡고 있다. 넘어지지 않기 위해 한발 한발 계단을 오른다. "멈춰!" 뒤에 남자가 말한다. 당신은 어느 층엔가 도착했고 어느 방 안으로 밀려들어 간다.

고문도
숙련된 기술이 필요하다?

드디어 눈가리개가 풀렸다. 당신은 붉은 타일이 붙어 있는 욕조와 세면대, 변기를 보고 놀란다. 당신은 수사관이 이끄는 대로 의자에 앉는다. 당신을 데려온 남자가 당신의 맞은편 의자에 앉아 빙그레 웃는다. "이제 우리 시작해볼까? △△△이 어디 있어?" 당신은 그의 웃고 있는 얼굴에서 서늘한 공포를 느끼며 모른다고 답한다. 그러자 갑자기 남자가 달려들어 당신을 끌고 가 욕조에 머리를 처넣는다. 물고문이다. 숨이 턱 막혀 버둥대보지만 소용없다. 당신의 머리를 붙잡고 있는 남자의 손아귀를 벗어날 수가 없다. 이제 죽는구나 싶은 순간 머리가 물 밖으로 나왔다. "버텨봐야 너만 손해야, 순순히 불면 너는 안 다치게 해줄게." 부드럽게 말하던 남자가 당신의 얼빠진 얼굴을 보고는 돌변하여 손바닥으로 뺨을 사정없이 내리친다. 볼이 얼얼하고 머리가 흔들리더니 입술이 터지고 입안에 피가 고인다. 그러나 여기까지는 딱히 고문이랄 것도 없는 단순 폭행에 불과하다.

당신이 만약 물리적 폭행에 굴복하지 않고 버틴다면 숙련된 기술이 가미된 고문이 뒤를 잇는다. 다음 코스는 바로 죽음의 체험이다. 당신은 좀 더 넓은 방으로 옮겨져 시신처럼 칠성판(염습한 시신을 눕히기 위해 관 속 바닥에 까는 얇은 널판을 말한다. 북두칠성을 본떠 일곱 개의 구멍이 뚫려 있다)에 묶이게 된다. 당신의 배 위로 건장한 남자가 타고 올라와 당신의 얼굴을 물수건으로 덮고는 주전자로 눈과 코에 물을 붓는다. 물에는 고춧가루가 들어 있다. 욕조에 머리를 담그는 물고문과는 또 다른 고통이다. 이 고문도 버틴다면 당신은 고문의 하이라이트인 전기고문을 당하게 된다. 온몸에 전기가 흐르는 고통을 어떻게 말로 표현할 것인가. 그리고 이어지는 잠을 못 자는 고통은 또 어떻게 견뎌야 하는가.

그러나 여기서 끝이 아니다. 이렇게 온갖 고문을 당하는 당신은 육체적인 고통에만 노출된 것이 아니다. 고문관들에게 속수무책으로 얻어맞고 숨을 못 쉬는 가운데 당신은 모멸감에 치를 떨다가 어느 순간에 자신이 인간으로서의 존엄성을 상실했음을 보게 된다. 폭력에 굴복하여 그들이 원하는 대로 진술을 하고 지장을 찍는 당신은 자신의 나약함에 또 한번 좌절하고 만다. 고문은 당신의 육체만이 아니라 당신의 정신에도 깊은 상처를 남긴다.

당신은 필시 살아서 이곳을 나가게 될 것이다. 그러나 당신에게 이곳은 잊고 싶은 곳이지만 잊을 수 없는 트라우마의 장소로 남을 것이다. 김근태 전 의원을 비롯해 전기고문을 당했던 다수의 사람들이 고문 후유증으로 자신의 명보다 빨리 세상을 떠났다. 살아남은 피해자들도 저마다 끔찍한 트라우마 증상을 안은 채 살아가고 있다. 고문을 당한 사람이라면 누구라도, 아무리 강건한 정신과 육체를 지닌 사람이라도 고문이 남긴 트라우마를 비껴가진 못한다.

설계부터 건축까지 치밀하게 계산된 고문 전용 공간

이곳의 원이름은 '치안본부 대공분실'이다. 지금의 경찰청에 해당하는 치안본부(과거 내무부 소속의 치안본부)에서 당시 천재 건축가 김수근에게 설계를 맡겨 1976년 5층 높이로 완공하였다가 1983년 2개 층을 증축했다. 이 건물의 여러 층에 고문실이 있었는데 5층은 15개 방이 모두 고문실로 사용되었다는 특징이 있다. 그뿐 아니라 5층은 고문을 효율적이고 기술적으로 수행하기 위한 물리적 고문 장

남영동 대공분실 (현) 민주인권기념관

치는 물론 불안과 공포를 불러일으키는 심리적 고문 장치까지 배치된 고문 전용 공간이라는 데 놀라움이 있다. 전근대 시대도 아닌데 이렇게나 많은 고문실이 왜 필요했던 걸까? 이 건물은 대공수사, 즉 공산주의를 상대해서 간첩수사를 할 목적으로 만들어졌다. 그럼 대공수사의 주된 수사방법이라는 것이 고문이었다는 걸까?

아주 오래전도 아닌 1970-1980년대는 간첩의 시대라고 부를 만큼 많은 간첩사건이 발생했다. 약 966건의 간첩사건이 발생했다고 하니, 20년 동안 어림잡아 1년에 50여 건 정도의 간첩 사건이 발생한 셈이다. 그것이 사실이라면 국가의 안보를 위해 대공수사가 얼마나 중요한 위치를 차지했을지 짐작할 수 있다. 그런데 간첩사건에 연루되었다가 옥살이를 한 사람들이 2000년 이후에 재심청구를 통해 무죄판결을 받는 사례가 늘고 있는 것은 어떻게 설명할 수 있을까? 재일동포, 납북어부, 월북자 가족, 정치인, 사회운동가들이 간첩이 아니었다는 소송을 걸어 줄줄이 무죄판결이 났다. 그뿐인가, 그들은 고문과 옥살이에 대한 국가의 보상과 배상을 요구하는 소송을 걸었고 그들의 손을 들어준 판결 또한 줄줄이 이어지고 있다.

그렇다면 그들은 간첩이 아니라 간첩으로 만들어졌던 것인가? 그렇다. 그들 중 다수의 간첩은 바로 이 대공분실에서 탄생했다. 북과 관련한 작고 우연한 인연이라도 있는 사람들과 남에서 독재정치를 반대하며 민주화운동을 하는 사람들은 얼마든지 간첩으로 만들어질 수 있었다. 수사기관이 무고한 사람들을 붙잡아 고문을 해서 간첩 자백을 받아 기소를 하기만 하면, 사법기관은 증거라고는 자백밖에 없는데도 일말의 의심도 없이 간첩으로 판결해서 감옥으로 보내버렸다. 그러니까 간첩이 되는 증거는 자백 하나면 충분했다는 거다.

간첩으로 의심받는 사람들이 순순히 "너 간첩이지?" 하고 물으면 "네, 간첩입니다."라고 답했을 리는 없다. 의심과 자백 사이를 채우는 것은 바로 고문기술자들에 의한 고문이었고, 그 고문을 효율적으로 하기 위해서 만들어진 공간 중의 하나가 남영동 대공분실이었다(치안본부에는 남영동 대공분실 외에도 장안

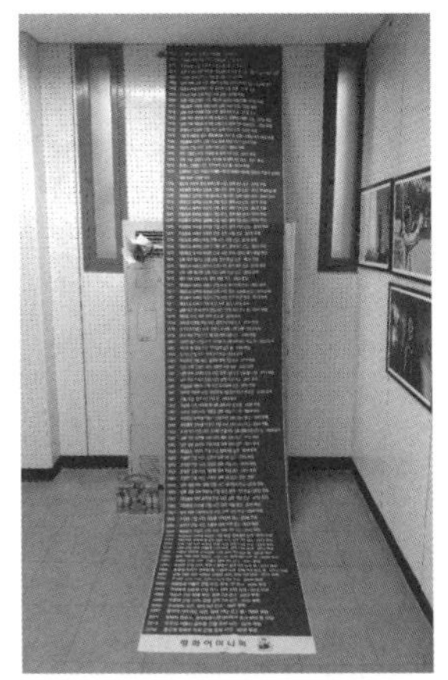

〈나는 간첩이 아니다-오늘을 행복하게 살아가려는 그들의 이야기(2019)〉 전시회 사진. 검은 천에 나열된 것은 유죄판결을 받았던 간첩사건 중 2019년까지 무죄판결이 난 사건의 목록이다

〈말의 세계에 감금된 것들-여성 서사로 본 국가보안법(2020년)〉

동, 신길동 등에도 대공분실이 여러 곳 있었으며 안기부는 남산 일대와 서빙고 등에 고문을 하는 조사실을 여럿 두었다). 고문은 간첩만 만들어 내지 않았다. 1980년대 민주화를 요구하는 학생운동, 사회운동, 노동운동을 하는 사람들을 고문하여 '빨갱이'로 만들어 감옥에 보내는 데도 큰 역할을 했다.

이렇게 고문에 의한 자백을 증거로 삼아 무수한 간첩과 빨갱이가 만들어질 수 있었던 데는 법 위에 법이라고 할 수 있는 국가보안법이 있었기 때문에 가능했다. 물론 현재는 고문에 의한 자백은 증거능력이 없을 뿐더러 그렇게 반인도적인 고문을 실행할 수도 없다(참고로 국가보안법은 아직도 유효한 실정법이다. 그리고 대공수사를 하는 수사관들의 고문기술은 일제로부터 전수된 것이다. 수많은 간첩을 만들어냈던 몇몇 고문기술자들은 고문기술에 대한 자부심이 높았다고 한다. 앗, 빼먹을 뻔했다. 고문의 목적은 죽음에 이르지 않고 자백을 받아내는 것이다. 죽을 것 같은 고통과 공포는 주되 절대 죽이면 안 된다. 그러니까 이근안 같은 고문기술자의 눈으로 봤을 때 박종철을 고문했던 고문관들은 숙련이 부족했던 것이다).

고문이 멈춘 곳에서 치유를 시작하다

2019년 이곳에서 〈나는 간첩이 아니다–오늘을 행복하게 살아가려는 그들의 이야기〉라는 전시회가 열렸다. 간첩으로서 길게는 20년을 감옥에서 보내고, 사회에 나와서도 숨죽여 지낸 다섯 명의 '만들어진 간첩'이 사진이라는 매개를 통해 자신의 상처를 대면하고 치유하는 과정을 담은 전시회였다. 그들 중에 김순자 씨와 김태룡 씨는 1979년 12명의 가족이 이곳 남영동 대공분실에서 고문당한, 이른바 삼척가족간첩단 사건의 주인공들이다. 삼척가족간첩단 사건은 1968년 월북한 친척이 가족을 만나고 돌아가면서 부상을 당해 이 집에 잠시 머물렀던 것이 1979년 알려지면서 일가족 12명이 연루되어 2명이 사형(1983년 사형집행), 2명이 무기징역, 8명이 징역형을 선고받았다. 2010년부터 재심신청을 해서 2016년 12명 모두 무죄 선고를 받았다. 37년 만에 이곳을 찾은 김순자 씨는 한동안 눈 둘 데를 찾지 못하고 두리번거렸고 이곳에서 울고 또 울었다고 한다. 그리고 "그냥 때리기만 하고 나 보고 간첩질 한 거 다 불으라고 하는데, 내가 뭘 불 수 있겠어요. 저 방에서는 아버지가 울부짖고 다른 방에서는 동생들이 죽어나가는 걸 죄다 알아듣겠더라고요."라고 회상했다.

김순자 씨와 김태룡 씨가 사진에 담은 남영동 대공분실은 어떤 모습일까? 김순자 씨는 나선형 계단을 오르며 느꼈던 공포의 기억을, 김태룡 씨는 가장 절망적인 순간 좁은 창문 너머로 바깥을 보았던 기억을 담아냈다. 이 사진들을 이 사람들과 떼어 놓고 보면 그리 특별할 것도 없어 보인다. 누구나 이곳에서 담을 수 있는 풍경이기 때문이다. 그러나 고문 피해자들에게 이 사진들은 매우 특별한 의미가 있다. 고문에 의한 트라우마를 가진 그들은 이 공간에 다시 발을 디디려고 마음먹는 것부터 남다른 용기가 필요했다. 자신의 상처와 대면하기까지 몇 번을 망설이고 돌아서기를 반복하다 서로를 북돋아가며 마침내 들여다본 고문의 장소. 덮쳐오는 고문의 기억을 참아내고 카메라의 렌즈를 통해 그들이 담아낸 것은 다름 아닌 그들의 상처였다. 그래서였을까. 자신의 전시회를 찾은 김순자 씨는 이곳에 머무는 내내 연신 눈물을 닦아냈다.

2020년 〈말의 세계에 감금된 것들-여성 서사로 본 국가보안법〉 전시회는 고문 피해를 넘어 고문을 수사기법으로 활용하도록 허용할 수 있었던 국가보안법의 문제를 여성의 서사로 담아냈다. 이 전시에 나선 9명의 여성 중 1980년 〈중앙일보〉 기자로 언론 검열 철폐운동에 가담했던 유숙열은 이곳에 끌려와 고문을 당했다.

"2018년 남영동 대공분실에 갔어요. '고문 피해 실태

조사' 때문이었는데 거의 40년 만이었어요. 5층에 들어서는데 갑자기 가슴이 턱 막혔어요. 박종철 방을 들어갔는데 내가 고문당했던 그 방 하고 구조가 똑같았어요. 다 그대로 있어(눈물). 침대도 있고, 욕조도 있고, 세면기도 있고, 수사관들이 앉아 있던 책상도 있고요. 그 순간이 오롯이 생각나면서 갑자기 숨이 안 쉬어지더라고요. 나는 잊고 살았다고 생각했어요. 그 일이 내 삶에 영향을 미치는 게 싫었어요. 거부했죠. 정말 잊고 살았어요. 남영동을 잊고 살았어요. 그런데…… 잊을 수가 없는 기억이었어요(홍세미·이호연·유해정·박희정·강곤 글, 정용택 사진, 「말의 세계에 감금된 것들」, 오월의봄, 2020, 49쪽)." 전시회를 돌아보는 내내 유숙열도 고문실 앞에서 입을 틀어막은 채 눈물을 흘리며 떨고 있었다.

이 두 전시회가 특별하게 다가온 이유는 고문의 폭력과 장소, 피해자의 상처와 치유의 연결 지점을 생각하게 하기 때문이다. 두 전시회는 공통적으로 한 고문실에 한 사람의 서사를 사진과 글을 혼합해서 담아냈다. 나아가 〈말의 세계에 감금된 것들–여성 서사로 본 국가보안법〉 전시회는 9명의 여성 서사를 오디오로 만들어 관람객이 오롯이 한 명 한 명의 서사를 들을 수 있도록 했다.

남영동 대공분실의 고문실은 한 방에 한 명을 수용하여 피해자에게 고립되었다는 단절감을 준다. 하지만 다른 방에서 고문을 당하는 동료나 가족의 고통스러운 소리가 전달되는 구조 탓에 서로의 존재가 연결되어 있음을 알게 한다. 물론 고문실의 단절과 연계는 고통을 극대화하고 고문의 목적을 효율적으로 달성하기 위해서 고안되었다. 그런데 이 전시회들은 고문의 장소를 역으로 뒤집어 고문의 상처를 치유하고 일어서는 사람들의 서사를 들려주었다. 마치 그들의 말을 정성스럽게 듣고 함께 기억하는 것이 진정한 치유의 시작이라고 말하는 것처럼 말이다. 이처럼 이 전시회들은 고문의 효율성을 높이기 위해 만들어진 단절과 연계의 공간을 고문 피해자와 공감하는 공간, 과거의 잘못을 기억하는 사람들의 연대 공간으로 만들어내고 있었다.

인권 탄압의 장소를 기억하는 것도 인권을 지키는 방법이다

남영동 대공분실은 1987년 박종철 고문치사사건 이후 2000년대 초반까지도 강압수사의 수사실로 사용되었다. 시민사회가 이곳을 감시하고 압박한 결과 2005년 경찰청 인권센터로 변경되었다가 2018년 민주인권기념관으로 거듭나게 되었다. 마침내 고문 전용 공간이던 이곳이 원래의 목적을 상실하고 인권을 지키는 공간으로 다시 태어나게 된 것이다.

그러나 이 과정도 그리 순탄하지는 않았다. 고문의 장소가 인권의 장소로 이행되는 과정에서 경찰청은 2002년 5층의 고문실을 리모델링해서 고문의 흔적을 지우려 시도했다. 박종철 열사의 유가족이 나서서 겨우 509호의 원형을 지켜낼 수 있었다. 오랜 시간 동안 민주화운동기념사업회와 시민사회가 국민청원을 하고 시민운동을 이끌었던 덕분에 남영동 대공분실을 민주인권기념관으로 추진할 수 있었다.

고문실의 원형을 보존하고 있는 509호를 두고 혐오스러운 고문의 장소를 보존하는 것이 수치스러운 것 아니냐고 묻는 사람들이 있다. 과연 그럴까? 고문의 장소를 날것의 그대로 보존하고 공개하는 것은 두 가지 의미가 있다. 하나는 고문을 자행하며 권력을 유지하고자 했던 국가의 폭력과 그 폭력을 묵인했던 우리를 성찰하는 계기로 삼는 것이다. 그건 수치심이 있어야 가능한 성찰이다. 다른 하나는 앞으로 어떤 상황이 와도 고문이라는 폭력에 의존해서 인권을 짓밟는 행위가 반복되는 것을 방지하기 위함이다. 이건 국가와 시민 모두의 의지가 있어야 실행될 수 있다. 설마 그런 일이 다시 일어날까? 조건이 되면 얼마든지 다시 발생할 수 있다.

2001년 미국에서 9·11테러가 일어났다. 전 세계의 인권과 평화를 지키는 경찰을 자처했던 미국은 테러와의 전쟁을 선포했고, CIA는 '고급 심문 기법'이라고 이름 붙인 고문 프로그램으로 테러 용의자들을 고문했다. 미국 정부의 승인을 얻어서 실행된 프로그램이다. 그러나 고문 프로그램의 심각한 인권침해 사례가 알려졌고 현재 미국과 유럽에서는 인권재판이 진행 중이다. 테러를 근절하고 평화를 유지하기 위해 차악의 선택을 한 것이라고 변명할 수 있다. 그러나 그것이 정말 최선의 선택이었을까?

분단 이후 우리 사회는 안보를 위해 눈감고 귀 막고 감내했던 것들이 너무나 많다. 안보를 위해, 간첩의 침투를 막기 위해, 사회의 소요사태를 막기 위해 고문이 필요했다는 주장을 묵인한 것도 그렇다. 하지만 돌아보았을 때 고문을 묵인한 대가 또한 너무나 크다는 것을 민주화운동의 역사가 증명하고 있다. 지금 인권감수성이 높아졌다고 안심할 수는 없다. 언제 어떤 계기로 고문이 손쉬운 수사방법으로 부활할지 알 수 없기 때문이다. 그런 의미에서 이곳 민주인권기념관은 인권지킴이로서 큰 역할을 부여받았다.

민주인권기념관은 2021년 3월 휴관에 들어갔다. 새롭게 단장한 뒤 2023년 6월에 재개관할 예정이다. 부디 재개관할 민주인권기념관이 인권지킴이라는 우리 시대의 등대가 되기를 기대해 본다.

〈제주4·3평화공원〉,

미래로의 지향 또는 강요된 화해

남경우
건국대학교 통일인문학연구단 전임연구원

눈앞에 보이는 야자수들이 지금 내가 제주도에 있다는 것을 실감하게 했다. 비록 이곳저곳을 보러 다니는 목적의 여행은 아니었지만, 공항을 나서는 발걸음이 조금은 가벼웠다. 도심지를 벗어나 차창 밖으로 보이는 이국적인 풍경들은 작은 두근거림을 자아냈다. 1시간가량 걸려 도착한 '4·3평화공원입구' 정류장에 내리며 '4·3'이라는 단어를 마주쳤다. 불현듯 수많은 사람의 죽음 앞에서 여행지의 낯섦에 설레고 있는 나 자신의 모습이 신경 쓰였지만, 잠시만이라도 일상의 공간을 벗어났기 때문인지 그 설렘은 쉽게 잦아들

제주4·3평화공원 내 위패봉안실' 전경

지 않았다.

제주4·3평화공원에 들어서면 크게 세 개의 건축물이 눈에 들어온다. 첫 번째는 제주4·3 희생자들의 위패를 모신 '위패봉안실'이다. 두 번째는 제주4·3의 역사를 담고 있는 '제주4·3평화기념관'이다. 세 번째는 제주4·3을 중심으로 어린이들에게 평화와 인권 그리고 민주주의를 교육하는 '4·3어린이체험관'이다.

이외에도 4·3 희생자들을 위한 추모제 등에서 제사가 이루어지는 위령제단, 4·3 희생자 중 시신을 찾지 못하여 묘가 없는 행방불명인을 대상으로 개인표석을 설치하여 넋을 위로하는 공간인 제주4·3행방불명자표석, 4·3사건을 상징하는 각종 조형물 등 많은 기념물과 기념공간들이 존재한다. 이들 중에서 어느 것 하나 중요하지 않은 것이 없지만, 제주4·3평화공원에 들어서면 보이는, 부채꼴로 이루어진 건물인 위패봉안실은 입구 부근에서 가장 멀리 떨어져 있지만 시각적으로 주목된다는 면에서 평화공원의 중심적인 의미를 담고 있는 부분이라 여겨진다. 그러나 제주4·3에 대해 자세히 알지 못한 상황에서는 희생자들의 죽음과 제주4·3 청산의 진정한 의미를 알기 어렵다. 먼저 제주4·3평화기념관을 본 후 제주4·3평화공원을 마저 둘러보기로 했다.

평화기념관은 2008년 제주4·3평화공원 내에 개관하였다. 평화기념관 내에서 가장 중심이 되는 곳은 상설

전시실이다. 이곳은 제1관 역사의 동굴(프롤로그) · 제2관 흔들리는 섬(해방과 좌절) · 제3관 바람타는 섬(무장봉기와 분단 거부) · 제4관 불타는 섬(초토화와 학살) · 제5관 평화의 섬(후유증과 진상규명 운동) · 제6관 새로운 시작(에필로그) 등 총 6개 관으로 구성되어 4 · 3의 기억들과 그와 관련한 역사 정보를 제공하고 있다.

기념관이 보여주는 제주4 · 3이야기의 시작인 제1관은 관람객이 4 · 3 당시의 제주도민이 된 듯이, 당시의 사람들이 피난해 있던 동굴 속으로 걸어 들어가도록 꾸며져 있다. 통로를 걸으면 물방울이 떨어지는 음향효과에 마치 내 자신이 실제 동굴의 내부에 있는 듯한 착각을 하게 된다. 이 동굴을 걸으며 관람객들은 현재의 시간에서 4 · 3의 시간으로 이동하는 것이다.

이 동굴의 끝에는 백비가 놓여 있다. 시간을 넘어온 관람객들은 어떠한 글자도 적혀 있지 않은 채 눕혀져 있는 백비를 만나게 된다. 백비는 어떠한 사정으로 인해 어떠한 글자도 새겨지지 않은 비석이다. 그런 비석이 심지어 세워지지도 못한 상태로 있는 것이다. 이 백비에 대한 설명은 이렇다.

> "'언젠가 이 비에 제주4 · 3의 이름을 새기고 일으켜 세우리라' 백비(白碑), 어떤 까닭이 있어 글을 새기지 못한 비석을 일컫는다. '봉기 · 항쟁 · 폭동 · 사태 · 사건' 등으로 다양하

> 게 불려온 '제주4 · 3'은 아직까지도 올바른 역사적 이름을 얻지 못하고 있다. 분단의 시대를 넘어 남과 북이 하나가 되는 통일의 그날, 진정한 4 · 3의 이름을 새길 수 있으리라."

백비는 기념관을 방문하는 사람들에게 4 · 3에 대한 궁금증과 함께 4 · 3이라는 대상의 강렬한 이미지를 던진다.

이어지는 제2관에서부터 제4관까지 제주4 · 3의 역사가 펼쳐진다. 1947년 제주 북국민학교에서는 3 · 1절 기념 제주도 대회가 열려 3만여 명의 제주도민이 모였다. 대회를 마친 후 도민들은 거리 시위에 나섰고, 시위 대열이 관덕정을 지나는 와중에 기마경찰의 말발굽에 어린아이가 차이는 일이 일어났다. 말 위에 있던 경찰은 그 사실을 몰랐지만 그 장면을 목격한 군중은 경찰을 비난하며 몰려들었다. 이에 경찰은 경찰서로 급히 도망쳤고 대열을 이루던 군중들은 경찰을 쫓기 시작했다. 경찰서에

제주4·3평화기념관의 '백비(白碑)'. 기념관의 초입에서 관람객들에게 많은 것을 생각하게 만든다

있던 경찰들은 기마경찰을 쫓아온 군중들에게 총격을 가했다. 이로 말미암아 아이를 안고 있던 여인을 포함한 6명이 죽고 8명이 다쳤다.

이 사건에 분노한 제주도민들은 경찰의 사과를 요구하며 총파업을 단행했다. 제주도 내 거의 모든 관공서의 직원들과 공무원들이 파업에 참여했다. 기업과 그 공장은 물론이고 학교와 교직원, 노동자와 학생들까지 파업에 참여하고 경찰의 책임 있는 사과를 요구했다. 그러나 미군정과 경찰은 사과 대신 파업에 참여한 사람들을 막무가내로 체포했다. '제주도는 인구의 70%가 좌익단체에 동조한 사람이거나 관련이 있는 좌익분자의 거점'이라는 명목이었다. 육지의 응원경찰 병력과 서북청년단 등 우익청년단체까지 합세한 '검거선풍'이 휘몰아쳤다.

관덕정 발포 사건 이후 약 한 달 사이에 2,500여 명에 달하는 사람들이 체포되었다. 그러나 제주도의 감옥 시설들은 그들을 모두 수용할 만한 크기가 아니었다. 당시 미군의 보고서에 의하면 3평의 방에 35명이 갇혀 있을 정도였다고 한다. 여기에 자백을 받기 위한 경찰의 고문으로 사망하는 사람들이 발생하면서 제주도의 민심은 더욱 흉흉해졌다.

이 과정에서 지속적으로 탄압받던 남조선노동당 제주도당은 무장대를 꾸려 1948년 4월 3일 12개의 경찰지서와 우익인사 등을 공격했다. 350여 명으로 이루어진

제주4·3평화기념관의 평화협상 관련 전시물. 당시 평화협상에 나섰던 김익렬 중령과 평화협상의 내용이 자세히 실려 있다

무장대의 봉기에 경찰 4명과 우익인사 등 민간인 8명이 목숨을 잃었고, 무장대 2명도 목숨을 잃었다. 무장대는 지속해서 습격을 반복하며 5·10 총선거 거부와 공산주의의 수용을 주장했다. 5·10 총선거를 한 달가량 앞두고 있던 미군정은 이를 '폭동'으로 규정하고 강력하게 대응했다.

그러나 무장대의 투표소 및 관련 인물 습격과 주민 인솔 등으로 5·10 총선거 당시 제주도의 3개 투표구 중 2개 투표구의 선거가 무효 처리되었다. 군경은 무장대 진압과 토벌을 더욱 강화했다. 무장대의 공격과 군경의 토벌이 반복되는 과정에서 제주도 내에서는 평화적 문제 해결을 요구하는 목소리가 높아졌고, 상황은 소강상태에 접어들었다. 이후 대한민국 정부가 수립되고 주한미군으로부터 임시군사고문단이 파견되었다.

이 와중에 제주도경비사령부는 10월 17일 '10월 20일 이후로 해안선 5km 이외의 지역에 통행금지를 포고하고 이를 위반하는 자에 대해서는 이유 여하를 막론하고 폭도로 간주하여 총살할 것'이라는 포고문을 발표한다. 해변 쪽이 아닌 산 쪽에 있는 중산간 마을에 거주하는 제주도민들은 서둘러 해안으로 내려와야 목숨을 구할 수 있었던 것이다. 그러나 이들은 중산간 마을과 산에 사는 사람들을 무장대의 협력자로 보던 군경의 시각 때문에 쉽게 내려오지 못했다. 심지어 포고문 발표 다음 날인 18일부터 해안은 전면 봉쇄되었고 군경은 해안 5km 이외의 지역을 적지(敵地)로 간주했다. 한편, 10월 19일 여수에서 제주도로의 파견을 거부하던 14연대의 군인들이 반란을 일으키는 여순 사건이 발생하면서 수많은 서북청년단이 제주도로 들어와 군경 행세를 했다. 제주도를 '빨갱이의 섬'으로 보는 군경의 시각은 더 강화되기만 했다.

이후 이승만 대통령은 1948년 11월 17일 제주도에 계엄령을 선포했다. 언론이 마비되고 제주도가 고립된 상황에서 이른바 '초토화 작전'이 실행되었다. 중산간 마을과 산지를 대상으로 한 초토화 작전은 토벌을 위한

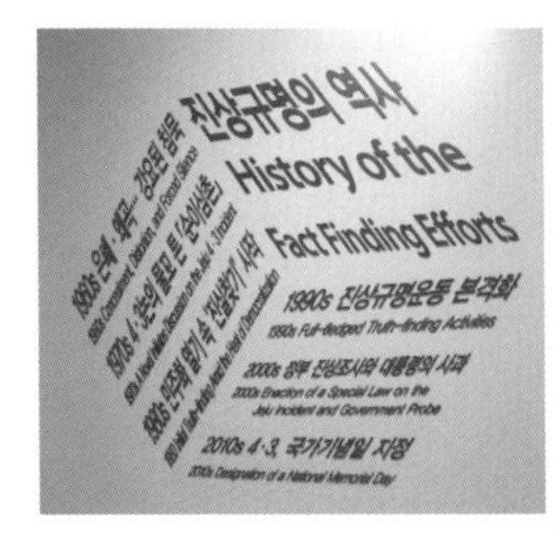

작전이 아닌 학살 그 자체였다. 군경토벌대는 중산간 마을을 찾아 주민을 학살하고 마을에 불을 질렀다. 4관에 있는 제주도 지도에는 피해지역이 붉은색으로 표시되어 있다. 그러나 이 지도에 붉은색이 칠해지지 않은 곳은 없었다. 그만큼 당시 거의 모든 제주도민이 초토화 작전의 피해 아래 놓여 있었다는 것이다.

제5관에서는 2000년 1월 「제주4·3사건 진상규명 및 희생자명예회복에 관한 특별법」이 제정되기까지 진상규명 운동의 진행과 여전히 이어지고 있는 제주4·3 피해의 후유증에 대해 보여주고 있다. 특히 모로 세워져 있는 정육면체에서 대통령이 사과의 뜻을 밝히고 있는 연설장면이 계속해서 재생되고 있는 것이 인상 깊다. 5관에서 이어지는 6관은 희생자들의 사진들이 빼곡하게 걸려있는 통로로 시작된다. 제1관 역사의 동굴과 대비되는 구성이다. 약간 어둡게 느껴지는 조명은 희생자들을 기리는 듯한 통로의 성격을 만들어내는 동시에 그 통로 끝에서 맞이하는 밝음을 더욱 강조하는 장치로 보인다.

기념관을 나와 다시 공원 전경을 바라보았다. 공항에 도착하며 느꼈던 설렘은 어느새 잦아들어 있었다. 제주4·3이라는 역사의 동굴을 지나며 마치 스스로에 대한 부끄러움과 같은 감정이 차올랐다. 발걸음은 자연스럽게 멀리 보이는 위패봉안실로 향했다.

주차장 근처의 어린이 체험관을 지나 제단을 향하는

위패봉안실 내부 전경. 제주4·3의 피해자들을 기리는 위패가 벽면을 빼곡하게 채우고 있다

길의 초입 왼편에 제주도를 상징하는 돌이라 할 수 있는 현무암으로 쌓은 돌담이 둥글게 둘러싸고 있는 것이 보인다. 담 사이 입구의 돌담 한가운데 '웡이자랑'이라는 글이 써진 석판이 박혀 있다. '웡이자랑'은 제주말로 '애기구덕'이라 하는 요람을 흔들면서 부르는 제주 고유의 자장가이다. 돌담의 입구로 들어서니 마치 하얀 눈밭처럼 보이는 흰색 대리석 위에 무릎 꿇어 웅크리고 있는 여인의 동상이 있었다. 여인의 모습이 눈에 들어왔다. 여인은 마치 무언가를 품에 안고 있는 듯한 모습이었는데, 가까이 가서 보니 품속에 있는 것은 어린 아기였다. 이 조형물은 4·3 당시 토벌작전을 벌이던 군인의 총에 맞아 아이를 안고 희생된 변병생 씨를 조각한 〈비설〉이라는 청동상이다. 아이를 안고 눈밭에서 총에 맞은 어머니의 모습 위로 애기구덕을 흔들며 웡이자랑 소리를 하는 어머

니와 곱게 잠든 아이의 모습 그리고 그들을 향하는 총소리가 겹쳐지는 듯했다.

〈비설〉을 지나 봉안실로 향하는 길에는 제주4·3평화공원의 한가운데에 놓인 위령탑이 있다. 위령탑이 있는 곳은 주변의 땅보다 다소 낮게 만들어져 있다. 마치 제주도에서 자주 볼 수 있는 화산 분화구와 같은 느낌이다. 금속의 원형 고리 안에 두 사람이 서로 안고 있는 듯한 조각상이 위치한다. 팸플릿에 의하면 "가해자·피해자의 이분화된 대립을 극복하고 화해와 상생으로 나아가기 위한 인간의 어울림을 표현"하는 조형물이라 한다.

위패봉안실에 다다르니 대리석 위에 현무암들이 쌓여 있는 제단이 있다. 매년 4·3위령제가 이곳에서 열린다. 제단 뒤로는 위패봉안실 입구가 있다. 봉안실에 들어서면 약간 위압감을 느낄 정도로 많은 수의 위패들을 볼 수 있다. 한 사람의 죽음을 상징하기에는 너무나도 작은, 희생자들의 이름을 새긴 돌들이 벽면을 가득 채웠다. 지역별로 나누어 모셔져 있는 위패들의 마지막에는 아무것도 적혀 있지 않은 검은 돌들도 있었다. 이는 아직 확인되지 않은 4·3 희생자들의 자리이다. 또 자세히 살펴보면 위패들 중간 중간에 비어 있는 곳들도 보인다. 희생자로 이름을 올렸다가 여러 이유로 지워진 자리이다.

봉안실을 나와 건물 오른편의 작은 길을 내려가면 '4·3행방불명희생자표석'이 넓은 잔디밭에 늘어서 있다.

무려 3,953개의 표석이 있으며 이 수는 늘어나고 있다. 위패봉안실과 같이 이곳도 아직 확인되지 않은 희생자들을 모시기 위해 표석이 놓이지 않은 빈 공간이 있다.

제주4·3평화공원을 둘러보며 가장 많이 접한 표현은 아마도 '화해'와 '상생'이 아닐까 한다. 공원뿐만 아니라 공항에 내리면서 제주4·3평화공원까지 오는 길에서도 자주 마주한 단어들이다. 그만큼 제주4·3이 남긴 후유증으로서의 갈등에 대해 제주 전체가 인식하고 있다는 방증이라 할 만하다. 하지만 제주4·3평화공원을 보고 난 후 머릿속에는 화해와 상생을 목표로 해야 한다는 생각보다는 '과연 화해와 상생을 말할 수 있는가?'라는 의문이 자리했다. 제주4·3의 역사와 희생자들의 이름을 마주하고 가슴 깊은 곳에서 미안함과 자책이 일었음에도 제주4·3평화기념관의 제5관을 지나며 마주한 화해와 상생, 위령탑이 상징하고 있는 화해와 상생이 앞으로의 역사를 그리는 미래지향적 목표로 자연스럽게 이어지지 않

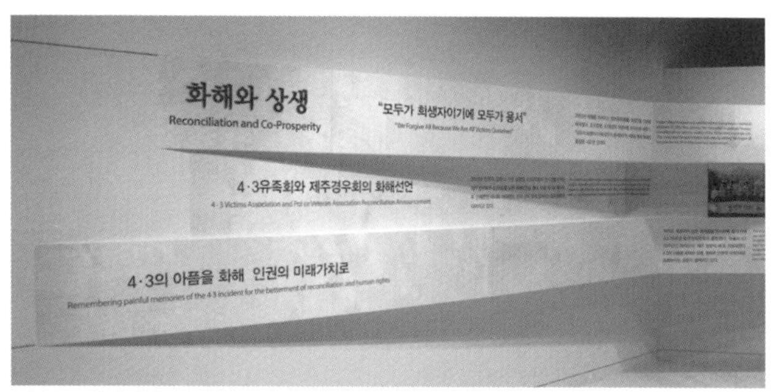

제주4·3평화기념관 제5관의 전시물. '화해'와 '상생'이 두드러진다

는 것이다.

'화해와 상생'은 근래에 이루어지는 제주4·3에 대한 논의이자 제주4·3을 바라보는 시각이다. 물론 이러한 화해와 상생의 담론은 과거에도 존재했다. 그러나 〈특별법〉이 제정되고 대통령이 공식적으로 사과를 하면서 주류의 논의로 자리 잡게 되었다. 분명 역사적 차원에서 제주4·3이 의제화되고 이에 대한 신원의 약속과 대통령의 사과를 얻어냈다는 점에서, 4·3의 진실을 밝히고 피해를 보상받고자 했던 노력은 일정 수준의 성과를 달성했다고도 볼 수 있을 것이다. 또한 가장 최근에 대통령이 언급한 부분을 보면 제주4·3의 해결이 정치와 이념의 문제가 아니며 화해와 상생, 평화와 인권이라는 인류 보편의 가치라는 것을 강조하고 있기에 '화해'와 '상생'이 화두가 될 수 있는 충분한 조건도 갖추어진 것으로 볼 수 있다.

그렇다면 대체 무엇이 '지금' 화해와 상생을 말하기에 어색함을 느끼게 하는 것일까? 일반적인 이해 속에서 '화해'는 가해자의 '사과'와 피해자의 '용서'가 전제되어야 한다. 국가폭력의 범주에서 제주4·3에 대해 대통령이 사과했다는 점은 화해를 위한 '사과'의 조건은 갖추어진 것으로 오해하게 할 수 있다. 그러나 어느 학자의 말처럼 "집단희생자의 후손들과 관련 부대의 책임자들이 합동위령제를 지내더라도 '빨갱이는 죽여도 좋다'는 묵시록은 법과 정치의 세계에서 사라자지 않는다." 대통령의 사과는 제주4·3에 대한 국가의 귀책을 인정하는 것이지 가해자의 사과를 대표할 수 없는 것이며, 수많은 제주 사람들을 해칠 수 있게 만들었던, 한국사회의 구조 속에 깊이 새겨진 적대적 시선이 개선되리라는 섣부른 희망의 증거가 될 수 없는 것이다.

제주4·3평화기념관 제5관에서 주제로 강조된 화해와 상생은 "모두가 희생자이기에 모두가 용서한다."는 문구와 '4·3유족회와 제주경우회의 화해선언'을 바탕으로 구체화되어 있다. 평화공원의 위령탑에서도 가해자와 피해자의 화해가 표현되고 있다. 그러나 위패봉안소와 제주4·3행방불명자표석이 놓인 곳에 있는 '빈 공간'에서 볼 수 있듯, 제주4·3의 피해 규모와 희생자에 대한 확인마저도 아직 확실하지 않은 상태이다. 즉 이러한 '빈 공간'은 제주4·3이 여전히 진행 중이라는 점을 드러내고 있는 것이다. 제주4·3평화공원에 존재하는 수많은 '빈 공간'에서 과연 용서를 찾을 수 있는가?

문제는 가해자의 사과와 피해자의 용서를 찾기 어려운 상황에서 우리 앞에 놓인 단계로서의 '화해'만이 부각되고 있다는 점이다. 분명 화해와 상생은 인류 보편적인 가치임이 확실하며, 성숙한 민주사회에서 부각되고 인정되어야 하는 가치이다. 그러나 어떠한 지고의 가치라 하더라도 그것을 이루어내기 위해서 과정을 뛰어넘어서는 안 된다. 그러한 측면에서 보았을 때 지금의 제주4·3평화공원이 말하는 화해와 상생은 사과와 용서가 이루어지지 않은 상황에서 '강요'되고 있는 것은 아닌가 고민할 필요가 있어 보인다. 분명한 것은 화해를 위한 용서는 강요될 수 있는 것이 아니다. 이는 명백히 피해자의 권리이다.

개인적 차원의 갈등 속에서 가능한 화해와 국가폭력에서의 화해는 반드시 구별되어야 한다. 개인 간의 갈등에서도 용서의 주체가 피해자인 것은 불변의 사실이지만, 어떠한 대승적 판단에서 피해자가 가해자를 무조건적으로 용서할 가능성이 없지는 않다. 그러나 국가폭력의 경우는 다르게 바라보아야만 한다. 국가폭력은 구조적 차원에서 발생한다. 이러한 구조는 폭력의 상황이 지나갔다 하더라도, 피해자를 사회적 차원에서 지속적으로 배제하며 2차 피해를 가할 수 있다. 제주4·3의 피해는 사건 당시의 피해뿐만 아니라 희생자들을 바라보는 적대적인 사회적 시선까지 포함하고 있다. 이런 맥락 속에서 제주4·3의 희생자들과 피해자들이 "처벌을 바라지 않는다"는 일부의 판단은 깊은 오해가 될 가능성이 높다.

제주4·3평화기념관의 외형은 마치 그릇을 닮아 있다. 이는 제주4·3의 역사를 담은 그릇을 형상화한 것이라 한다. 그러나 화해로 나아가야 한다는 섣부른 결론은 오히려 이 그릇에 제주4·3의 역사가 남아 있지 못하게 할 수 있다. 따라서 제주4·3평화공원은 사과와 용서가 이루어질 수 있는 그 '바탕'을 더욱 공고히 만들어가는 장소가 되어야 하지 않을까 생각한다. 완결된 역사로서 제주4·3의 역사를 담는 그릇이 아니라, 제주4·3에 대한 다양한 목소리 모두를 담아낼 수 있는 공간이 될 필요가 있다.

5

제주4·3평화공원 제6관 에필로그

역사적 트라우마,

치유로 기억하기

제주 섯알오름

교토 우토로

연천 신망리

용산 전쟁기념관

파주 오두산 통일전망대

〈섯알오름〉,

예비검속 양민학살 현장에서 제주의 한(恨)을 마주하다

김종군
건국대학교 통일인문학연구단 및 대학원 통일인문학과 교수

삼다도 제주에서 비극적 현대사를 다시 보다

제주도는 천혜의 경관으로 내국인은 물론이고 외국인들 사이에서도 방문하고 싶은 관광지로 손꼽히고 있다. 돌과 바람, 여자가 많아 붙여진 삼다도(三多島)라는 별칭은 제주의 자연과 기후, 문화를 표상하는 말로 초창기 관광객들에게 호감을 얻었다. 그래서 제주를 여행하게 되면 대체로 정해진 코스에 따라 화산섬인 자연 경관을 둘러보고, 해녀들이 잡아 올린 해산물을 맛보는 식도락으로 마무리를 짓는 것이 보통이었다.

근래에 들어 세계적인 관광명소로 띄우기 위해 제주

특별자치도로 행정 시스템이 바뀌고, 새로운 관광 아이템으로 '올레길'이 개발되면서 제주도는 다시 한번 찾고 싶은 관광지가 되었다. 올레길은 마을 골목길의 제주 토속어인 '올레'를 관광자원으로 활용하겠다는 번득이는 아이디어로 개발되었는데, 제주 전역의 골목길을 코스에 따라 직접 걸어보면서 제주 토속의 생활문화를 순례하는 프로그램이다. 눈으로 보는 관광에서 발로 걷는 체험여행으로 전환되면서 제주의 관광 산업은 새로운 전기를 맞이하였다. 21개 코스로 확정된 뒤 기존 코스에서 누락된 올레를 추가하여 26개의 코스로 운영 중이다. 그런데 이렇게 정해진 올레길 코스에서도 기존에 널리 알려진 제주의 절경지 코스가 대체로 탐방객들의 발길을 끌고 있다.

나 역시 국내 여행지로는 제주도만 한 곳이 없다고 생각하여 10여 차례 찾은 경험이 있다. 예의 경우처럼 자연 경관을 돌아보고 제주 토속 음식을 즐기는 수준으로 진행되었다. 그러다 보니 매번 정해진 코스와 먹거리가 식상해져서 특별한 매력을 잃게 되었다. 올레길을 걷자고 해서 가 봐도, 걸으면서 가는 스팟은 관광객들로 붐비는 코스여서 피곤함만 더할 뿐이었다. 그나마 인문학을 전공하는 덕에 제주도 굿을 보기 위한 답사

섯알오름 입구 평화의 조형물

나 안거리 밖거리와 같은 제주 특유의 민속을 조사하는 일은 제주 탐방의 또 다른 재미로 자리 잡았다.

그러다 우연히 만난 노부부의 이야기를 듣고 제주는 전혀 다른 인상으로 나에게 다가왔다. 밭 가운데 양옥집을 짓고 사는 노부부 중 부인은 제주도 태생인데 하도 험한 일을 많이 겪어 고향이면 진저리가 나 뭍으로 나가 살다가 2007년에 다시 고향으로 돌아와 이렇게 집을 짓고 산다고 했다.

사연인즉 해방되던 해 초등학교에 입학했는데, 아버지는 해방 후 미군정시절 공무원으로 일을 했다고 한다. 1948년 봄날 학교를 파하고 가방을 둘러메고 친구와 조잘거리며 집으로 돌아오는데, 뽀얀 흙먼지를 일으키며 트럭 한 대가 지나갔다. 먼지를 피해 뒤돌아 얼굴을 가리고 섰는데, 옆에 있던 친구는 그 트럭을 바라봤던지 “저 차 뒤에 너희 아버지 타고 간다.” 하더란다. 무슨 소린가 싶어 저만치 가는 트럭을 바라봤지만 흙먼지에 누가 탔는지는 알 수 없었다. 그리고 집에 들어설 즈음 저 멀리서 들리는 총소리… 얼마 후 달려온 마을 아주머니의 위급한 전언을 듣고 어머니는 미친 듯이 시내에 있는 공원으로 달려갔다. 영문도 모르고 울면서 엄마를 뒤쫓아 갔을 때 공원 나무벤치 사이에 아버지가 쓰러져 있었고 땅바닥엔 피가 흥건히 고여 있는 것을 보았다. 좌익에 가담한 폭도라는 이유였단다. 서울로 대학 공부를 가 있던 오빠가 내려오고서야 아버지의 장례를 치를 수 있었다. 장례를 마치고 어머니는 오빠에게 어서 서울로 올라가라고 채근을 했지만 무슨 까닭인지 오빠는 서울로 다시 가지 않았고, 2년이 지난 1950년 여름 어느 밤중에 오빠는 무장한 경찰에 끌려갔다. 그리고 오빠는 다시 돌아오지 못했다. 며칠 후 들리는 말은 야간에 배에 실려 나가서 제주 앞바다에서 수장을 당했다고 했다. 아버지가 폭도이니 그 아들도 혐의가 있다는 이유였단다.

남편과 아들을 연이어 잃은 어머니는 실성한 사람처럼 지냈고, 경찰이 폭도의 집이라고 낙인을 찍은 후 마을사람들도 왕래를 꺼리기 시작했다. 아버지 어머니와 오붓하게 살던 고향 제주는 진저리가 나는 공간이 되었다. 전쟁이 끝나고 제주가 안정을 찾아갈 즈음 이 폭력의 땅 제주를 벗어나야겠다는 일념으로 서울로 상경하였고, 그곳에서 남편을 만나 살면서 다시는 제주 땅을 밟지 않았다고 한다. 그런데 2006년 가을, 일을 마치고 저녁이 되어 집으로 돌아오니 아파트 대문 앞에 낯선 남자가 서 있어서 가슴이 철렁했다. 그이가 제주에서 왔다는 말을 듣고는 더 겁이 나서 대문을 잠그고 한참을 있었다고 한다. 겨우 마음을 가라앉히고 다시 불러보니 제주 4·3 진상조사위원회에서 온 사람이라면서 아버지와 오빠의 죽음에 대해 증언을 해달라고 했다. 지옥 같았던 당시를 떠올리기도 싫어서 단번에 거절을 하고 돌려보냈는데 다시 몇 차례 찾아와서 국가에서 추진하는 사업이고, 억울함을 풀어야 하지 않겠냐고 곡진하게 설득을 했다. 몇날 며칠을 밤잠을 못자고 60년이 다 된 기억을 되살렸다.

결국 아버지와 오빠의 원한을 풀어야겠다는 오기가 생겼고, 수십 년 만에 제주를 찾아 그동안 가슴 속에 쌓아두었던 울분을 폭발하듯 쏟아냈다. 증언을 토대로 진실화해를 위한 과거사정리위원회에서 아버지와 오빠의 억울한 죽음이 해명되었고, 그 가운데 가슴 속 응어리가 하나하나 풀리면서 제주는 다시 따스한 고향으로 다가왔다. 남편에게 노후는 제주에서 보내자고 설득을 해서 아파트를 팔고 제주에 집을 지어 살고 있다고 했다. 그 뒤 대통령이 바뀌어 제주에서 있었던 지난 일들을 입 밖에 내면 해롭다는 주변 사람들의 염려 섞인 조언이 있었지만 한번 내뱉어서 후련해진 속이라 다시 가슴에 묻고 살진 못하겠다고 서울에서 온 사람들에게 살아온 이야기를 풀어놓는다고 했다.

노부인의 기구한 사연을 듣고 나에게 제주는 새롭게 다가왔다. 관광명소, 색다른 먹거리가 있는 여행지로만 여겼던 제주에는 우리 현대사의 처절함이 곳곳에 자리하고 있었다. 제주4·3의 처절함, 전쟁 발발 후 이어진 예비검속에 의한 무자비한 학살의 현장이었음을 놓치고 있었다. 돌과 바람과 여자가 많다는 삼다도 제주는 뭍에서 호사가들이 관광하기에 좋은 곳으로 대상화하여 자리매김한 구호일 뿐이다. 제주의 특이한 자연과 기후, 문화는 외부인들의 호기심을 자극하기에 충분하지만 그 가운데 제주의 역사는 빠져 있다. 특히 현대사의 비극은 묻어두고 그저 관광명소로만 알려지게 되었다. 지정학적으로 한반도와 일본 사이에 위치했고 태평양 가운데 자리한 큰 섬이기에 일제강점기 일본과의 왕래가 가장 쉬웠다. 그로 인해 제주는 일제가 태평양전쟁의 전략기지로 삼은 수탈의 현장이 되었다. 해방 후에는 좌우 갈등이 극심하여 4·3을 기화로 대규모 양민 학살이 자행된 국가폭력의 희생지가 되기도 했다.

이제 다시 제주 올레길 지도를 펼쳐 놓고 현대사의 관점으로 제주를 탐방하기로 했다. 제주 너븐숭이 4·3 기념관이 포함된 19코스에는 제주4·3의 최대 피해지 북촌과 동복마을이 포함되어 4·3 유적지 탐방코스로 눈에 띄었다. 현기영 작가의 〈순이삼촌〉을 손에 들고 보니 비극의 현장이 생생하게 다가왔다. 그리고 대정 모슬포항에서 시작하는 11코스에 있는 알뜨르비행장과 섯알오름 양민 학살터, 백조일손지지는 일제강점기로부터 1960년대에 이르는 현대사의 수난을 제주 사람들이 어떻게 당했는지 생생하게 확인할 수 있는 현장이었다.

4·3사건의 연속선
예비검속 양민학살

제주 섯알오름 학살터를 찾게 된 데는 아흔을 바라보는 제주의 한국전쟁유족회 대표의 권유가 있었기 때문이다. 제주의 구술조사 현장에서 보았던 팔십대 중반 어르신의 눈물을 아직도 잊지 못하고 있다. 사람이 나이가 들면 가까운 이들의 죽음을 하도 봐서 여간 일에는 눈물을 보이지 않는 게 예사인데, 아흔을 바라보는 나이에도 65년 전 아버지의 마지막 뒷모습을 구술하면서 펵펵 울어대며 들썩이던 어르신의 처진 어깨가 문득문득 생각난다.

> 그 참 여름날이지, 여름날인데. 에– 6·25사변 후에 7월 달쯤 된 땐데, 양력으로. 에– 아버지도 웃통 벗고, 저도 웃통 벗고 조그마한 밥상을 받아갖고. 그때만 해도 제주도 쌀밥이 어딨어요? 이 보리쌀이지, 보리쌀. 먹고 있는데, 경찰관이 말을 타고 마당 안으로 탁 들어왔어요.
>
> 아버지 이름 부르면서
>
> "여기 ○○○ 있나?"
>
> 아버지가
>
> "예, 접니다."
>
> "쌀 가지고 나와."
>
> 에, 전대 알아? 전대. 조그마한 전대라고 그러잖아요? 전대

에 어머니가 아마 항아리에서 보리쌀하고 전대에 싸가지고 허리에 차가지고 이렇게 딱 댕여 묶었지요.

아버지 보고 손 내놓으라고 해서 (양 손을 모으며 묶이는 시늉을 하며) 우리 앞에서 아버지 손을 갖다가 이렇게 묶잖아요. 그때는 저 포승을 채우지 않고, 끄나풀로 이렇게 손을 묶대요. [조사자: 무턱대고 그렇게 묶어요?] 아이 무턱대고지 무슨. 앞에서 딱 이렇게 묶어요. 그 내가 달려들어 가지고 거 왜 하냐고 할 수가 없잖아요. 어, 딱 묶어요. 그래서 자기는 탁 말 타고, 말안장 뒤에다가 그 노끈을 딱 묶어요. 말안장 뒤에.

(이야기 도중 격해진 감정으로 흐느껴 우심)

[조사자: 생각하시면 너무 가슴 아프시죠?]

나는. 아이 미안해요.

[조사자: 아니에요. 어르신 진정하시고 천천히 말씀해주시면 됩니다.]

말안장 뒤에를 묶잖아요. 집에 들어가는, 우리 제주도에 지금 올레길, 올레길이 있는데. 옛날엔 그 원래 올레가, 저희 집 올레가 상당히 기다랗었거든요. 그 올레에 지는 말 타고, 아버지는 말 뒤에, 안장 뒤에다가 끈으로 묶고… 그게 지금 아버지 모습은 마지막이에요.

아버지는, 그 후에 들은 얘긴데, 아버지하고 유치장 숙소에 같이 있던 분이 나와 가지고, 동네 분인데. 마을에 고향에 들어오지 않고 외지에 살면서 날 한번 만나자고 해서 만났

> 더니, 아버지는 그때 7월 6일 날 밤, 음력이 7월 6일 날 밤이에요. 양력으로 8월 20일인가? 19일인가 돼요.
>
> "19일 밤, 호명해서 불려나간 뒤 그게 마지막이었다."
>
> 고 해요. 그게 나중에는, 지금 국제공항이에요, 제주국제공항. 국제공항의 유해 발굴이 됐습니다마는 아버지하고 같이 학살당한 유해는 한 구도 발견하지 못했어요. 그건 뭐냐? 지금도 활주로 밑에 있어요. 활주로 밑에 있어요. 활주로 양편에, 양 옆에 있는 유해는 두 군데 발굴해가지고 유해를 봉안도 해서 안치했지만은, 아버지네 일행은 아직 한 구도 유해를 발굴하지 못했어요.

어르신은 전쟁 발발 후 예비검속령에 의해 기마경찰의 오랏줄에 묶여 끌려갔던 아버지의 마지막 모습을 생생하게 기억하고 있었다. 애월읍 중산간에 살았기에 아버지는 제주시로 끌려가서 당시 정뜨르비행장(지금의 제주국제공항)에서 집단학살을 당하고 그 자리에 묻혔을 것으로 추측하고 있었다. 지금은 제주국제공항 활주로 밑에 묻혀 있을 아버지의 유해를 찾아 편안하게 안치하는 일이 필생의 원이라고 되뇌었다. 그리고 생생한 학살의 현장으로 섯알오름을 추천하면서 꼭 찾아보라고 권했다.

예비검속법은 일제가 식민통치를 공고히 하면서 주민의 통제 수단으로 제정한 무도하기 짝이 없는 법이었다. 해방 후 미군정은 이 규제의 부당함을 잘 알기에 폐

기처분하였다. 그런데 6·25가 발발하자 정부는 좌익 동조 세력의 준동을 막는다는 이유로 이를 다시 부활시켰다. 이미 4·3을 겪은 제주의 군경들은 위기감을 느껴 국민보도연맹에 가입된 사람들과 4·3 연루자들을 예비검속이라는 명분으로 구금했고, 전세가 기울어지자 차례로 집단학살한 것이 비극의 전모이다. 제주항으로 끌려간 이들은 자신들이 배 타고 그물 치던 바다에 수장되었고, 지금은 제주국제공항 활주로가 된 정뜨르비행장으로 끌려간 이들은 총살되어 그 자리에 뒤엉켜 묻히고 말았다.

제주 올레 11코스의 비극적 역사

제주 올레길 11코스는 '모슬포항(하모체육공원)–섯알오름–백조일손묘 갈림길–이교동 상모1리 마을 입구–모슬봉 입구–정난주 마리아 묘–신평마을 입구–곶자왈 입구–곶자왈 출구–인향동 마을 입구–무릉2리 제주 자연생태문화'로 구성되어 있으며, 총 거리는 21.5km다.

모슬포항에서 길을 따라 알뜨르비행장에 들어섰을 때 밭 사이에 웬 고분(古墳)들이 저렇게 많을까 하고 착각했는데, 가까

알뜨르비행장 격납고

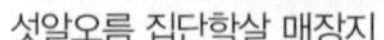
섯알오름 집단학살 매장지

섯알오름 학살터 진혼 표석

이 다가가 앞쪽을 보고서 태평양전쟁 때 일제가 소형비행기를 숨기려고 만든 격납고라는 걸 확인할 수 있었다. 저 많은 격납고를 만들기 위해 얼마나 많은 제주 사람들이 강제 노역에 시달렸을지, 애잔함이 밀려왔다. 알뜨르비행장 격납고 사이의 밭은 일제에게 비행장 터로 수탈당한 농토를 자력으로 되찾기 위해 제주 농민들이 활주로를 갈아엎어 만든 피땀의 현장이었다.

밭 사이를 걸어 저 멀리 섯알오름으로 다가갔다. 그리고 눈앞에 펼쳐진 예비검속 집단학살 현장과 위령비… 안내문을 통해 확인되는 사건의 전말을 읽어나가면서 피가 거꾸로 솟구치는 공포와 분노를 느꼈다. 눈앞에 펼쳐진 이 역사적 현장을 누가 이성적으로 설명할 것인가? 누가 이들의 상처를 보듬고 치유할 것인가? 그때는 시절이 다 그러했다고, 힘이 없는 백성들은 다 그렇게 당하고 살아왔다고 체념시키고 말 일인가?

1950년 제주 대정 쪽에서 구금된 예비검속 피해자들은 음력 칠월 칠석날 섯알오름으로 끌려와 집단학살을 당한 뒤, 일제가 포탄 저장고로 파 놓고 콘크리트 처리

섯알오름 희생자 추모비 앞면

만벵디 백조일손지지 표석

를 한 구덩이에 집단 매장되었다. 피해자들은 트럭에 실려 어디론가 끌려가면서 죽음을 예감했다. 그들은 남은 가족에게 간 곳이라도 알리기 위해 신고 있던 검정 고무신을 벗어 드문드문 던져두었다. 추모비 앞 제단에는 이를 형상화한 검정 고무신 네 켤레가 가지런히 놓여 있어 숙연함을 자아낸다. 이튿날 가족들이 고무신을 따라 올라와 보니 섯알오름이었다. 시신이라도 수습하겠다고 무수히 올라갔지만, 출입제한구역이라고 무장한 군경이 막아서서 울부짖고 발길을 돌릴 수밖에 없었다고 한다.

섯알오름은 7년이란 시간동안 출입제한구역으로 묶여 주민들의 접근이 금지되었다가 1956년에 비로소 유해 발굴이 이루어진다. 그런데 매장지의 바닥이 콘크리트로 포장이 된 탄약고다 보니 132구의 시신이 서로 뒤엉켜

백조일손지지 묘역

5·16 이후 파괴된 백조일손지지 비석 파편

있어, 육신이 썩은 진창 속에서 유골을 온전하게 수습할 수 없을 정도로 처참했다고 한다. 연전에 소금에다 절여 둔 멸치젓이 삭은 것처럼 버걱버걱하게 되어 있었다고 당시 사람들은 그 참혹함을 형언했다.

하는 수 없이 누가 내 아버지이고, 누가 내 할아버지인지도 분간할 수 없는 처지에서 모두를 공동묘지에 모시고 그 앞에 '백조일손지지(百祖一孫之地)'라는 묘비를 세우게 된다. 그런데 국가는 이 애원 극통한 형상을 그대로 봐주지 않았다. 5·16 이후에 무도한 군사정권은 그 묘비를 두 동강으로 깨부수고 통제를 가했다고 하니, 유가족은 누구에게 이 원정(冤情)을 하소연한단 말인가?

남은 자들의 몫, 애도와 치유

1기 진실화해를 위한 과거사정리위원회 진상조사 이후 유가족들은 용기를 내 국가배상 소송을 제기하였고,

대법원에서는 제주도 예비검속 피해자들에게 국가가 책임 배상을 해야 한다는 판결을 거듭 내렸다. 남편과 아버지를 잃고 평생을 고통 속에서 살아온 유가족에게 1억 원의 보상비가 가당찮기나 할까마는, 국가가 비로소 잘못을 시인했다는 점에서는 대단히 의미 있는 판결이라고 생각된다.

분단의 과정과 한국전쟁, 분단체제의 유지 과정에서 국가기관의 공권력에 의해 수천수만의 양민이 학살되었고 아직도 원혼으로 남아 있다. 그 유가족들은 좌익, 용공, 사상범의 가족이라는 연좌제에 연루되어 고통 속에서 살아왔다. 통일을 염두에 두고 내세우는 평화공동체 구축의 과정에서, 분단체제를 유지한다는 명분으로 자행한 국가폭력에 대해 국가는 진정으로 고민해야 할 것이다. 그것이 선결되지 않고서는 한반도의 통일은 영원히 요원할지도 모를 일이다.

섯알오름 집단학살터 추모비 뒷면에 새겨진 시 구절이 내내 마음속에 남아 있다. 제주도의 유채도 좋고, 먹거리도 좋다지만 대정 상모리의 섯알오름을 한번 찾아보라고 간곡히 권하고 싶다.

섯알오름 희생자 추모비 뒷면

섯알 오름길

김경훈

트럭에 실려 가는 길
살아 다시 못 오네

살붙이 피붙이 뼈붙이 고향마을은
돌아보면 볼수록 더 멀어지고

죽어 멸치젓 담듯 담가져
살아 다시 못 가네

이정표 되어 길 따라 흩어진 고무신들
전설처럼 死緣 전하네

오늘은 칠석날
갈라진 반도 물 막은 섬 귀퉁이 섯알오름

하늘과 땅, 저승과 이승 다리 놓아
미리내 길 위로 산 자 죽은 자 만나네

녹은 살 식은 피 흩어진 뼈
온전히 새 숨결로 살아 다시 만나네

아름다운 연대가 만들어낸

〈우토로〉의 도전

김지은
건국대학교 대학원 통일인문학과 박사과정 수료

'돕는다는 것은 우산을 들어주는 것이 아니라 함께 비를 맞는 것입니다.'

지난 2016년 동갑내기 재일동포 친구의 고향인 우토로 마을을 방문했을 때 가장 먼저 마음속에 떠오른 글귀였다. 고 신영복 선생의 저서 〈담론〉에서 이 글귀를 처음 봤을 때는 '도우려면 우산을 들어줘야지, 함께 비를 맞는다는 게 무슨 큰 도움이 될까'라는 생각이 들었다. 하지만 우토로 마을을 방문하면서 '함께 비를 맞겠다'는 마음의 의미가 새롭게 다가왔다.

일제강점기인 1940년대 공항 활주로 공사를 위해 강제 동원된 조선인들로부터 시작된 우토로 마을의 역사는 '비를 흠뻑 맞은 듯한' 어렵고 힘든 고통의 세월이었다.

그러나 한국 정부와 시민단체, 그리고 양심적 일본시민의 도움으로 연대의 평화적 승리를 이루어냈다. 필자는 그 출발이 무엇보다 '비를 함께 맞겠다'는 마음이었다고 생각한다.

우토로를 알게 해준 재일동포 친구를 처음 만난 것은 2016년, 그가 업무 관계로 서울을 방문한 때였다. 그때는 며칠을 함께 지낸 뒤 헤어졌지만 그가 얼마 뒤 다시 한국을 방문해 몇 달 동안 서울에 머물면서 우리는 친구가 되었다.

그가 삶을 대하는 태도는 늘 여유로웠고 즐거워보였다. 하지만, 고향 이야기를 나눌 때는 달랐다. 그는 서울살이 동안 항상 경남 진주 근처의 한 산골마을인 고향에 가보고 싶다는 얘기를 소원처럼 말하곤 했다. 그리고 여름 휴가철을 맞아 친구의 고향을 함께 찾아가게 되면서 그가 왜 그토록 고향에 가고 싶어 했는지를 알게 됐다. 그것은 자신의 '뿌리'를 확인하기 위함이었다. 친구의 할머니와 할아버지는 일제강점기 때 일본으로 일자리를 구하러 건너간 '조선인'으로, 해방 후 일본에 남으시면서 현재의 '재일조선인'의 뿌리가 되셨다. 현재 할머니와 할아버지는 모두 돌아가셨지만, 재일동포 3세인 손녀는 성장기에 두 분으로부터 고향 이야기를 자주 듣던 터라 언젠가 고향을 꼭 한번 찾아가보고 싶다는 마음을 품고 있었다.

가족을 대표해서 조부모의 고향을 처음 방문한 친구는 '나도 이렇게 뿌리가 있었구나. 홀로 뚝 떨어진 존재가 아니었구나' 하는 마음 깊은 곳으로부터의 울림을 받았다고 했다. 동행하는 동안 필자는 '고향'과 '재일조선인' 그리고 '국가'에 대해 생각했다. 그동안 필자에게 수동적으로 펼쳐져 있던 역사의 한 페이지가 살아서 다가왔다. 동갑내기 친구를 통해 근현대사의 슬프고 아픈, 그리고 끝나지 않는 이야기를 찾아가기 시작했다.

그해 겨울, 친구가 태어나서 자란 일본의 고향인 우토로 마을을 방문하면서 그를 다시 만났다.

'우토로(ウトロ)'는 일본 교토부 우지시 이세다쵸 51번지에 위치한 재일조선인들의 마을을 가리킨다. 이 지역의 정식 명칭은 '우토구치(宇土口)'였는데, 조선인들이 마을 입구의 한자 '입 구(口)'를 일본어 가타가나의 '로(ロ)'라

우토로 마을 입구에 세워진 그림판

고 잘못 읽으면서 현재의 '우토로'라는 명칭으로 변했다고 한다.

전철역에서 내려 반듯하게 정리된 도로를 따라 몇 분 걷다 보면 마을 입구로 보이는 곳에서 큰 그림판이 눈에 띈다. 우토로 주민들의 밝은 얼굴들을 하나하나 그려놓은 그림판. 곧 철거 예정이었던 마을의 마지막 추억을 담아내듯, 우토로의 정다운 마을 주민을 모두 그려놓은 것 같았다.

우리 일행은 친구의 지인인 동포생활센터 김수환 대표의 안내를 받으며 우토로 마을 곳곳을 구경했다. 친구가 살았던 옛집은 화재사고로 이제 집터만 덩그렇게 남아 있었다. 친구의 가족은 집이 불타버린 뒤 우토로에서 10여 분 떨어진 곳으로 이사를 갔다고 한다.

마을을 둘러보고 마지막으로 들른 마을회관 에루화에서 1세 어르신이신 강경남 할머니를 만났다. 강경남 할머니는 당시 우토로의 1세 재일조선인 중 마지막 생존자이셨다. 2015년 MBC 〈무한도전: 배달의 무도〉 프로그램의 우토로 편에 소개되셔서 한국 사회에도 제법 알려진 어르신이셨다.

강경남 할머니는 경상남도 사천군 용현면 출신으로 8살에 우토로로 건너와 정착하게 되셨다. 비록 어린 나이에 떠나온 고향이지만 지금까지도 고향이 눈에 아른거린다고 하면서 흥얼거리시던 우리 노랫가락들이 방송을 보는 시청자들의 마음을 울렸다.

마을회관 에루화 앞에 서 계신 강경남 할머니

그날도 여전히 한국에서 건너온 우리들에게 노랫가락들을 들려주시는 할머니의 낙천성이 얼마나 열악한 환경에서 피어났는지, 우토로 마을을 한 바퀴 다 돌고 나서야 제대로 이해하게 되었다.

우토로 주민들은 청산되지 못한 과거사와 고국의 무관심, 거주국의 일상적인 차별과 배제 속에서도 공동체 화합과 결속, 집념, 연대의 힘으로 우토로를 희망의 공간으로 새롭게 변화시키고 있었다. 우토로에서 일생을 살아온 재일조선인들은 유린된 인권 속에서 삶을 비관적으로 바라보지 않고 민족문화를 중심으로 정체성을 지키며 공동체의 정서적 유대감을 형성해왔다. 그것은 바로 강경남 할머니 같이 많은 분들이 낙천성을 지녔기 때문이다. 강경남 할머니의 흥을 보며, 내 친구의 쾌활함이 어디서부터 나왔는지를 짐작했다. 마을 초입의 그림판이 이제 이해가 되었다.

버림받은 역사적 공간에서
투쟁의 공간을 넘어 연대의 공간으로

우토로에 조선인 집성촌이 형성된 이유는 태평양전쟁 시 일본 정부가 교토부에 군용 비행장을 건설하기 위해 조선인 노무인력을 동원해서이다.

1941년 군수산업체이던 일본국제항공공업주식회사는 토지를 매수하면서 본격적인 활주로 정비와 격납고 시설 등 대규모 토목공사를 진행하게 된다. 하루 2,000명의 노동자가 동원되는 엄청난 작업에 값싼 임금과 혹독한 노동을 감당할 수 있는 조선인 노동자는 1,300여 명이나 됐다.

1943년에는 공장부지 일부에 조선인 노동자들의 임시 숙소인 '함바(飯場)'가 마련되었고, 그 후로 노동자들이 개별적으로 함바를 개조하거나 근처에 새롭게 집을 지으면서 조선인들이 정착했다.

1945년 일본의 패망으로 공사가 중단되면서, 일본 내의 다른 지역들과 마찬가지로 조선인 노동자들은 일본 정부와 기업으로부터 아무런 보상도 받지 못한 채 그대로 방치된다. 의도했던 것과

우토로 마을의 연원이 된 조선인 노동자들의 숙소인 '함바'를 이미지화한 로고
©우토로민간기금재단

달리 해방은 되었으나 고향으로 돌아갈 교통편도 알선 받지 못하고 다른 곳으로 이주하지도 못한 조선인 노동자와 가족들은 결국 우토로에 삶의 터전을 마련하게 된 것이다. 우리말과 글을 배우기 위한 한글강습소도 만들고 주변 가족과 친지들을 우토로로 불러들이면서 조선인 공동체는 자연스럽게 변화하고 확대되었다. 한 연구조사에 따르면 우토로 지역의 조선인은 대부분 일본에 거주하던 조선인이었다고 한다. 이주의 형식에 있어서 강제성은 없었지만, 일본의 전시노동력 동원정책이라는 시대적 상황과 연속선상에서 생존전략 차원으로 이 지역으로 오게 된 것이다. 후일 법적공방으로 이어진 우토로 주민들의 거주권 문제의 역사적 기원이 바로 여기에 있다.

1980년대 후반에 들어 우토로 주민들은 일본국제항공공업주식회사의 후신인 일본 기업 '닛산차체'의 부당한 토지소유권 행사 때문에 강제퇴거의 위기를 맞게 된다. 우토로의 법적 토지소유권을 가지고 있던 닛산차체가 1987년에 주민들도 모르게 오사카 소재 부동산 업체인 '서일본식산'에 우토로 부지를 매각한 것이다. 토지소유권을 가지게 된 서일본식산은 이듬해 1988년, 우토로 주민들에게 무조건 퇴거하라는 통보를 보낸다. 주민들이 저항하자 서일본식산이 1989년 교토지방재판소에 토지 철거 소송을 내면서 지난한 법적 공방이 시작된다. 우토로 주민들은 역사적 경위를 바탕으로 자신들의 거주할 권리를 주장하였지만, 교토지방재판소는 1998년 주민 모두에게 퇴거를 명하는 판결을 내렸다. 하지만 삶의 터전을 잃는 강제퇴거의 위기에 양심적인 일본인들을 중심으로 '우토로를 지키는 모임'이 결성되었고, 시민단체의 지원과 연대를 통해 반대운동을 전개해 나간다. 재판도 일본 최고재판소로 옮겨져 계속 진행됐다.

이때부터 우토로 주민들의 생존권 문제는 일본사회 내부의 역사적 문제와 부동산 문제에서 벗어나 국제적인 인권 문제로 이슈화된다. 우토로의 역사 문제를 인권이라는 보편적 가치로 새롭게 바라봄으로써 갈등과 대립을 극복해 나가기 시작한 것이다. 그 시작 지점에 바로 '비를 함께 맞는' 마음을 가진 이들이 있었다. 우토로의 아픈 역사에 대해 함께 비를 맞는 마음으로 공감한 이들에게 우토로 주민들도 마음의 문을 열면서 함께 싸워나갈 수 있었다.

우토로 주민들이 겪어왔던 최악의 생활수준은 국제사회에 일본사회가 애써 외면한 재일조선인들에 대한 부당한 인권적 차별로 알려지며 연대가 점차 확대됐다. 우토로 지역은 상하수도 시설이 갖춰져 있지 않아, 주민들 스스로 판 우물을 사용했다. 큰 비가 오면 침수 피해를 크게 입었고 화장실이나 세탁 등의 위생문제도 심각했다. 불과 몇 미터 간격을 두고 있던 일본인 거주지역과 조선인 거주지역의 차이는 극명했다. 1988년 3월에서야 우토로에 처음으로 상수도가 설치되었지만, 2016년까지도 주민들 중 거의 절반 가까이가 여전히 지하수 물을 사용하고 있었다.

우토로는 지역사회로부터 분리되고 배제되며 차별받는 부당함을 감당해야 했다. 이것은 우토로 주민들을 어려운 상황 속에서도 공동체를 중심으로 결속하게 만들었다. 일본 정부, 교토부, 우지시 등의 해당 행정 당국은 우토로 문제를 법적 토지 소유권자인 닛산차체와 우토로 주민들 사이에서 진행되는 민간 문제로만 취급하고 재일조선인들의 삶의 질에 대해서는 방관자적 태도로 일관했다. 이에 따라 일본 행정 당국은 적극적인 행정 조치를 거의 취하지 않았다. 그러나 투쟁에 동참한 시민단체들은 '인권'과 '차별'이라는 보편성을 중심으로 일본 사회와 국제 사회에 그 부당함을 호소하며 일본 정부 및 행정 당국과 협상해나갔다.

독일 폭스바겐사의 경영평의위원을 맡고 있는 레나테 뮐러는 1990년 8월에 우토로에서 개최된 집회 '국제평화포럼 in 우토로'에서 평화적 의미에 대해 이야기했다. 이 연설은 똑같은 전범국가의 기업체였어도 닛산차체와는 상반된 책임 인식과 진정성 있는 태

강제철거에 반대하는 거리집회에 나선 우토로 주민들 ©우토로민간기금재단

도가 무엇인지 보여주었다.

> "평화란 전쟁이 없는 상태만을 얘기하는 것이 아니라, 그것은 자기 자신 속에 있는 벽, 인종주의라는 벽, 외국인을 적대시하는 벽, 그리고 여성 차별 등 일상적인 차별의 벽을 하나씩 하나씩 무너뜨려서 우리의 자손들에게 '살 만한 가치가 있는 사회'를 남기는 것이다. 이것이 평화를 위해서 싸우는 의미이다."(地上げ反対!ウトロを守る会編, 1997, 46)

우토로 주민들은 2000년 11월 일본 최고재판소의 최종 판결 패소로 불법 점거의 주체로 평가됐다. 이 소식이 국내에 알려지면서 한국 정부, 국회, 시민단체, 언론 등이 대대적인 지원과 모금활동을 전개하기 시작했다. 한국과 일본을 연결한 각계각층의 교류와 연대가 확장되면서 한국 정부의 지원과 시민 사회가 모은 성금으로 2010년 토지를 매입할 수 있었다. 매입된 토지는 우지시에 장기 무상임대하게 되었다. 그 뒤 우토로 주민회와 우지시가 마을 조성 기본원칙에 합의하여 주민 재입주 보장을 전제로 한 재개발이 추진됐다. 2018년 제1기 시영주택이 완성되어 일부 세대가 입주를 시작했고, 2021년 1월에는 제2기 시영주택 건설과 입주, 우토로 커뮤니티 내 기념공원 조성 및 역사관 건립 등의 프로젝트가 준비 중에 있다.

우토로는 한국·일본·재일조선인들의 연대의 성과를 이루어냈다. 과거의 역사를 공유한 연대의 깊은 상호 이해와 신뢰를 바탕으로 평화를 실현해낸 것이다. 우토로의 기억은 이제 새롭게 만들어질 우토로의 역사관인 '평화기념관'에 오롯이 기록될 것이다. 새롭게 조성될 평화기념관은 슬픈 역사를 끝까지 포기하지 않고 희망의 역사로 일구어낸 기록을 보전하는 동시에 그 기록의 증인인 우토로 공동체의 교류의 장과 다양한 시민사회가 함께 연대한 소통의 장소로서 기능할 것이다. 우토로를 지켜온 미나미야마시로 동포생활센터의 김수환 대표는 "우토로 마을에는 동포들의 아픔의 역사가 담겨져 있지만, 그것을 이겨낸 사람들의 삶의 흔적이 남아 있는 그런 땅입니다. 함께해주신 사람들의 연대의 힘, 나눔의 힘, 작은 통일의 힘에 의해서 우토로의 역사가 계속 이어지는 훌륭한 성과를 이루어냈습니다. 마을에는 이제 앞으로 우리 겨레에게, 우리 민족에게 희망과 힘을 주는 우토로의 기념관이 만들어지게 됩니다"라고 평화기념관 조성에 대한 포부를 밝혔다.

우리는 이제 인권이라는 보편적 가치 아래 평화의 거점 공간이 될 우토로를 보게 될 것이다. 그곳은 우토로 문제를 통해 평화를 배우고 미래를 만들어갈 새로운 소통의 공간이 될 것이다.

지난 2020년 11월 우토로의 마지막 1세이셨던 강경남 할머니께서 돌아가셨다. 꿈에 그리시던 고향과 가족들을 이제는 하늘나라에서 편히 만나시라고 많은 이들이 추모의 글을 남겼다. 우토로의 재일조선인 1세들은 이렇게 역사의 미래를 지키시고 개척하셨으며 그다음 세대들에게 도전에 대한 희망을 전하고 계셨다. 그것은 또 고통의 역사에 대해 비를 함께 맞고자 하는 연대의 마음으로 이루어낸 치유의 역사이기도 하다.

이런 우토로 마을의 형성과 투쟁, 그리고 연대에 의한 해결까지의 과정을 보면서 '비를 함께 맞는' 행동의 중요성을 깊이 깨닫게 된 데에는 한 작은 반전미술관의 활동이 적지 않게 작용했다.

우토로 마을의 마지막 1세셨던 강경남 할머니의 빈소 모습
ⓒ우토로민간기금재단

평화를 위한 연대,
'쵸센진(朝鮮人, 조선인)'에서 '쵸센진(挑戦人, 도전인)'으로

화가이자 반핵운동가들인 마루키 이리와 아내 도시가 만든 마루키(丸木) 미술관. 이 반전미술관은 일본 도쿄도 북쪽에 인접한 사이타마현의 한 한적한 마을에 부부가 사재를 털어 세웠다. 이들은 히로시마 원폭과 관동대지진 등의 참사를 그림으로 기록하고, 전쟁의 비참함을 알리는 반전사상의 작품이 전시되어 있다. 그곳에는 나가사키 핵폭발 당시 조선인 강제징용으로 희생당한 조선인들에 대한 이야기가 작품으로 남겨져 있다. 또한 관동대지진 당시 학살당한 조선인들에 대한 '통한의 비'가 미술관 마당에 서 있다.

당시 이 지역에서도 재일조선인들에 대한 학살이 자행되었다고 한다. 부부는 그것을 결코 잊지 말자는 뜻에서 이 비를 세우고 사죄의 마음을 전하고 있다.

이곳을 찾는 이들은 차별받는 약자들의 실상과, 전쟁은 결코 피해자와 가해자가 존재하는 것이 아니라 모

사이타마현의 마루키 미술관 전경

마루키 미술관 내 전시된 마루키 부부의 연작 〈원폭도〉 중 14번째 작품 '까마귀'

두 피해자라는 반전과 평화의 인식을 되새기며 돌아간다. 마루키 미술관은 일본 내에서 사회적 약자인 재일조선인에 대한 이야기를 작품으로 증언하고 있다. 양심적인 일본인들의 용기 있는 진심의 고백이다. 이 공간은 슬픈 역사를 직시하며 평화를 염원하는 소통의 공간을 만들어나가고 있다. 약자를 따뜻하게 보듬어주고 행동하는 이런 마음. 그것이 바로 비를 함께 맞는 마음과 같았다. 그런 비를 함께 맞는 마음들이 있음을 알았기에 우토로 주민들도 오랜 기간 진행된 힘든 싸움을 접지 않을 수 있었을 것이다.

지난 2016년 우토로 방문은 비록 짧았지만, 필자에게는 긴 울림을 남겨주었다. 그동안 동포역사를 잘 모른다는 자책과 미안한 마음을 가지고 있었지만, 우토로 방문을 통해 보았던 마을 주민들의 모습과 그들과 연대하여 싸우는 사람들을 보면서 보편적 가치들을 위해 함께 연대하고 행동하면 더 나은 미래를 실현할 수 있다는 희망을 가지게 되었다. 한반도 디아스포라의 역사는 굴곡져 있지만 서로 소통하고 연대할 때 평화의 공동 가치를 이룩해 나갈 수 있다는 선례를 우토로는 만들었다.

하지만 이것이 끝이 아니다. 한반도와 일본에서 외로운 타자, 경계적 삶을 살아오셨던 1세들은 이제 모두 사라지셨지만, 그분들이 지켜낸 희망은 3세, 4세, 그리고 그 다음 세대들을 향해 피어오르고 있다. 재일동포들이 주축이 된 극단인 '달오름'이 일본 오사카와 서울 등에서 공연한 연극 〈우토로 2020〉은 우토로 마을에서 어린 시절 추억을 보낸 재일동포 3세가 철거되는 마을을 바라보며 느끼는 것 등 자전적 이야기를 다룬 작품이다.

이 작품의 모델이 된 이는 저글링 퍼포먼스 세계 랭킹 1위인 김창행(36) 씨다. 그는 공연이 끝난 뒤 관객과의 대화 시간에 "이제 앞으로 다가올 시대는 민족이나 어떤 카테고리가 아니라 한 사람 한 사람이 개인의 능력과 도전으로 제대로 싸울 수 있는 환경을 만들어가는 것이 중요할 것"이라고 이야기한다. 우토로에서 성장하며 많은 아픔이 있었지만, 도전하는 한 불가능은 없다는 것을 배

극단 달오름의 연극 '우토로 2020' 랜선공연 포스터와 연극의 한 장면(온라인 공연 장면 스크린샷)

운 김창행 씨는 일본사회에서 부정적인 이미지로 각인돼 있는 '쵸센진(朝鮮人, 조선인)'을 '쵸센진(挑戦人, 도전인. 일본어로는 조선인과 발음이 같다)'으로 바꾸자고 후배들에게 메시지를 전하고 있다. 그는 지난해 이런 메시지를 담은 〈쵸센진(挑戦人)〉이라는 책을 펴내기도 했다.

1세대들의 아픔과 연대를 통한 차별 철폐를 향한 노력, 그리고 3세대~4세대들의 새로운 도전까지 보태지면서 우토로는 이제 과거와 미래를 연결하고 있는 소통과 평화의 공간이 되고 있다. 우토로가 쌓은 통합, 소통과 연대의 힘은 '작은 통일'을 실현한 공간이 되었다.

이제 우토로 1세대는 더 이상 우리 곁에 존재하지 않지만, 우토로는 앞으로 계속 우리에게 연대를 통한 평화를 배우는 상징적인 공간으로 남을 것이다. 그러기 위해 오늘도 도전인의 삶을 꿈꾸는 재일동포 3세, 4세들과 함께 비를 맞을 연대의 마음을 준비하는 것이 우리 안에 적극적인 평화를 하나씩 실현해나가는 것이지 않을까 생각한다.

〈신망리를 만나다〉,
신망리 프로젝트에서 찾은 치유의 길

신희섭
건국대학교 대학원 통일인문학과 박사과정 수료

전쟁과 수복지구, 또 다른 아픔의 시작

참혹한 억압의 일제강점기를 보낸 한반도는 해방 5년 만에 다시금 전쟁이라는 불구덩이 속으로 빠지고 말았다. 전쟁은 특정 공간을 빼앗고 빼앗기는 과정 속에서 그 비극을 더욱 증폭시켰다. 오늘날 경기도 연천이 대표적이다. 전쟁 발발 이전에 연천지역은 북위 38선을 기준으로 '북쪽'에 속했다. 이때부터 1953년 7월 27일 휴전협정 체결까지 연천지역과 주민들은 전쟁의 한가운데에 있었다. 이후 이 지역은 이른바 '수복지구'가 되었다. 수복지구는 광복 직후에는 38선 북쪽 지역에 위치하였다가

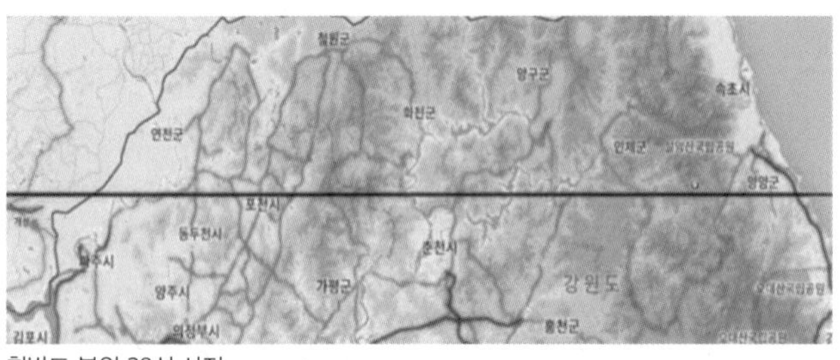

한반도 북위 38선 사진

한국전쟁의 정전협정에 따라 남쪽에 편입된 군사분계선 이남 지역을 말한다. 이 지역에 속했던 연천군 신망리는 경원선 서쪽에 형성된 시가지이다. 한국전쟁이 끝난 후인 1954년 5월 이곳에는 피난민 정착 지역이 조성되었다. 미군 제7사단이 3만 평의 부지 위에 세대 당 330m² 의 대지에 59.4m² 크기의 목조 가옥 100호를 건립하여 선착순으로 피난민을 입주시켰기 때문이다. 당시 연천읍에서 가장 먼저 입주가 시작되었던 이곳은 원래의 이름을 버리고 미7사단이 최초 부여한 'new hope county'라는 이름의 뜻을 살린 신망리(新望里, 새로운 희망)로 지명이 바뀌게 되었다.

신망리가 속한 이 지역, 경기북부는 남북을 가로지르는 기준점이 있는 관계로 전쟁의 한복판에 위치했다. 한국전쟁 이후에는 수복지구와 신해방지구라는 세계사적으로도 유래가 없는 특수한 공간이 되었다. 남쪽 수복지구는 '다시 찾은 땅'이라는 의미로도 불리며, 38선과 휴전선 사이에 있는 경기도 연천, 강원도 양양·고성·인제 · 양구 · 화천 · 철원 지역 일부가 해당된다.

이러한 독특한 지역이 형성된 계기는 한국전쟁 당시 활발했던 전선의 이동과 1951년 38선 일대에서의 전선의 교착상태와 연관이 있다. 즉, 점령과 피점령을 반복하는 과정에서 38선 근처에서 형성된 것이다. 당시 전선에서 38선 이남 서부지역과 38선 이북 중동부지역은 북한과 남한(유엔군)에 의해 각각 재점령된 상태였다. 1951년 7월 10일부터 정전회담이 개성에서 시작되었는데, 정전회담에 대한 여러 가지 문제 중 군사분계선을 기존의 '38선'으로 할 것인가 아니면 '전선(戰線)'으로 할 것인가를 두고 논의가 거듭되었다. 결국 회담에서는 '전선'이 군사분계선이 될 것이며, 정전협정이 체결되기까지 전투가 계속될 것임이 결정되었다. 이에 따라 남북한 양측은 38선 일대에서 더 많은 영토를 차지하기 위한 치열한 전투를 벌였다. 특히 남북의 전략적 고지에서의 전투는 한번 빼앗기면 수 킬로미터씩 전선을 후퇴해야 했기 때문에 치열했다. 당시 전투의 처절함은 오늘날까지 남아 있는 고지들과 그곳에서의 전투 이름을 통해 확인할 수 있다. 예를 들어 철원 · 김화 · 화천 지역의 '백마고지 전투'와 '저격능선 전투', 양구의 '피의 능선 전투', '단장의 능선 전투', '크리스마스고지 전투', '유엔고지 전투', 인제의 '서화리향로봉 전투' 등이 기록으로 전해지고 있다.

그중 철원 지역의 백마고지 전투는 많은 전쟁영화로

이원형 할아버지

도 만들어질 정도로 치열하고 격렬했다. 이 지역과 멀지 않은 곳에, 당시에는 '상리(上里)'라고 불리던 연천의 신망리 마을이 있었다. 마을 사람들이 피난을 떠났다가 돌아와 보니, 치열했던 전쟁으로 모든 것이 파괴되고 남아 있는 것은 아무것도 없는 허허벌판뿐이었다. 이와 관련된 이야기는 이원형(1938년 11월 24일생, 현재 신망리 거주) 할아버님의 증언을 통해서 생생하게 들을 수 있었다.

"우리가 1929년에 여기를 들어왔어요. 1945년 전쟁 전 남북이 막히면서 이 지역이 북한에 의해 강원도 연천으로 재편이 됐습니다. 지금은 경기도 지역인 연천군이 됐습니다. 6·25전쟁이 휴전되니까 1954년도에 3개 부락을 수복시켰는데 여기는 주로 미7사단에서 관리를 했고 그리고 전곡읍에 있는 북진리라고 해서 한국군 1사단이 관리를 했고, 통연리 일부 거포리라는 데는 군단 직할 포병부대에서 관리를 하고 연천에서는 3개 마을이 수복이 되었어요. 수복될 당시 지금의 상리초등학교 터에서 천막을 쳐놓고 수복민을 살게 했어요."

"그러면서 여기 벌판을 미 공병들이 장비 가지고 바닥을 정지작업을 해놓고 그 다음에 집을 짓기 시작해서 골조는 다 세워줬어요. 그 다음에 지붕 없는 거는 여기 수복된 사람들이 요즘 말하면 부역으로 나와서 하는데 어른들은 뭐 땅 개간해야 되니까~ 애들이 나와서 지붕을 전부 다 올라가서 못을 박고 그랬죠. 나도 함께 나와서 못을 박고 그랬던 기억이 납니다. 그런 다음에 개인들에게 집을 나눠주고 흙벽은 각자 알아서 만들어 산 거죠."

전쟁의 상처가 퇴적된 신망리 마을

현재의 경기도 연천군 연천읍은 본래 연천현의 현내면 지역으로서 관내의 읍내리, 지혜동리, 동막리, 무수동리 등 4개 동리를 관할하였다. 그러다 조선 고종32년(1895년) 지방관제 개정에 의하여 현내면을 군내면으로 개칭하고 읍내, 지혜, 차탄, 통현, 동막, 고문의 6개 동리로 개편 관할되었다가, 1941년 4월 1일 일제의 행정구역 통폐합에 따라 동면의 와초, 옥산, 현가, 상리 등 4개 동리를 병합하여 다시 9개 리로 개편 관할되었다. 상리는 본래 연천현 동면의 지역으로 '웃골'이라고도 하였는데, 1914년 행정구역 통폐합에 의해 '웃골'에서 이름을 따

'상리(上里)'라고 하여 군내면에 편입되었다.

신망리에 들어서면 한글과 영어식 발음표기로 '신망리(SINMANG-NI)'라고 적힌 마을 비석이 가장 먼저 눈에 들어온다. 마을의 모습은 인근 DMZ 접경지역의 오래된 가옥들 및 녹슨 간판과 큰 차이가 없어 보였지만, 철길을 옆으로 넓게 펼쳐진 도로는 여느 시골 마을길과는 다르다는 생각에 잠시 멈춰서 둘러보게 되었다. 마을 입구 돌비석을 자세히 보니 비석 뒤에 'NEW HOPE TOWN'이라고 적힌 문구가 이채롭다. 입구에서 만난 만물상 사장님께 마을의 역사와 전쟁 후 수복되어 미군들에 의해 피난민들을 위한 정착촌으로 조성되면서 '신망리'라는 이름도 만들어졌다는 설명을 들으니 궁금증이 더해졌다. 고종32년 '웃골'이란 이름으로 시작해 한국전쟁 전 '상리'였다가 전쟁 후 '신망리'가 된 이 마을은 휴전선과 인접해 있다 보니 군사시설보호구역 등의 이유로 낙후된 생활과 전쟁 상흔의 굴레를 쉽게 벗어나지 못했다고 한다.

신망리에서 전쟁과 이산의 아픔을 경험하고 오랫동안 부녀회장과 이장직을 맡아 마을 일을 해오셨던 권숙자(1945년생, 현재 신망리 거주) 어르신은 낙후된 마을을 위하여 젊었을 때부터 봉사하신 분이다. 이분에게 이 지역의 아픔을 들을 수 있었다. 그분의 증언에 의하면 예전에는 이곳은 비만 오면 침수가 되었다고 한다. 주변 골짜기에서 내려오는 물과 빗물이 경원선 기찻길에 막혀 마을로 물이 들이닥치기 때문이었다. 매해 일어나는 이 상황을 고치기 위해 그녀는 위험을 무릅쓰고 침수된 마을의 사진을 찍어 군청이나 지자체, 국회의원 사무실, 나아가 국민고충처리위원회와 철도공사 등에 이르기까지 서류를 접수하여 마을 환경을 개선해나갔다. "사람들이 동네를 위해서 발전을 어떻게 좀 시켜야 되지 않느냐 그러는데, 발전이 아니라 일단 주거가 해결이 되어야 하잖아요"라는 그녀의 말처럼, 신망리는 침수가 나면 외부 화장실의 물이 차올라 넘쳐 주거가 힘들게 되는 것이 가장 큰 고통이었다.

권순자 할머니

"우리 집이 100호 중 76호에요. 저 위에서부터 지그재그로 왔다갔다 번호를 붙여서 우리가 마지막 줄이에요. 옛날 마을은 산을 의지해가지고 산 밑에다 띄엄띄엄 놓고 산에다 등지고 마을이 앉잖아요. 그랬는데 여기 오니까는 허허벌판에 집만 들어서니깐 불안하죠. 옛날에는 대광리역이 큰 역이었고, 여기 마을에는 역이 없었고 집성촌이 생기면서 신망리역이 생긴 거죠. 그러니깐 저 역이 처음 지은 게 그대로 있는 거예요."

"여기 70대 우리 세대가 가장 피해를 많이 겪었어요. 내가 지금까지 잊혀지지 않는 게 피난 나갔다 살 적에 13~14살 됐을 거예요. 대광리에 방아다리라는 지역이 있는데 거의 지뢰지역이에요. 특히 여기서 좀 올라가면 대광리 그쪽이 좀 넓은 평지예요. 거기에다가 지뢰 매설을 엄청 했던 거예요. 대전차 지뢰라는 건데 맷돌처럼 둥그렇게 생겼어요. 그런데 아이들 학교 오고가는 벌판에 지뢰를 엄청 많이 쌓아놨어요. 밑에는 쫙~ 넓게 깔아놓고 위에는 차츰차츰 이렇게 피라미드처럼 쌓아놨는데 엄청 많았어요. 어느 날 밤 자는데~ 그게 터졌어요. 그러니깐 그게 무슨 작전이었나 봐요. 사람들 다 잘 때 터트리는 거였어요. 그런데 사람들은 모르잖아요. 자다가 그게~ 생각을 해봐요. 그 많은 게 한꺼번에 터지니까 놀랐죠. 그러니깐 그 요란스러우니깐 전쟁이 난 줄 알고 동네 사람들이 다 깨어 나와 가지고 우왕좌왕하고 그냥 짐 싸고 그랬죠. 전쟁 난 줄 알고. 그래놓고 아침에 보니까 그 주변 집들은 풍비박산이 났었어요."

그녀가 전쟁을 겪은 이후 정착한 이 마을에서의 삶은 또 다른 전쟁의 연속이었다. 전쟁 이후 폐허가 된 공간 자체도 그들의 삶을 어렵게 만들었던 조건이었지만, 대전차와 대인용 지뢰가 곳곳에 매설된 공간 위에 조성된 이 마을에서는 그것이 언제 어디서 터질지 모른다는 공포가 만연해 있었다. 접경지역인 까닭에 언제고 또 다른 군사

충돌이 있을지도 모른다는 불안감도 주민들 사이에서 매우 크게 자리하고 있었다. 자연환경적인 어려움, 심리적인 공포와 고립감, 또 다른 충돌에 대한 불안감 등 신망리는 애초의 이름과는 거리가 먼 공간이 되고 있었던 것이다. 물론 그 안에서 주민들은 자신들의 생명력을 스스로 보호하며 환경에 적응해가고 있었으며, 다른 한편으로는 자신과 타인의 상처를 애써 보듬으면서 전쟁 이후의 상처와 아픔을 간직한 채 묵묵히 살아가고 있었다.

퇴적된 상처가 전복되어 새로운 희망의 땅으로

이러한 공간에서 2018년 〈신망리를 만나다〉 프로젝트 전시가 개최된 바 있다. 이 프로젝트는 2018년 10월 경기도 연천 신망리 지역의 마을이 지니고 있는 오랜 역사와 자연과 호흡하면서 오늘의 생(生)·태(態)·활(活)을 체험하는 생생한 행위(퍼포먼스)이자 공공을 위한 프로젝트였다. 특히 이 프로젝트 아래 기획된, 신망리를 주제로 한 전시(영상, 사진, 설치, 퍼포먼스, 회화 등) 행위들은 2017년부터 서해 대명항을 출발하여 고양, 파주, 연천의 DMZ 지역을 도보로 답사하고, 2018년 강원도 철원을 거쳐 화천, 양구, 인제, 고성 등 접경지역 답사를 계속

진행한 3년간의 대장정과 연계된 예술정치-무경계 프로젝트 '온새미로'의 활동이기도 했다. 이 답사와 전시 프로젝트는 공유, 연대, 동행을 통해 세계 구성원들과의 보다 밀접한 소통과 이해를 구축함으로써 현대사회의 새로운 의식들을 제한해 왔던 경계와 편견을 허물고, 공동체로서의 존재의식과 태도를 가지는 것을 목적으로 삼고 있다.

이 프로젝트 아래 김성배, 이지송, 남기성, 신영성, 임승오, 이윤숙, 홍채원, 오정희, 홍영숙, 최세경, 김수철, 신희섭, 허미영, 박지현, 오은주, 이수연 작가들의 작품과 마을주민 권숙자, 원정순, 이호신, 최명자 분들의 서예와 창작시를 함께 전시하고, 마을회관에 어르신들과 주민들을 초대하고 떡과 음식을 준비하여 작지만 특별한 축제를 함께 즐겼다. 얼마 전까지도 이곳 사람들은 축제, 공연 같은 문화행사를 그리 반기지 않았고, 참가해도 나와서 함께 즐기시지 않으셨다고 한다. 그것도 그럴 것이 몇 년 전만 해도 밤마다 포탄 터지는 소리, 총소리가 들리는 동네에서 흥에 놀며 떠드는 축제나 행사가 가당키나 했겠는가? 그래서인지 주민들은 동네에서 시끌벅적한 축제보다는 하루하루 조용히 살아가는 삶에 익숙하고 위안을 삼는 것 같았다.

하지만 그 적막 속에 전쟁의 치열한 생과 죽음을 극복한 그들만의 트라우마가 녹아 있다는 것을, 전시에 나온 주민들의 서예작품이나 시를 통해 느낄 수 있었다. '신망리(新望里, new hope town)'라는 마을의 공간은 이런 시간과 사람들에 의해 조금씩 빠지고 더해지고 전복되어 새로운 변화를 만들고 있으며, 지금도 그것을 증명하고 있는 특수한 공간이다.

물론 과거 반공교육과 군사지역으로 대표되는 DMZ 접경지역은 여전히 소외되고 낙후된 지역이다. 그리고 그러한 공간에서 주민과 자연, 사회의 공생적인 소통이 큰 어려움에 직면해 있는 것도 여전히 사실이다. 하지만 그럼에도 불구하고 이곳에 자리 잡은 주민들은 오염된 자연이 스스로를 치유해가듯이 자신의 생명력을 스스로 발휘하면서 온갖 아픔과 고통으로부터 스스로를 치유해 가고 있다. 미군에 의해, 자의보다는 타의에 의해 주어진 이름이지만 이곳 주민들은 말 그대로 '새로운 희망'을 스스로 만들어가고 있었다.

한반도는 최초에는 1,292개의 점으로 시작해 70여 년의 시간을 더해 분단된 물리적 공간으로 나누어진 비극의 공간이다. 한반도 안에서도 38선 주위에 위치한 연천군 신망리는 한국전쟁을 전후로 일제-북한-미군-남한의 통치를 차례로 겪은 특수한 지역이었다. 이러한 질곡의 역사 속에서 삶을 지탱해 온 주민들의 증언과 활동, 작품들을 보면 주민들의 피곤한 삶이 이제는 원망이나 분노를 넘어 새로운 날에 들려올 희망의 정서를 노래하고 있는 듯하다. 그들과 만남 속에서 나누는 대화를 통해서도 이는 여실히 확인할 수 있었다. '신망리'라는 마을처럼, 앞으로 가까운 미래에 남북이 새로운 희망을 열어갈 수 있는 다양한 공간들이 더욱 확장되고 증폭되길 희망해본다. 그리고 이곳에서 남북의 소통과 연대가 이뤄질 수 있다는 기대와 함께 더 많은 '신망리'가 탄생하는 희망의 새날을 기원해본다.

신망리 마을 전경 출처: 구글 지도

〈전쟁기념관〉,

치유와 평화의 공간으로

김정아
건국대학교 대학원 통일인문학과 박사과정 수료

새롭게 들어서는 용산 공원과 전쟁기념관

남산타워에 올라 서울을 내려다본 적이 있다. 서울 중심에 아주 넓은 푸른 숲이 조성돼 있어 어딜까 궁금해 물어봤더니 용산의 미군기지라고 했다. 차로 지나다닐 때는 높은 담벼락 위로 철조망이 쳐져 있어 상상만 했던 공간의 형태와는 달랐다. 남산 타워에서 직접 눈으로 확인한 미군기지는 너무나 넓은 숲이 있는 공간

용산공원 구역도. 출처: 연합뉴스

이었다. 많이 놀라웠다. 2021년까지 미군들이 평택으로 이전되고 나면 시민들의 공원으로 돌아온다고 한다.

용산 공원 부지는 오랜 기간 동안 온전한 우리 것이 아니었다. 용산은 해방부터 지금까지 미군기지가 자리하고 있었다. 고려 때는 몽골군의 병참기지로 사용되기도 했고, 대한제국 시기에는 청나라 병력과 일본군 병력이 주둔하기도 했으며, 일제시기에는 일본군 군용지와 일본인 거주 중심 지역으로 쓰였다. 외세의 전쟁 공간이었던 용산이 이제야 평화의 공간으로, 우리의 일상 공간으로 변화를 시작하게 되는 것이다.

용산 미군기지의 국가공원화를 추진하는 국토교통부는 고시(2014년 12월)를 통해 "공원부지의 역사성과 장소성을 승화하고 생태적 가치를 복원하며 녹색 국토환경과 미래도시를 선도하는 공원"을 목표로 하고 있다고 밝혔다. "민족성, 역사성, 문화성을 갖춘 자연 생태 및 국민 휴식공간인 국가공원"으로의 비전을 제시하고 있다. 국토교통부는 '용산공원조성추진기획단'을 꾸려서 "용산공원을 평화 의지와 미래를 담은 최초의 국가공원으로 조성"하겠다는 의지로 시민들에게 개방 행사를 열고 공원 이름을 공모하는 등, 공원 조성 기획 단계부터 시민들과 함께 하고 있다.

삼각지 전쟁기념관 안내판
출처: 연합뉴스

시민들의 공원이 될 그곳에 전쟁기념관이 자리하고 있다. 전쟁기념관은 가족 단위의 관람객이 연간 200만여 명이 다녀갔고, 2019년 누적 관람객이 3,000만 명을 넘어설 만큼 인기가 높은 공간이다. 전철 4호선으로 대중교통도 잘 이어져 있고, 주차가 편리해 접근성이 좋다. 주말이면 전쟁기념관 웨딩홀에 왔던 시민들이 들르기도 하고, 복합 문화관의 다양한 문화공연과 전시를 보기 위해 찾기도 하며, 넓은 야외 전시장에서 가족들과 함께 휴일을 보내기도 한다. 어린이들의 학습이 가능한 어린이박물관도 있어 아이들의 체험학습 공간으로도 인기가 높다.

처음 전쟁기념관을 방문했을 때에는 입구에 들어선 뒤 웅장한 전쟁기념관 건물에 먼저 놀랐고, 옥외 전시장을 둘러보다 또 놀랐다. 한국전쟁 당시 사용된 전투기, 탱크와 전차, 참수리357호정이 전시돼 있는 옥외전시장에서는 부모님의 손을 잡고 놀러온 어린아이들이 탱크와 전투기 앞에서 브이 자를 그리며 사진을 찍고 있고, 태권도 도장에서 함께 놀러왔는지 태권도장 이름이 쓰인 노란색 체육복을 입은 초등학생들이 참수리호 함상에서 파이팅을 외치며 단체 사진을 찍고 있었다. 그 모습을 보면서 많은 생각이 스쳤다.

염운옥의 글에 따르면 영국의 제국전쟁박물관은 사

용한 무기를 전시하면서 그 무기로 인한 인체의 손상이 나 피해를 입은 병사를 묘사한 그림을 함께 전시함으로써 그 무기로 인한 파괴와 비참한 결과를 같이 볼 수 있게 한다. 하지만 전쟁기념관 옥외 전시장의 대형 무기들은 전쟁 당시 적을 무찌른 멋진 무기로 설명되어 전시되고 있었다. 이제는 어린이날 선물 목록에서 칼이나 총이 사라졌다고 생각했는데, 국가가 나서서 실물의 탱크나 전투기를 장난감으로 느끼게 하는 것은 아닐까? 탱크와 전투기 앞에서 아이들의 사진을 찍는 젊은 부부는 아이에게 어떤 과거를 알려주면서 어떤 미래를 꿈꾸게 하려는 것일까? 아이들이 참수리호 함상에서 외친 파이팅은 무슨 의미일까? 언제든지 전쟁이 일어날 수 있는 분단 상황이라서, 젊은 군인들이 교전으로 인해 목숨을 잃었다는 사실을 마음 아프게 생각하며 평화적 남북관계를 만들어야 한다는 생각이 들었을까? 아니면 북한에 대한 적대감으로 북한과 싸워 이겨야겠다는 마음이 들었을까? 전쟁기념관 존재 이유에 대해 생각하게 한다.

2019년 6월 '열린군대를 위한 시민연대'를 비롯한 시민단체들이 전쟁기념관 앞에서 '적대와 왜곡의 전시를 멈추라'는 기자회견문을 발표했다. 전쟁기념관은 처음 건립될 때부터 '전쟁을 기념'하기보다 전쟁을 성찰하고 평화를 말하는 공간으로 두자는 문제 제기가 많았다. 전

전쟁기념관 정문

전쟁기념관 옥외 전시장

쟁기념관은 원래 새롭게 조성되는 용산공원 구역에 들어 있지 않았지만, 2019년 12월 공원구역이 303만 m^2 규모로 확장되면서 편입되었다. 이제 전쟁기념관도 용산공원처럼 시민들의 의견을 반영하여 '공간의 재구성'을 통해 새롭게 조성될 기회가 마련된 것이다.

전쟁 트라우마 재생산 공간에서 화해와 치유의 공간으로

전쟁기념관은 노태우 대통령의 임기 중 기념 상징물 건립 계획하에 추진되어 1994년 6월 10일 개관되었다. 전쟁기념관은 연건평 2만 5,000여 평, 지하 2층, 지상 4층 규모로 건립되었고 총 8,500여 점의 자료가 있다. 1층은 호국추모실, 전쟁역사실 1·2, 역사체험공간이 있는데 삼국시대부터 일제시대까지의 전쟁사를 담고 있다. 2층은 6·25전쟁실 Ⅰ·Ⅱ, 전쟁지도실이 있다. 3층에는 유엔실, 해외파병실, 국군발전실이 있으며, 옥외전시실에는 대형 전시물들로 6·25전쟁 상징 조형물, 광개토대왕릉비, 각국의 대형무기, 참수리호가 전시돼 있다.

전쟁기념관 입구의 형제상, 평화의 시계탑 등 조형물들과 전시 공간 구성을 보면 전쟁기념관이 다루고 있는 중심 내용은 한국전쟁임을 알 수 있다. 우리 현대사에서 가장 큰 아픔이자 상처이고, 현재진행형인 한국전쟁에 관한 공간과 전시가 가장 많다. 삼국시대부터 일제시대까지의 전쟁 역사를 담은 전쟁역사실이 978평인 데 반해 한국전쟁과 관련된 전시 공간은 1,800여 평에 달한다. 1988년 청와대 안보보좌관실에서 작성된 '한국동란기념사업계획'에서 제시한 전쟁기념관 건립의 목적 중 가장 중요한 것은 '전후세대의 반공안보관 정립'이었다. 당시 건립주체인 국방부 산하 '전쟁기념사업추진위원회'는 전쟁기념관의 건립목적을 "전쟁에 관한 자료를 수집, 보존하고 전쟁의 교훈을 통하여 전쟁을 예방하여 조국의 평화적 통일을 이룩하는데 이바지"하고자 한다고 밝히고 있다. 현재 홍보관에 쓰인 교육프로그램의 목적도 "국가관 고취, 나라사랑 정신함양, 호국안보 공동체의식 확산"이다. 전쟁기념관 전시에서 한국전쟁이 가장 비중이 큰 이유를 알 수 있는 지점이다. 전쟁기념관은 건립부터 현재까지 예산의 많은 부분을 국방부를 통해 집행되는 등 건립 주체가 건립 당시와 큰 변화 없이 현재에 이르고 있어 전시 기법들은 많이 발전하고 변화했으나 전시

내용은 비슷하다.

한국전쟁 전시관 전시물과 전시 방식은 실물의 무기, 디오라마, 흉상, 기록화, 영상 구성 등 다양한 전시 기법을 활용하여 역동적이고 입체적으로 관람객의 눈길을 끈다. 6·25전쟁실은 크게 세 개의 방으로 구성되었다. 6·25전쟁실Ⅰ은 전쟁 발발의 배경에서 유엔군의 반격까지, 6·25전쟁실Ⅱ는 북진에서 휴전까지의 전시상황을 전시하고 있다. 그리고 6·25전쟁의 주요 국면에서 어떤 전략과 목표를 가지고 정책이 수립되고 운영되었는지를 보여주는 전쟁지도(指導)실이 있다. 관람자들은 전쟁 발발의 배경부터 휴전까지 시간의 연속적 흐름에 따라 6·25전쟁실을 돌아보면서 전시관의 시각으로 한국전쟁을 인식하게 된다. 공산 측 지도자들의 비밀스러운 준비로 갑작스럽게 맞이한 전면전이었지만 용감히 싸운 국군, 북한군에 의해 점령된 서울과 힘든 서울시민들의 모습, 유엔 결의로 이루어진 유엔군의 반격, 인천상륙작전 성공으로 인한 북진, 중공군의 개입으로 다시 힘들어진 전선과 1·4후퇴로 인한 긴 피난길 행렬, 휴전협상과 고지전, 휴전으로 이어진 전시를 따라가다 보면 어느새 관람객들은 자신들이 국군이 되어 공산군과 싸우고, 힘겨운 피난민이 되어 감정을 이입하게 된다. 이러한 내러티브 전시기법은 단순 전시형태보다 훨씬 강한 교육적 효과를 가지므로 전시 주체의 관점과 기획 의도가 무엇보다 중요하다.

2019년 '열린군대를 위한 시민연대'는 41개 시민단체들과 '허락되지 않은 기억'을 주제로 인권박물관에서 한국전쟁 사진전을 진행했다. 현재 전쟁기념관의 6·25전쟁 전시관에는 6·25전쟁에 대한 '모든 기억'이 아니라 전쟁기념관 운영 주체가 '허락한 기억'만으로 기록, 전시되어 있다고 지적하면서 그동안 6·25전쟁 사진전에서는 보기 어려웠던 사진들을 전시했다. 국군에 의한 대전형무소에서의 정치범 처형, 전쟁 발발 시기 한강을 건너지 못해 서울에 남았다가 수복 후 부역자로 억울하게 몰려 잡혀가는 사람들, 한국군과 유엔군의 '위안부' 관련 사진들, 빨치산 토벌과정에서 잡혀 온 아이들과 여성들의 모습이 담긴 사진을 '허락되지 않은 기억' 이라고 명명해서 전시했다. 전쟁기념관이 운영 주체가 허락한 공식 기억만을 전시하고 있음을, 지금까지 전시되지 않았고 또 전시되지 못한 내용들을 통해 보여준 것이다.

6·25전쟁실 전시관을 국군의 입장만이 아닌 남북의 평화를 위한 '화해와 치유'의 관점에서 둘러보면 전시 내용에서 배제된 내용들이 보인다. 전쟁 발발의 배경에서는 김일성, 스탈린, 마오쩌둥의 전쟁 발발 책임을 크게 다룬 포스터로 1950년 6월 25일 북한에 의한 남침만 부각되어 있고 공산 측의 전면전을 계획한 내용만 자세히 설명되어 있다. 하지만 해방 직후 미소에 의한 분단 이

후 남과 북의 지도자들이 '통일을 위한 전쟁'을 계속 주장하였으며, 1949년부터 전면전이 일어나기 전까지 38선에서 전쟁 수준의 충돌이 있었음은 잘 설명되지 않고 있다. 전쟁 시기 국군의 평양 입성 등 국군의 승전을 알리는 이야기와 전쟁 영웅들의 이야기는 흉상과 함께 잘 전시되어 있지만 '국군에 의한 민간인 학살', 제주4·3 등 한국전쟁 전후 남한 정부와 국군의 잘못과 그에 따른 희생자들에 대한 설명은 상세히 언급되고 있지 않다. 영상과 디오라마 등 첨단기법을 활용해서 알려주는 내용도 미군 전투기와 폭격기의 활약, 승리한 전투 등을 중심으로 다루고 있을 뿐 폭격으로 인한 민간인들의 피해에 대한 기억과 애도는 없다. 액자에 담겨 전시된 1951년 3월 18일자 '이승만 대통령 북진명령서'에는 이승만 대통령이 맥아더 유엔군 사령관에게 모든 지휘권을 이양한 1950년 7월 14일 이후라서 명령서로서의 효력이 없으며 이때 이양된 후 아직도 전시 작전통제권은 우리에게 없다는 사실은 설명되지 않고 있다. 또한 1951년 휴전선 주변으로 전선이 고착화된 후 휴전협상이 시작되고 바로 전투를 멈췄으면, 미국과 중국의 체제 우월 경쟁으로 인해 포로 교환 협상이 2년여 동안 길어지지 않았으면, 고지전에서 그렇게 많은 사람들이 죽지 않을 수도 있었다는 반성은 어디에도 없다.

전쟁 영웅들의 흉상

영상으로 보여주는 한국전쟁

박물관 및 미술관 진흥법에 따르면 기념관은 “현재 세대가 미래 세대에게 의미 있는 과거 세대의 기억을 전달하기 위하여 역사적 사건 및 인물에 관한 자료를 수집, 관리, 보존, 조사, 연구, 전시, 교육, 추모하는 기관”이다. 전쟁기념관을 건립한 주체들이 이 공간을 통해 미래 세대에게 전달해야 하는 ‘의미 있는 기억’은 무엇일까? 우리는 한국전쟁에 대해 미래 세대에게 어떤 ‘의미 있는 기억’을 전달해야 할까? 1980년대 이후 한국전쟁에 대한 연구로 인해 한국전쟁에 대한 시각과 평가도 변화했고, 전쟁 당사자인 국가들의 관계도 변화했다. 남북관계도 우여곡절을 거치며 평화와 번영의 길로 함께 가고자 한다. 이제 전쟁기념관이 자리하고 있는 공간이 미군기지에서 시민들의 공원으로 바뀌듯, 전쟁기념관 내부 전시도 건립 때와는 다른 상황들에 맞춰 변해야 한다. 전시관을 둘러보고 나오는 관람객들이 전시된 무기들의 성능을 이야기하기보다는 무기들로 인해 희생된 사람들을 애도하는 마음을 이야기해야 한다. 북한에 대한 적개심으로 이길 수 있는 군사력을 키워야 한다는 생각이 아니라, 이 땅에 다시는 전쟁이 일어나지 않기를 바라는 마음으로 어떻게 '평화'를 만들고 지킬 것인지 고민하고 상상하는 공간으로 재탄생되어야 한다. 전쟁기념관이 미래세대에게 전달해야 하는 '의미 있는 기억'은 '반공', '반북'이 아니라 '반전', '평화'에 기초해 선택해야 한다.

평화의 실천을
상상하는 공간으로

6·25전쟁 전시관 마지막 방에 이르면 '평화'와 '자유'가 여러 나라의 언어로 쓰여 있고, 〈코리아환상곡〉에 맞춘 대한민국 홍보 영상이 있다. '평화'는 글이나 선언으로 이룰 수 없다. 그 방을 보면서 중국 난징의 '난징대학살기념관'이 떠올랐다. 일본군에 의해 자행된 난징 학살을 기억하는 전시관은 입구에서부터 거대 조형물부터 시작해 희생자들의 사진과 이름의 기록들, 증언 영상 전시 등 다양한 방식으로 학살의 증거들을 말해준다. 계속되는 학살 내용의 전시 끝에 시진핑 주석이 일본과의 화해를 선언하는 영상이 나온다. 가해국 일본의 어떤 사과 메시지도 없이, 피해국 중국이 평화 관계 구축을 위해 무엇을 할 것인지에 대해서는 아무런 설명 없이 그저 모든 것을 용서하고 화해해야 한다는 발언이라서 생뚱맞다

난징대학살기념관

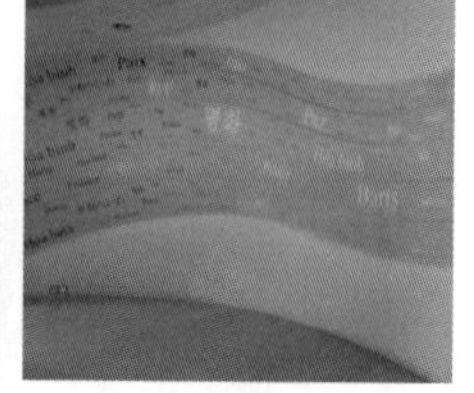

6·25전시실 마지막 방

는 느낌만 드는 영상이었다. 출구로 가는 길에 들어서서야 시진핑 주석 선언의 의미를 알 수 있었다. 출입문까지 가는 길 벽면에 전투태세인 중국 인민군들과 나팔 부는 군인의 부조가 있고, 부조가 끝나는 지점에 높고 큰 탑이 있었다. 탑에는 큰 글씨로 '平和'가 새겨져 있었다. 시진핑 주석이 말한 일본과의 화해는 중국 군사력으로 일본을 이기겠다는 의미이지, 평화적 수단으로 아시아의 평화를 지키겠다는 의미가 아닌 것이다. 아시아의 전쟁과 관련된 기념자료관, 박물관들은 대개 비슷하다. 베트남 호치민시에 자리한 혁명전쟁박물관도 1층에는 미국과의 전쟁에서 승리한 전투, 사용된 무기들과 고엽제 피해에 관한 사진자료를 주로 전시하고 있다. 이곳도 '평화, 화해, 치유'가 아닌 '승리, 적대감'에 기반한 반쪽짜리 전시를 하고 있다. 일본 히로시마 평화기념공원은 원폭이 투하되었던 장소로서 원폭 투하 당시의 참상을 그대로 보여주는 돔과 피해자 위령비가 자리하고 있다. 하지만 전쟁을 일으킨 자신들의 잘못에 대한 반성과 사과는 보이지 않는다. 전쟁과 관련된 전시관들은 어느 곳이나 승리의 기록이나 피해자로서의 기록만 강조해서 전시할 뿐, 평화와 인권의 관점에서 전쟁을 성찰하지 않는다.

전쟁기념관은 남북이 적대적이었고 세계적으로도 냉전체제가 여전했던 1980년대에 건립되어 한국전쟁에 대한 당시 정부의 공식 기억을 재생산하는 공간과 전시물들로 채워져 있다. 미래세대에게 전달할 '의미 있는 기억'은 그 사회가 지향하는 바에 따라 연구 결과를 반영하여 변화되어야 한다. 1990년대 냉전이 해체되어 우리는 현재 전쟁 당사자인 중국, 러시아와 수교했고, 북한도 대부분의 한국전쟁 참전국과도 수교를 했다. 현재 남북도 평화와 번영을 함께 실현해가고자 하는 시대에 살고 있다. 전쟁기념관이 미래 세대에게 전달할 '의미 있는 기억'은 맥아더를 비롯한 전쟁 영웅들에 대한 기억과 그들의 전쟁 정책과 전략 운용 등의 무용담만 있는 '분단 서사'가 아니라, 여전히 현재진행형인 휴전을 끝내고 평화체제로 만들어갈 수 있는 '통합 서사'의 기억이어야 한다. 기존 통념에 의해 아직 '허락되지 않은' 서사들도 직시하고 전쟁의 영향 아래 있는 우리의 현재를 성찰할 수 있는 전시 공간이어야 하는 것이다. 그래야 전쟁기념관은 우리 안의 적대와 증오의 마음을 넘어서고 '분단과 전쟁 트라우마'를 치유하는 공간이 될 수 있다. 평화적 관점에서 한국전쟁을 온전히 성찰할 수 없다면 '전쟁과 분단 트라우마'는 치유되지 못한 채 다음 세대에도 계속될 것이다. 잔혹한 전쟁으로 치닫게 된 분단 상황이 어떻게 이루어졌는지를 성찰하고, 전쟁 기간에 억울하게 죽어간 남북의 군인들과 민간인들의 희생에 대해 애도하며, 전쟁으로 인한 삶의 파괴와 고통을 드러내 전쟁의 폭력성을 직시할 수 있어야 한다.

"평화 의지와 미래를 담은 공간"인 첫 국가공원으로 조성될 용산공원에 자리할 전쟁기념관도 시민들이 평화의 실천을 상상하는 공간으로 재구성되었으면 한다. 남북민의 상처와 아픔을 애도하고 한반도의 평화를 꿈꿀 수 있는 곳이 되길 바란다.

분단의 아픔과 남북을 오가는 물길,

〈오두산 통일전망대〉

이기묘
민주평화통일 자문위원 성동 교류협력위원장, AOK〈Action One Korea〉 상임대표

한강과 임진강이 만나는 곳

서울에서 자유로를 통해 성동 IC로 가는 길, 철조망이 이어지다가 산 위로 오두산 통일전망대가 나타난다. 2000년 6월까지만 해도 이곳은 조용한 곳이 아니었다. 네모난 병풍식으로 이어진 초대형 스피커에서 귀청이 떨어져 나갈 정도로 대북방송을 뿜고, 반대편에서도 대남방송이 뿜어져 나오던 곳이었다. 6·15 평양 공동선언을 위해 대표단이 평양 회담장에 들어갔을 때, 당시 김정일 북한 국방위원장이 먼저 한마디 했다고, 당시의 박지원 문화관광부 장관은 전했다. "오늘 남북 정상회담을 위해

평양에 온 남측 대표단을 위한 선물로 남측과 협의 없이 대남방송을 중단했습니다." 이후 남측의 대북방송도 중단되고 스피커도 철거되어 오두산 통일전망대는 조용한 곳이 되었다.

성동사거리에서 오른쪽 전망대로 가는 길옆에는 통일 투사 장준하 공원(묘소)이 나중에 터를 잡았다. 전망대가 있는 곳은 경기도 파주시 탄현면 성동리 659번지이다. 5층의 전망대 건물로 들어가 북녘이 조망되는 3층 전망대의 원형 전망실부터 살폈다. 원형 전망실에서는 영상자료가 돌아가고 유리장 안에 지명을 붙인 조감도가 있다. 그러나 보이는 것이 모두 북녘은 아니다. 왼쪽에는 김포 하성면과 멀리 강화도가 보이고 한강과 임진강이 만나 남북으로 흐르는 멋진 모습도 보인다. 밀물 썰물의 영향이 커서 볼 때마다 달리 보이고 계절마다 다른 옷을 갈아입는 이곳 풍광은 그야말로 장관이다.

정방향에 보이는 북녘은 관산반도라는 곳으로, 전쟁 전에는 38선 이남 경기도 개풍군이었고 전쟁 후 지금은 이북이 된 황해남도 개풍군이다. 망원경으로 보면 북녘

노을 진 오두산의 통일전망대

한강과 임진강 합수지역의 썰물 때 모래톱

마을과 걸어 다니는 사람이 보인다. 봄에는 농사를 짓는 모습도 볼 수 있고, 가을에는 소가 추수한 볏단을 싣고 있는 수레를 끌고 가는 모습도 볼 수 있다. 전쟁 전에는 오가던 곳인데 전쟁 후엔 70년이 넘도록 오갈 수도 없게 되었다. 2000년대 초 한때 전망대에선 북녘의 술과 기념품을 판매하였다. 고향을 보고 만질 수 있어서 인기가 높았는데, 지금은 철시되고 지극히 간단한 기념품만 취급하고 있어 더 멀어지고 썰렁한 느낌이 든다.

한강과 임진강의 만남

오두산에서는 여러 곳의 통일전망대가 전망되고 있다. 서쪽으로는 강화도 북단의 평화전망대가 5km 정도 멀리 떨어져 있고, 김포시의 애기봉 통일전망대는 불과 700m 떨어진 곳에 있다. 동쪽으로는 도라산 전망대가 보인다. 더 멀리 있어 보이지 않는 고성의 통일전망대는 동쪽 끝 최북단에서 금강산을 마주한다.

2021년 2월에 찾은 오두산 통일전망대 1층에는 남북의 공동사업이었다가 중단된 송악산 고려 궁터 발굴 그림과 영상물이 전시 중에 있다. 철조망으로 현을 만들어 한과 고통을 연주하는 통일 피아노가 놓여 있다. 통일열차도 전시되어 있는데, 남북을 오가는 열차가 막혀 있

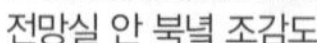

전망실 안 북녘 조감도

고향을 그리며 만든 파편

는 현 상황에서 반가움과 서글픔이 교차한다.

2층 「그리운 내고향」 이라는 공간에는 북녘 고향의 부모 형제를 그리는 사람들이 만든 파편들이 빼곡히 벽을 채우고 있다. 한 맺힌 소리가 환청처럼 들리는 듯하다. 전망대 옥상에 올라가서 전면과 좌우를 훤히 바라보면 좋겠는데, 군사시설이어서 안 된다고 한다. 바로 앞 북녘의 예전과 현재의 지명이 어떻게 달라졌는지 그곳 사람들은 어떻게 사는지 알 수 없어 답답하다.

오두산 통일전망대는 1992년 9월 8일 개관하여 통일부 통일교육원에서 통일체험 교육장으로 활용하는 곳이다. 1990년대 초 이산가족 1세대가 많이 살아 계시던 초기에는 연평균 100~200만 명 이상이 방문하였다. 그러나 2000년 6·15 평양공동선언 이후 다른 경로가 열린 데다, 이산가족 1세대도 점차 줄은 탓인지 현재 방문객은 연평균 60만 명대로 낮게 유지되고 있다. 아마도 북을 직접 체험할 수 있는 공간 활용이나 기념품점이 활성화되지 않은 탓도 있는 건 아닐지?

분단의 선,
인권통제선

오두산 통일전망대의 정면은 북측에 속한 황해북도 개풍군을 향하고 있다. 전쟁 전에는 38선 아래인 남쪽의 경기도 개풍군이었던 그곳은 부모님이 평생 그리면서도 갈 수 없었던 고향 땅이라 남다른 곳이다. 오두산 통일전망대에서 오른쪽 아래에 있는 만우리에서 바로 보이는 임진강 건너편인 개풍군 중면 식현리라는 곳이다. 거리로는 불과 500여 m 떨어진 곳일까? 그곳에는 원래 7남매 중 막내였던 부친의 부모님과 형제자매 5분이 살고 계셨다.

부친은 일제강점기에 징병되어 전장으로 가던 도중, 일제가 미국에 항복하면서 돌아오게 되었다. 그 당시에는 살아서 돌아오라고 동네 분들이 집마다 돌면서 보자기에 동네 처녀들이 한 땀씩 수를 놓게 했고, 그것을 전해 받아 징병을 갔다고 한다. 그 효험이 있었는지 징병에서 돌아온 부친은 이후 서울(성동구 행당동)에 내려와 일하고 있던 셋째 형님의 일을 돕다가, 결혼을 한 뒤 한동안 고향인 개풍군에 올라가 살았다고 한다. 하지만 해방 직후에는 고향에서 할 수 있는 일이 없어, 다시 행당동으로 내려와 양복점 등 여러 일을 하던 중에 전쟁이 발발한 것이다. 라디오 방송에서는 이승만 대통령의 육성으로 "인민군이 공격해 왔으나 곧바로 국군이 북으로 진격해 올라가고 있으니 국민 여러분은 안심하라"는 방송이 나오고 있었고, 이 방송을 곧이들은 부친의 셋째 형님은 부모님 안부가 걱정되니 고향에 갔다가 바로 오겠다며 어디 가지 말고 있으라며 떠났다고 한다. 그러나 그 뒤로 셋째 형님을 비롯한 고향의 가족들과는 어떤 연락도, 어떤 만남도 가능하지도 않았고 허락되지도 않았다. 그 분들은 어떤 마음으로 살아가셨을까?

부친은 국군으로 다시 징병되었고, 어머니는 하나뿐인 아들과 함께 피난도 가지 않고 행당동 집에서 전쟁을 겪었다. 유일한 통로인 한강철교가 끊어진 마당에 피난은 언감생심이었다. 하지만 그게 끝이 아니었다. 서울이 수복되면서 피난을 가지 않은, 이른바 '잔류파'에 대한 엄중한 책임이 뒤따랐다. 전쟁은 군인들과의 교전일 뿐이고 민간인과 무관한 일이라 말할 것인가? 전쟁은 사람들에게 총을 주었다. 그 총은 조사나 재판이 없이 임의로 학살할 수 있는 무기였기에, 명부를 보고 찾아오는 지옥의 사자보다 무소불위의 권한을 갖게 하였다.

행당동 사람들은 평소 물을 길어 먹던 우물가로 모여야 했다. 모인 사람들 머리와 얼굴 앞으로 총구가 왔다 갔다 했다. 부역자를 지목하라는 것이었다. 어머니도 열외가 되어 위험에 직면했다가, 이웃이 남편이 국군으로 나갔다고 말해주어 먼저 앉았던 자리로 돌아갈 수 있었다. 이승과 저승을 오가는 순간이었다. 고인이 되신 어머니로부터 열외가 되었던 사람들은 동네 뒷산으로 올라간 뒤 내려오지 못했다는 이야기를 전해 들었다. 행당동 중앙교회가 건립되었던 1960년대 초, 그 자리에 해골과 뼈가 무수히 파묻혀 있던 것이 발견되었다고 했다. 그 흔적들은 재개발로 인해 산이 없어지면서 자취를 감추었다. 빨갱이로 몰리는 것이 두려운 이들의 트라우마로 인해 제대로 기억되지도 못했고, 죽은 자의 넋은 위로받지 못한 채 역사에서 감추어지고 묻혀버렸다.

분단의 한

전쟁이 끝난 뒤 고향과는 모든 것이 단절되었다. 고향을 기억하고 싶어서 부모님은 이사도 가지 않고 행당동에서 살다가 돌아가셨다. 전쟁 후 북녘이 된 고향, 그리고 그곳에 가족들이 산다는 사실을 어머니는 조심스러워 하셨다. 그런 소리는 어디 가서 절대 하지 말라고 하셨다. 분단 트라우마는 사실인 것과 솔직한 것의 경계를 만들었고, 이산가족 신청조차 걱정스럽게 만들었다. 우리 부모님의 경우는 누가 어디로 피난을 가서 헤어진 이산이 아니다. 그때 그 자리에 살고 있었을 뿐인데, 38선

통한의 가시 철조망

임진강 건너 개풍군

이 나뉘어졌다가 휴전선이 옮겨가면서 가족을 갈라놓은 것이다. 분단선이 옮기어 다닌 것이다. 분단과 이산의 결과는 고스란히 죄 없고 책임 없는 사람들에게 모두 전가되어 버렸다. 조그마한 일도 잘 따지는 세파에서 정작 이런 일은 안 따지는 현상은 혹시 분단이 만든 정신분열 증상이 아닐까? 전쟁으로 비화된 남북 적대는 그 배경과, 원인과, 전체 흐름에 대한 분별력까지 마비시키고 말았다. 정전협정이 거론한 3개월 내 평화회담 전환이라는 회담은 무산되었다. 휴전선 주변에는 엄청난 양의 지뢰가 심어졌고 철조망은 더 늘어나면서 두터워졌으며, 불통과 적대를 고취시킨 분단국가보안법은 나중 만들어진 남북정상합의에 어긋나는 데도 그대로 있다.

임진각으로 가는 자유로

못 만나도 가야 했던 고향길

1960년대 말쯤 아버님을 따라 고향 가는 버스가 기다리는 동대문운동장에 갔다. 어른들은 무척이나 반갑게 얼싸안으며 인사를 나누었다. 버스는 인적이 드문 산모퉁이를 돌다가 멀리 철조망이 나타나는 곳 가까이 달려갔다. 군 검문소 앞에 버스가 서자 군인들이 올라와서 훑어본 뒤 내렸고, 버스는 다시 이동했다. 철조망이 훨씬 가까이 보이는 들판 앞에 버스가 섰다. 어른들이 내려서 들길을 따라 철조망 앞까지 걸어가서는, 나란히 섰다. 조금 전까지 서로 반갑다고 큰 소리로 말하던 모습과는 사뭇 달랐다. 그 누구도 철조망 앞에선 말하지 않았다. 그저 철조망만, 앞이 잘 보이지도 않는 철조망만 뚫어지게 쳐다보고 있었을 뿐이었다. 고개를 둘러보니 눈물을 흘리고 있다. 훌쩍거리는 분도 보였다.

손에는 소주병이 들려 있었는데, 목이 타는 건지 속이 타는 건지, 맛은 있는지 꿀꺽꿀꺽 넘기시고 있다. 소주 한 병을 물 마시듯 다 비우더니, 안주머니에서 다시 한 병을 더 꺼낸다. 양복 주머니 안에 소주병이 하나씩 들어 있었고, 뚜껑은 병따개 없이 어금니로 땄던 것 같다. 이에 무리가 간다거나 부러질 수도 있다는 것도 잊은 채, 무엇에 홀린 듯 넋이 나간 것처럼 보였다. 빈속을 소주로 채우며 보이지 않는 누군가와 이야기를 함께 나눈 것이다. 너무 아리고 아팠다.

군인들이 호루라기를 불며 손을 휘휘 젓는다. 끝났으니 돌아가라는 신호다. 보이지도 않는 누군가와의 철조망 면회가 끝나는 순간이다. 차마 떨어지지 않는 발걸음을 재촉하듯, 군인들이 가까이 다가온다. 분단은 계속된다. 서로에게 주어진 이 악연들. 이건 무얼까? 감독은 누구일까? 마주 보이는 산에 올라가서는 북녘을 향해 제를 올리고 다시 버스에 올라 돌아온다. 그런데 새로운 모습이 나타난다.

아침에 만날 때 그렇게도 반가워하던 분들이 싸움판을 벌인 것이다. 뭐가 그리 야속하고 뭐가 그리 못마땅했는지 모를 일이다. 웃으며 화기가 넘치던 버스가 소란과 분노의 버스로 바뀌고 말았다. 막연한 기대를 품고 왔다가 아무것도 못 하고 돌아가면서 답답함에 속이 다 타버리고 말았으니 넉넉한 가슴이 없어졌다. 절박함을 마주한 과각증이라고 할 수 있을까. 그 어른들의 잘못이 아니었는데 모르고 원망했던 어린 시절이 후회되고 죄송하다. 당시 몰랐던 그 어른들의 심정이 뒤늦게 이해가 되면서 가슴이 먹먹하고 화가 치밀어 오른다.

아무리 죽을죄를 지은 중죄인의 면회를 가더라도 얼굴도 보지 못한 채 돌아서는 일이 있나? 죄 없이 당해온 수난사, 가족들인데도 이렇게 오래도록 만날 수 없게 하는 이유는 뭘까? 지구 한편에선 인륜을 따지고 인권을 따지는데 무엇이 더 중요한 인륜이고 인권인 것일까? 1990년 초 남의 대통령이 북의 김일성 주석과 정상회담을 할 것이라고 발표했다. 아버님과 고향 분들은 평소와 다르게 환한 표정을 지었다. 그렇지만 김일성 주석이 사망하면서 남북관계는 돌변하였다. 기대 없이 살다가 다시 꿈이 생겼다. 그런데 그 꿈에 대한 기대가 다시 무산되었다. 그때 겪는 충격의 결과를 상상할 수 있을까?

아버님은 집안의 친척 조카뻘 되면서 나이는 별로 차이 나지 않는 분과 술상을 마주하고 있었다.

"이제는 틀렸지?"

"그런 것 같아요."

잠시 말들이 없었다. 무언가 결심이 선 듯 다시 말을 꺼냈다.

"그래. 그럼 얼른 마시고 가지."

"네 그러죠."

흘려들은 그 말 뒤로 아버님은 항상 취해 계셨다. 물대접을 계속 시원하게 들이키다가 쓰러지는 일이 자주 발생하였다. 술을 많이 드셨어도 취하지 않던 분이었는데. 그 물대접에 든 것이 소주 사발이었음을 뒤늦게 알았다. 기대도 하지 않고 살 때는 그런대로 살았는데, 기대한 일이 좌절되자 견딜 수 없을 정도로 크게 낙담을 한 것이다. 이런 내 사연의 일부는 2020년 분단과 전쟁과 이산을 그린 〈행당동 115번지〉라는 연극으로 제작되어 공연되었다. 말로는 다 형언할 수 없어서 대사 없이 춤동작만으로 이어지는 연극이었다. 유튜브에서 검색하면 볼 수 있다.

오두산 통일전망대 앞에서 한강과 임진강은 예성강과 만나는데 사람들은 만날 수 없다. 썰물 때는 육지가 하나로 이어지는 듯 보인다. 철새들은 마음껏 남과 북을 누빈다. 강과 육지 그리고 철새들이 만나는 모습과 사람들이 만나는 모습이 일치하는 것은 당연한 일이다. 강이었다가 육지로도 보이는 이곳은 경계를 나누기가 어려워 중립수역 중립지대로 선택된 곳이다. 다른 접경지대와 달리 중립지대라고 정해진 약속은 최우선 이행되길 바랄 뿐이다.

물류는 물건과 함께 사람끼리도 이어준다. 서해부터 서울로, 서울에서 강원도 영월까지 뱃길은 연결된다. 영월의 마지막 뗏목꾼은 영월에서 베어진 나무들로 뗏목을 만들어 뚝섬을 지나 마포까지 흘려보냈다고 한다. 이렇게 뱃길은 이어질 수 있건만, 분단의 전횡은 심각하다. 막혀서 움직이지 못하면 썩는다. 자연의 순리에 역행하여 모든 것을 막아 썩고 병들게 하는 우둔함과 사악함은 죄악일 뿐이다. 뱃길도, 사람도, 마음도, 열어나가야 할 것이다.

작은 통일의
통일전망대

오두산 통일전망대가 있는 지역에는 서해의 밀물과 썰물에 영향을 받는 강이 흐르고 있다. 밀물은 시속 9km의 속도로 급하게 밀려와 4시간 만에 만조가 되고, 썰물은 9시간에 걸쳐 천천히 물이 빠진다고 한다. 강물도 만나는 것이 좋으니 올 때는 급하게 달려오고, 헤어지는 것은 너무 아쉽고 서러워 천천히 빠져나가는 것인가? 밀물 때의 강은 유난히 넓고 깊어 보인다. 반면 썰물 때는 물 빠진 후에 모래톱이 넓게 나타나 남북의 경계가 희미해진다. 오두산 바로 앞에서 밀물 때의 강폭은 2.1km로 가장 길고, 오른쪽으로 살짝 돌아가면 임진강이 있는데 그곳의 강폭은 불과 460m이다. 육지에서 정한 다른 곳이 평균 4km나 떨어져 있는 것에 비하면 너무 가깝다. 쌍방 2km씩 떨어지게 할 수는 없으니 중립수역이라고 정한 것으로 보인다. 군사적으로 대립이 있어서는 안 되는, 중립국과 같은 곳이 된 것이다. 썰물 때 이곳은 걸어서도 건널 수 있다고 한다. 앞에 보이는 강은 서해로부터 서울까지 뱃길이 지나는 길목이며 요충지이다. 물류가 흐르고 소통이 흐르던 곳이다. 이곳에서 서쪽으로, 물길로는 기껏 5km 정도 떨어진 곳의 교동도와 강화도 북단의 강은 북측의 황해남도 연백을 거치며 예성강과 만난다. 이곳이 바로 '할아버지 강'이라는 뜻의 조강(祖江)으로 불리기도 하는 한강 하구이다. 여기서 임진강과 한강이 합수된 뒤, 김포를 거쳐 흐르면서 뱃길이 이어진다. 오두산에서 내려다보이는 한강은 동쪽에서 남한강과 북한강이 만나서 여기까지 흘러오고 있다. 임진강은 함경남도부터 시작된 물줄기가 개풍군에 다다르면서 사천강과 합수된 뒤 한강과 하나 되어 흐른다. 2000년 초반까지는 기러기와 독수리도 많았지만 오랜 분단이 서러워서인지 그것들조차 많이 줄었다 한다. 오두산 앞의 중립수역은 정전협정에 따라 민용 선박의 항행이 가능하도록 규정되어 있어 만남과 소통의 작은 통일이 가장 먼저 이루어질 수 있는 곳이다.

오두산은 삼국시대부터도 지리적으로 주요 요충지였다. 역사적으로 중요한 오두산성이 있는데, 이 오두산성은 백제의 관미성이었다고 대동지지에 기록되어 있다. 오두산 통일전망대가 있는 지역은 동서남북으로 교류가 활성화될 수 있는 특성을 갖춘 곳이다. 개성지역이 육로로만 접근이 가능한 곳이라면, 그 앞에 위치한 오두산 통일전망대가 있는 파주와 김포와 개풍이 만나는 지역부터는 뱃길과 육로로도 동서남북으로의 교통로가 사통팔달할 수 있는 곳이다. 오두산 통일전망대 왼쪽에 있는 김포 하성면 쪽으로 다리를 놓으면 서해의 강화와 인천까지 지름길로 갈 수 있다. 북측의 관산반도와도 이어지면 육로와 철로를 놓을 수 있다. 이들 지역이 중립지역이라는 이점을 활용하면 교류협력의 삼각지가 될 수 있는 곳이다. 외세와의 협의 과정에 몸살을 겪을 필요도 없이 정전협정에 따라 민용 선박의 항행을 이루면 교류협력이 자연스럽게 증진될 수 있어 작은 통일이 기대되는 곳이다. 남북의 교류협력을 통하면 충분히 이산가족들이 만나는 공간이 될 수도 있다.

오두산 통일전망대는 통일부가 직접 소유하고 통일교육원이 직접 기획 관리하는 곳이다. 그러니 통일교육의 효과를 기대할 수도 있다. 앞으로 오두산 통일전망대는 그동안 해온 것처럼 북녘 땅을 호기심으로만 바라보던 일에서 더 나아가, 남북관계의 이해 증진과 통일에 대한 전망을 키워가는 실질적인 통일전망대가 될 수 있었으면 한다. 오두산 통일전망대가 위치한 공간의 역사적 의의와 지리적 가치를 살펴보면 가능한 일이다. 접경지대의 중심이자 요충지면서도, 중립지역으로서 분단 현실을 가공 없이 보게 할 수 있다. 이해 증진과 통일을 전망하는 다양한 정보 및 자료 제공은 물론이고, 북측의 음식과 의례문화를 비롯한 생활 소개, 그리고 술과 기념품 등 식품 판매와 제공도 이루어지는 등 남북 교류와 이해 증진을 실질적으로 체감할 수 있게 만들어 통일을 앞당기는 역할을 하는 통일전망대로 거듭 발전되기를 기대한다.

〈기억과 장소〉를 만든 사람들(차례순)

김성민

대학과 대학원에서 철학을 공부했다. 시대의 굴곡에 정면으로 맞서기도 하고 때론 적절히 타협하면서 살기도 했다. 건국대학교 철학과 교수로 재직하면서 한국사회의 중요문제인 '통일'을 인문학적으로 접근해보기로 결심했다. 이후 건국대학교 인문학연구원장으로 취임하고 2008년 산하에 통일인문학연구단을 설립하여 지금까지 10여 년이 넘는 기간 동안 여러 교수진과 함께 고군분투 중이다.

이병수

한국현대철학을 전공했으며 현재 건국대학교 대학원 통일인문학과에서 학생들을 가르치고 있다. 한반도 근현대 사상사의 맥락에서 한반도 통일을 연구하는 데 관심을 갖고 있다. 분단현실의 극복은 일제 강점기 이래 불의한 현실에 대한 사상적 응전의 역사에서 생략이 불가능한 절실한 과제이기 때문이다. 식민과 분단의 역사적 수난과 상처의 공간을 다루는 이 책도 분단현실 극복을 위한 '사상적 응전'의 한 형태일 것이다.

이의진

대학에서 영어영문학을 전공하고 아이들에게 영어를 가르쳤다. 자원봉사로 한국어 강사를 병행하였고, 결혼이주여성과 그 자녀들을 만나면서 공부를 더 하고 싶어졌다. 30대 중반에 석사를 시작하여 다문화소통교육을 전공했고, 현재는 건국대 통일인문학과에서 박사논문을 준비하고 있다. 『그림과 사진으로 보는 다문화 한국사 이야기』와 『렛츠 통일』에 공동 저자로 참여하였다.

박솔지

너무나 익숙해서 낯설어져버린 분단이 곳곳에서 보이기도 하고 보이지 않기도 하며 사람들이 보고, 느끼고, 말하는 것을 뒤틀어버리는 문제들에 대해 줄곧 고민해 왔다. 지금은 대학원에서 통일인문학을 공부하며 분단 트라우마-아비투스와 민주주의의 문제들, 역사적 트라우마와 공간적 치유 방안에 대한 관심을 갖고 박사 논문을 준비하고 있다.

이시종

건국대학교 사학과에서 학사와 석사를 했고, 건국대학교 대학원 통일인문학과에서 박사학위를 받았다. 현재 한국 근현대사를 공부하면서 민족화해협력범국민협의회에서 사무차장으로 일하고 있다.

유진아

국어교육과를 졸업 후 교사로 일하던 중 탈북학생과의 만남을 계기로 석사과정에서 북한학을, 박사과정에서 통일인문학을 전공했다. 대학원 진학 이후에는 주로 북한출신주민, 재외동포 그리고 이주민과 관련한 업무에 종사했다. 이주, 다문화, 소통, 환대 등이 주 관심사이다. 저서로는 『뉴질랜드에선 모든 게 쉬워』가 있으며, 『영화 속 통일인문학』의 필진으로도 참여하였다.

허명철

문학박사이며 현재 연변대학교 사회학과 교수로 재직 중이다. 주요 논저로는 『전환기의 연변조선족』, 『조선족사회의 변동과 가족생활』(공저), 『중국동북지역 조선족의 일생의례와 풍속』(공저), 『재외동포 차세대와 주류화』(공편), 『북중러 접경지대를 둘러싼 소지역주의 전략과 초국경 이동』(공편) 등이 있다.

서정인

일본 조선대학교 문학력사학부 어문학과 교수로 재일조선아동문학론을 전공했으며, 현재 조선대학교 과학연구부에서 연구(대학)원을 담당하는 교수로 근무하고 있다. 재일조선동포자녀들을 위한 아동문학작품을 자신들의 손으로 우리말로 써서 창작·보급하는 데 역점을 두고 주로 시가문학 창작활동을 벌리고 있으며 어문학과 "문학창작수업" 등을 맡고 있다. 또한 재일동포들의 삶을 문학작품으로 그려내고 기록하는 데 의식을 돌리면서 재일조선문학예술가동맹 문학부장으로서 활동하고 있다. 4권의 개인시집을 펴냈다.

박민철

철학을 전공했다. 특히 한국현대철학, 사상사와 지성사 등을 주로 공부하고 있다. 2014년부터 건국대학교 통일인문학연구단에 들어오면서 통일인문학을 본격적으로 연구하고 있다. 통일인문학과 연관되어 가려지거나 희미해져버린 남북 사상사와 철학사, 통합적 코리아학 등으로 연구 주제를 확장하고 있다. 현재 인문학연구원 HK교수에 재직 중이다. 아내와 아들, 장모님과 함께 살고 있다.

박영균

정치-사회철학을 전공했으며, 현재 건국대학교 인문학연구원 및 대학원 통일인문학과 교수로 근무하고 있다. 현재 차이와 공통성, 코리언의 역사적 트라우마와 분단 아비투스 등 통일인문학의 패러다임과 민족공통성 연구방법론에 관한 연구를 거쳐 남북의 가치관 비교 연구 및 '연대, 생태, 평화, 민주주의, 인권' 등 인문적 비전에 관한 연구를 진행 중에 있다. 아울러 2020년 2월 인문체험형 어플리케이션 "ROAD 人 DMZ"를 개발해 구글과 웹스토어에서 무상으로 제공하는 사업을 수행하기도 했다.

김종곤

사회심리철학의 관점에서 한반도의 비극적인 현대사가 낳은 역사적 트라우마를 연구하고 있다. 미진했던 과거사를 청산하고 이행기 정의를 실현하는 것이 한국 사회에 산적해 있는 역사적 트라우마를 치유하는 길이라 믿고 있다.

신기철

2012년 이래 현재까지 재단법인 금정굴인권평화재단에서 연구소장으로 근무하고 있으며 2018년 임종국상을 수상하기도 했다. 그 전까지는 진실화해를위한과거사정리위원회에서 조사관으로 일했고, 지금은 한국전쟁을 전후해 벌어진 민간인학살 사건을 전쟁범죄와 제노사이드 범죄의 관점에서 다시 평가 및 정리하는 작업을 하고 있다.

정진아

한국현대사 전공자로서 해방 이후 남북의 주민들이 만들어가고자 한 국가, 사회, 개인의 모습에 관심이 많다. 최근에는 국가 담론과 생활세계를 통해 남북 주민, 코리언 디아스포라의 삶과 문화를 이해하고자 한다. 주요 저서로는 『문화 분단』, 『역사학의 시선으로 읽는 한국전쟁』, 『분단생태계와 통일의 교량자들』, 『탈분단의 길: 생활속 민주주의와 인권』, 『사회주의는 북한 사람들을 어떻게 변화시켰나』 등이 있다.

이기묘

현재 민주평화통일 자문위원 성동구 교류협력위원장, 6·15 남측위 서울본부 공동대표, AOK〈Action One Korea〉 상임대표 국제평화포럼(KIPF) 이사직을 역임하고 있다. 1980년대 말 통일문제연구소를 통해 평화통일 활동에 눈을 뜨고 점차 평화통일 관련 공부와 활동을 하게 되었다. 건국대학교 대학원에서 통일인문학 박사를 수료했다.

도지인

현재 건국대학교 인문학연구원 및 대학원통일인문학과에 재직 중이며 북한의 외교사와 문화사를 연구하고 있다. 고려대학교 정치외교학과(학사), 하버드대학교 동아시아학과(석사), 북한대학원대학교(박사)를 졸업하고 고려대학교, 서강대학교, 서울대학교에서 북한사와 남북관계사, 동아시아냉전사 등을 강의하였다. 주요 저서로 『북한학의 새로운 시각들: 열 가지 질문과 대답』(2018), 『대중가요 속 통일인문학』(2018), 『탈분단의 길: 생활 속 민주주의와 인권』(2018)이 있다.

김정한

서강대 트랜스내셔널인문학연구소 HK연구교수로 재직하고 있다. 주요 저서로 『대중과 폭력: 1991년 5월의 기억』, 『1980 대중 봉기의 민주주의』(제7회 일곡유인호학술상 수상), 『비혁명의 시대: 1991년 5월 이후 사회운동과 정치철학』 등이 있고, 주요 논문으로 『5·18 항쟁 시기에 일어난 일가족 살인 사건: 전쟁, 학살, 기억』, 『5·18학살 이후의 미사(未死): 아직 죽지 못한 삶들』, 『광주학살의 내재성: 쿠데타, 베트남전쟁』 등이 있다.

박성은

문학을 통해 분단이라는 괴물이 창조한 기괴한 상처를 본다. 그것들은 꼭꼭 숨어 있는 것 같지만 누군가 찾아와 말 걸어주기를 기다리기 때문에 언제나 작은 문을 만들어 놓는다. 그 문을 열고 상처들에게 말을 걸고 견뎌온 시간을 애도하는 것 말고 미래를 위해 달리 할 수 있는 게 있을까. 과거를 품에 안고 미래를 여는 문학의 힘을 믿는다.

남경우

분단과 통일이라는 화두를 중심에 두고 지금의 한국 사회를 살아가고 있는 사람들의 이야기를 통해 분단의 지속적이고 현실적인 영향력을 알리고, 그것을 극복하는 방안을 찾는 연구자이다. 특히 그 실천적 방법으로써 분단된 한반도를 살아가는 사람들의 말하기 어려운 아픔을 겸허히 듣고·공감하고·널리 알리고자 애쓰고 있다.

김종군

건국대 통일인문학연구단 및 대학원 통일인문학과 교수로 재직 중이다. 남북한 문학 비교, 코리언 문화 통합, 분단 트라우마의 치유에 관심을 두고 있다. 특히 구술생애담 현지 조사를 통해 전쟁세대의 분단 트라우마와 국가폭력 트라우마의 실체를 발굴하고 치유 방안을 모색하는 구술치유에 대한 연구를 진행하고 있다.

김지은

학부에서 첼로를, 석사 과정에서 예술경영을 전공했다. 남북 문화예술교류의 현장에서 북측과 해외 동포예술가들을 접하면서 민족과 통일에 대해 눈을 떴다. 통일문화에 대한 이해를 키워야겠다는 판단으로 박사과정을 밟고 있다. 〈재외동포 원로예술가 구술채록-일본편〉과 〈북한의 민족무용〉, 〈통일을 상상하라〉의 필진으로 참여하였다.

신희섭

충북 음성에서 태어나 2005'경원대, 회화과 대학원을 졸업하고 2020'건국대 통일인문학과에서 박사수료 후 '조선화의 풍경적 의미'를 주제로 논문 연구 중이다. 2021년 개인전 9회(서울, 경기, 뉴욕, 북경 등)와 다수의 그룹전을 마쳤다. 현재 Drawing작업과 새로운 내러티브적 'Landscape', '도시풍경' 또는 '인식적 풍경' 등을 개별 프로젝트로 작가 활동을 하고 있으며 가천대학교 회화과에서 강의 중이다.

김정아

건국대 대학원 통일인문학과 박사 수료. 한국근현대사 다큐멘터리 영상아키비스트로 일하고 있다. 한국 현대사의 분단모순으로 인해 깊어진 남북, 남남갈등의 평화적 해결과 역사적 상처를 치유하고자 통일인문학을 공부하고 있다.